Nous appartenons
à la terre

Du même auteur

Frères de sang, Paris, Le Cerf, 1985, coll. « Pour quoi je vis ».

Elias Chacour
Mary E. Jensen

Nous appartenons à la terre

L'histoire d'un Palestinien d'Israël
qui vit pour la paix et la réconciliation

Traduit de l'anglais par Alain Archidec

DESCLÉE DE BROUWER

L'édition originale de cet ouvrage a été publiée sous le titre : *We belong to the Land* par Harper San Francisco. © 1990, Elias Chacour.
Pour l'édition française : « Published by arrangement with Harper San Francisco - a division of Harper Collins Publishers Inc. »

© Desclée de Brouwer, 1992
76 *bis*, rue des Saints-Pères, 75007 Paris
ISBN 2-220-03321-X

A tous ceux qui ont formé ma personnalité de prêtre,
qui m'ont encouragé dans ma tâche
par leur amour et leur compréhension,
et qui ont pris part à ma mission et à mon œuvre.

Carte de la Palestine moderne et des territoires occupés par Israël

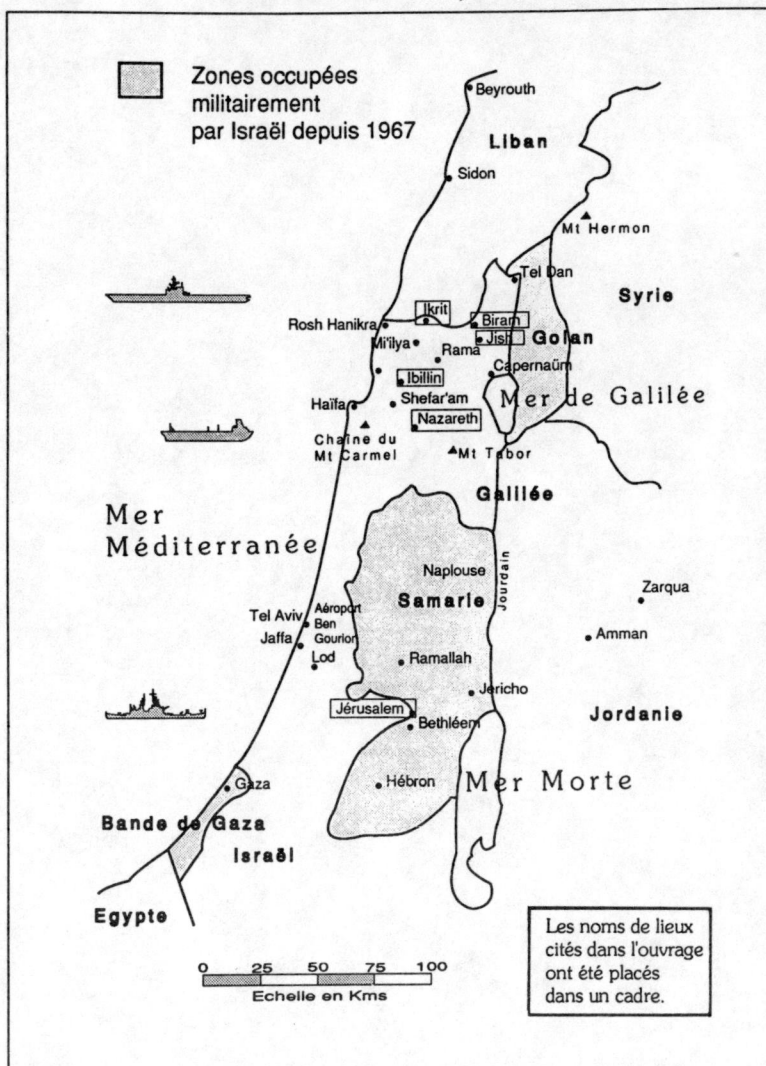

Carte de la Palestine moderne et des territoires occupés par Israël

Zones occupées militairement par Israël depuis 1967

Beyrouth
Liban
Sidon
Mt Hermon
Tel Dan
Syrie
Rosh Hanikra
Ikrit
Biram
Jish
Golan
Mi'ilya
Rama
Capernaüm
Ibillin
Mer de Galilée
Haïfa
Shefar'am
Nazareth
Chaîne du Mt Carmel
Mt Tabor
Galilée
Mer Méditerranée
Naplouse
Zarqua
Samarie
Tel Aviv
Aéroport
Ben
Jaffa
Gourion
Amman
Lod
Ramallah
Jéricho
Jérusalem
Bethléem
Jordanie
Gaza
Hébron
Mer Morte
Bande de Gaza
Israël
Egypte

0 25 50 75 100
Echelle en Kms

Les noms de lieux cités dans l'ouvrage ont été placés dans un cadre.

Carte et maquette : A. Archidec

9

1

Plus forts que la tempête

« Votre passeport ? » demanda la femme-agent israélienne, en tendant la main. Parmi tous les passagers internationaux attendant l'inspection de leurs bagages à l'aéroport Ben Gourion, elle s'était approchée de moi. Je lui tendis mon passeport israélien passablement endommagé.

« Vous êtes Arabe ? demanda-t-elle, en jetant un coup d'œil au document.

— Je ne suis pas seulement Arabe, je suis aussi Palestinien. »

Le gouvernement israélien ainsi que de nombreux juifs israéliens préfèrent ignorer l'existence des Palestiniens et les répertorier avec tous ceux qui parlent l'arabe.

« Prenez votre valise et suivez-moi », ordonna la femme-agent, qui fraya son chemin à travers des masses de passagers et de bagages.

Je fais la même expérience chaque fois que je dois voyager hors d'Israël. Les Palestiniens, qu'ils soient des citoyens israéliens ou qu'ils résident en Palestine occupée, sont automatiquement soumis à un interrogatoire et une inspection particuliers et souvent rigoureux. Ils sont regardés comme dangereux, comme une menace pour la sécurité d'Israël et la sûreté des voyages. Les mesures de sécurité sont importantes pour nous tous, mais ces pratiques deviennent abusives lorsqu'elles visent au harcèlement et à l'humiliation systématiques d'un groupe de citoyens. En ce jour de printemps de 1985, j'avais besoin de me rendre à Londres pour une interview télévisée, mais je savais que l'on pouvait me refuser l'autorisation de quitter le pays.

Finalement nous arrivâmes dans une zone isolée de l'aéroport, où d'autres Palestiniens attendaient déjà. Un couple âgé se tenait près de ses valises, ouvertes sur une table. Les policiers israéliens examinaient chaque objet, tâtant et secouant tricots, chaussettes et sous-vêtements afin d'en dégager tout ce qui aurait pu y être caché. La femme palestinienne, dans sa magnifique robe brodée, réunissait prestement ses vêtements intimes, tentant de les dérober à une invasion encore plus indiscrète. Elle gardait la tête inclinée, le visage presque caché dans son long foulard de tête blanc. Le visage de son mari se trouvait enveloppé dans une écharpe sous son *keffiyeh* blanc, le couvre-chef des Arabes. Il s'efforçait de rassembler ses affaires à mesure qu'elles étaient empilées en désordre sur la table.

Un jeune Palestinien musclé, vêtu en homme d'affaires, reçut l'ordre d'entrer dans une petite cabine. Il pouvait être enseignant ou homme de loi. Tandis qu'il s'approchait de la cabine, j'aperçus son regard profondément douloureux et humilié. On lui ordonna de se déshabiller, afin de permettre aux policiers d'examiner tout son corps. Très vraisemblablement, il dut subir un examen de toutes les cavités du corps. Les raisons avancées pour justifier un traitement aussi humiliant, tiennent à la sûreté des lignes aériennes et à la sécurité d'Israël, mais les Palestiniens savent que ces traitements sont destinés à l'humiliation de leur orgueil et de leur âme. Le jeune homme entra dans la cabine et on referma la porte sur lui. Personne ne parlait. Les nerfs tendus, nous sentions la colère et le désespoir peser sur nous lourdement. Les femmes-agents examinaient maintenant les bagages du couple âgé. Bientôt, ils durent, eux aussi, entrer dans des cabines séparées pour un examen corporel.

« Comment vous appelez-vous ? demandai-je en hébreu à la femme-agent qui m'avait conduit ici.

— Mikki », répondit-elle en m'examinant avec soin. Elle avait devant elle un prêtre aux cheveux bruns, au teint olivâtre, à la barbe intégrale, noire, richement striée de gris, qui examinait lui-même son visage de ses yeux bruns au regard intense, derrière des lunettes cerclées d'or.

« Mikki, savez-vous ce que, nous autres Palestiniens, nous

nous dirons quand nous serons libérés d'ici ? Nous nous regarderons très tristement les uns les autres et nous dirons : ''Cette pauvre police juive a besoin de nous humilier pour se sentir puissante et en sécurité. Ils nous apprennent à les haïr, mais nous n'apprendrons pas la leçon.'' Savez-vous pourquoi ? »

Elle me regarda avec étonnement, pétrifiée, et elle secoua imperceptiblement la tête.

« Parce que la haine, c'est la corruption, Mikki, et nous refusons de nous laisser corrompre par la haine. Nous ne répliquerons pas à ce que vous nous faites subir par un traitement semblable. Nous agirons avec franchise de façon à échapper à cette humiliation. Vous avez su ce que c'est que d'être opprimé et persécuté, mais vous l'avez trop vite oublié.

— Il n'est pas bon d'être naïf », dit la femme-agent, en détournant brusquement son regard de mes yeux et en faisant volte-face, mais toutefois pas assez vite pour que je n'aperçoive pas ses larmes.

« Vous n'avez pas été naïve ou faible, Mikki. Vous avez été plutôt sans détours, sincère, humaine. Je vous remercie pour cette attitude. Quel que soit le moment où vous viendrez en Galilée, ne manquez pas de me rendre visite. Je serai très heureux de vous recevoir.

— Je suis vraiment navrée, dit la femme-agent, mais je devais remettre votre passeport à mon chef. Je ne puis vous reconduire maintenant vers les autres passagers.

— C'est bien. Ne me laissez pas aller. »

Quelques instants plus tard, un agent trapu et blond entra, mon passeport à la main. « Quel est ton nom ? » demanda-t-il.

Le ton strident et arrogant de sa voix me glaça jusqu'aux os. Je pouvais y percevoir comme un écho de celle des soldats sionistes qui avaient ordonné à moi-même, à ma famille, et à tous les villageois de sortir de nos maisons, à Biram, dans l'extrême nord de la Galilée, lorsque je n'avais encore que huit ans. Ce ton de voix disait implicitement : « Toi, sale Palestinien dangereux qui n'es même pas un être humain. » Aujourd'hui, nous, les Palestiniens, nous sommes considérés comme sales et dangereux, exactement comme le père de ce policier avait été traité de « sale juif » à peine quarante ans plus tôt.

« Mon nom est écrit dans mon passeport, et mon passeport est dans vos mains.

— Je ne sais pas lire l'anglais.

— Il est écrit en hébreu. »

Toute activité était suspendue dans notre petit coin. Les Palestiniens aussi bien que la police s'étaient immobilisés.

L'agent me regarda avec encore plus d'hostilité, et, d'une voix lente et distincte :

« Je veux l'entendre de ta bouche, dit-il.

— Bien. Je suis Abuna Elias Chacour. »

Abuna signifie littéralement « notre père », et c'est le titre que l'on donne en arabe à un prêtre.

« Comment s'appelle ton père ?

— Son nom est Mikhail. »

Soudain, le visage aimable et doux de mon père jaillit devant mes yeux. *Cet homme est un enfant de Dieu*, aurait dit mon père. *Il n'est pas conscient de sa propre arrogance désastreuse pour lui-même. Aime-le.*

« Où es-tu né ?

— A Biram. »

Je sentis un frisson parcourir l'assemblée. L'histoire tragique des villages de Biram et d'Ikrit et les combats de leurs habitants pour y revenir sont bien connus en Israël et dans la Palestine occupée.

« Et ton père, où est-il né ?

— A Biram. »

Mon Dieu, aide-moi à manifester de l'amour à cet homme, mais donne-moi aussi la sagesse pour dire la vérité.

« Et ton grand-père ?

— A Biram.

— Jusqu'à combien de générations peux-tu remonter ainsi à Biram ? »

En tapotant mon passeport de ses doigts, l'agent parlait en feignant ironiquement la patience et la courtoisie.

Mon menton se redressa, de sorte que ma barbe pointa presque directement dans le visage du policier. Il ne s'agissait plus d'assurer la sécurité. « Laissez-moi vous raconter une histoire », dis-je, en élevant assez le ton pour que chaque personne présente puisse m'entendre.

« L'un de mes ancêtres était un jour assis sous notre figuier, en face de chez nous. Il mangeait des figues et se réjouissait du don de Dieu sur la terre de ses ancêtres. Soudain, il aperçut, dans le sentier, un pauvre étranger, un inconnu, misérablement vêtu. Il marchait nu-pieds, couvert de poussière, et il était fatigué, affamé et assoiffé. Il semblait effrayé. Mon ancêtre l'appela. L'étranger s'approcha de lui. Il lui fit donner de la nourriture à manger, de l'eau à boire, des vêtements pour le couvrir, et un lieu de repos. »

Le policier frappait du pied, avec impatience. Les Palestiniens semblaient retenir leur souffle. On avait oublié la fouille.

« Et, plus tard, lorsque l'étranger fut reposé et prêt à repartir, mon ancêtre lui demanda son nom. Il apprit alors que l'étranger était votre ancêtre Abraham, venant de l'Irak, de la Mésopotamie, un Gentil issu d'une nation de Gentils. »

Un soupir s'échappa de toutes les poitrines des Palestiniens. Ces paroles exprimaient tout ce qu'ils savaient et croyaient ; nous appartenons à cette terre et nos ancêtres l'ont habitée depuis des millénaires. Le jeune État d'Israël ne peut changer cet état de fait.

« Prends tes affaires, et va-t'en ! cria le policier. Que je ne te voie plus ici !

— Bien sûr, Monsieur. Au revoir ! »

Je saisis ma valise et m'avançai vers mon avion, en espérant que les autres Palestiniens n'auraient pas à souffrir à cause de mes paroles, et en priant pour eux.

★

Je m'installai dans mon siège, près d'un hublot, dans l'avion de Londres, et je fermai les yeux avec reconnaissance. Je venais de quitter mon village d'Ibillin, très tôt parce que j'avais voulu rendre visite à mon père à Haïfa, en venant à l'aéroport. Il était âgé de quatre-vingt-sept ans, et, bien qu'il fût encore en bonne santé, il devenait fragile. Mon père, appelé aussi Abu Rudah (le père de Rudah, son fils aîné), se trouvait dans le petit jardin de ma sœur Wardi lorsque j'arrivai.

« Comment vas-tu, père ?

— Bien, Dieu soit loué. »

Le *keffiyeh* de mon père protégeait ses yeux du soleil matinal.

Il ressemblait au souvenir que j'en avais depuis ma plus tendre enfance ; simplement, son merveilleux visage était un peu plus ridé.

« Et toi, mon fils, comment vas-tu ?

— Je vais bien, père. Je suis très occupé à Ibillin, et je voyage aussi à l'étranger. De fait, je suis en route pour l'aéroport où je vais décoller pour Londres. Je vais paraître à la Télévision ce soir. »

Je parlai à mon père des dix épisodes d'une série télévisée britannique intitulée « Les Dieux de la Guerre ». J'avais été invité à parler du « Dieu d'Amour ».

Les yeux de mon père s'allumèrent.

« C'est très bien ! Tu vas avoir l'occasion de parler à beaucoup de monde de l'amour de Dieu en Jésus, notre compatriote galiléen. Et n'oublie pas la tragédie de Biram. Dis à tous que nous, habitants de Biram, nous sommes encore en vie et que nous voulons retourner chez nous.

— Oui, père, je le leur dirai. »

Mon père redressa du bout de son bâton un plant de tomate incliné, puis posa ses yeux sur moi.

« Je me suis demandé si tu as des nouvelles de Biram. Le gouvernement nous permettra-t-il d'y retourner bientôt ? Nous aidera-t-on à reconstruire nos maisons, et à retrouver nos oliviers et nos figuiers ? Me permettra-t-on de mourir à Biram où je suis né ? »

En soupirant et en secouant la tête, j'entourai de mes bras le corps frêle de mon père. Combien j'aurais voulu pouvoir le ramener vers un Biram restauré, avant d'avoir à le conduire au cimetière du village. En 1948, les soldats sionistes juifs avaient trompé les habitants de Biram pour leur faire quitter leur village, en leur parlant d'une attaque imaginaire et en leur donnant une illusoire garantie écrite quant à leur retour. Après deux semaines passées dans les champs environnants, nous avons compris que notre douce et agréable existence villageoise de Biram était perdue pour toujours. Les soldats avaient saccagé nos maisons et ruiné nos provisions alimentaires. La plupart des hommes du village avaient été entassés dans des camions, sous la menace des fusils, et exilés. Les vieillards, les femmes et les enfants avaient été abandonnés à eux-mêmes. Certains s'enfuirent au Liban, d'autres dans des villages voisins. Ma mère, ma sœur Wardi, mon frère Atallah, et moi-même, nous allâmes nous installer à Jish, un autre village à quelques kilomètres de Biram. Mon père et mes trois frères plus âgés revinrent finalement quelques mois plus tard, en traversant à pied la Jordanie, la Syrie et le Liban, se glissant en Galilée pour venir nous y rejoindre.

« Je suis navré, père, dis-je en desserrant mon étreinte. Le Comité des Réfugiés de Biram travaille durement pour convaincre le gouvernement israélien que l'on devrait nous reconnaître le droit de réclamer au moins une partie de notre pays pour reconstruire Biram, mais c'est une démarche difficile et lente. Nous n'avons aucun pouvoir. Selon les déclarations officielles, nous avons seulement le droit d'y retourner.

— Je sais, dit simplement mon père, je sais. Mais il est préférable d'avoir pour soi le droit que le pouvoir, car le pouvoir corrompt. Il déclare le bien mal et le mal bien. »

Il réfléchit un moment, puis déclara pensivement :

« Tu me ramèneras à Biram quand je mourrai, n'est-ce pas, mon fils ? Je veux être enterré là où dorment ta mère et mes ancêtres. Je veux attendre auprès d'eux la résurrection.

— Bien sûr, père. Je t'y ramènerai moi-même.

— Bien. Cela est bon. Mais si mon plus cher désir pouvait être réalisé, je voudrais, de mon vivant, retourner à Biram pour reconstruire notre maison, celle que j'ai héritée de mes ancêtres. Je voudrais m'asseoir sous le figuier, devant chez nous, et même si ce n'était que pour un seul jour, je mourrais heureux. »

Biram avait été un village palestinien entièrement chrétien. L'église maronite, pompeusement appelée Notre-Dame, était le centre de notre vie. Notre école se tenait dans un des bâtiments de la petite église. Dans le village, seules soixante-dix personnes, y compris ma famille, étaient des chrétiens melkites byzantins (c'est-à-dire des catholiques grecs). Notre évêque nous avait confiés aux soins du prêtre maronite, Abu Heid. Dans le village, nous étions tous baptisés, mariés et enterrés dans cette petite église, et nous célébrions les liturgies chaque dimanche et jour de fête.

J'avais quatre ans et mon frère Atallah en avait six, lorsque nos parents décidèrent qu'il était temps que nous soyons baptisés. Atallah fut dûment oint d'huile et immergé dans l'eau, mais aussitôt que je fus oint, je me précipitai hors de l'église et courus me terrer comme un lapin dans notre bûcher. Je ne voulais pas être déshabillé et plongé dans l'eau. Les ombres du soir étaient déjà très longues avant que ma mère ne réussisse à me convaincre que je serais dispensé du baptême. Pendant plus d'une année, ma famille me taquina en disant que j'étais à moitié chrétien et à moitié rien du tout. Puis, un jour, à l'âge de cinq ans, j'acceptai calmement d'être baptisé, à condition toutefois de ne pas devoir me déshabiller.

Plusieurs années plus tard, juste avant d'être ordonné diacre au séminaire de Paris, je décidai que je devais parler d'un problème à mon cher ami, le Supérieur du séminaire.

« Père Longère, je sais que cela paraît étrange, cependant je dois vous dire que j'ai été baptisé, mais jamais confirmé.

— Comment ? s'écria-t-il avec étonnement. C'est impossible ! Vous n'avez pas reçu le Saint-Esprit !

— J'ai le Saint-Esprit, Père, dis-je, ou plutôt c'est le Saint-Esprit qui me possède. Mais je n'ai pas été confirmé. » Et je lui racontai entièrement la longue histoire de Biram et de Jish, et comment, dans une vie bousculée de réfugié, j'avais dépassé l'âge de quatorze ans sans jamais confirmer mon baptême.

Le Père Longère demanda audience à l'Archevêque de Paris, le cardinal Feltin, et lui raconta mon histoire. Quelques jours plus tard, le cardinal Feltin vint lui-même me confirmer. Et c'est ainsi que je fus baptisé dans une église maronite, confirmé par un cardinal catholique romain, et ordonné prêtre dans l'Église Melkite.

★

Je dormis pendant la plus grande partie du voyage vers Londres, ne me réveillant que lorsque le garçon de cabine nous ordonna d'attacher nos ceintures en vue de l'atterrissage. J'apercevais la côte anglaise et les champs verdoyants à travers les nuages clairsemés. Je me demandais comment ce merveilleux pays avait pu ignorer les droits et besoins du peuple palestinien en 1917. Cette année-là, la Déclaration Balfour assurait l'appui de la Grande-Bretagne à la création d'un foyer juif en

Palestine. Bien que cette déclaration ait stipulé également que les populations indigènes ne devaient pas être privées de leurs droits, ce détail fut aisément négligé et oublié. On se fonda plus tard sur la Déclaration Balfour pour étayer la recommandation des États-Unis de 1947 qui stipulait la partition de la Palestine entre les Juifs et les Palestiniens. Toutes ces décisions furent prises sans nous consulter, nous, Palestiniens, qui avions habité cette terre pendant des millénaires. Et les soldats sionistes juifs vinrent avec des fusils pour contraindre ma famille à quitter Biram.

A Londres, le journaliste de la BBC qui m'interviewait me donna l'occasion de parler de mon compatriote de Galilée, Jésus-Christ, et du peuple palestinien. A la fin de l'heure, il me posa une questions fascinante : « Eh bien, Père Chacour, je me demande comment vous pouvez, en tant qu'Arabe palestinien et chrétien, croire dans un Christ qui est un juif ? »

Je vis le policier arrogant de l'aéroport. Je vis mon village natal de Biram. Je vis les gens de ma communauté melkite d'Ibillin. Mais surtout, je vis Jésus, s'approchant de moi par-dessus les collines de Galilée, souriant et me tendant la main.

« Il est aussi facile pour nous de croire dans notre Christ juif qu'il l'est pour les juifs de croire dans leur père gentil, irakien et mésopotamien, Abraham, répondis-je. Abraham n'a jamais nié qu'il était un gentil né parmi les gentils, un étranger, un immigrant. Mais il est devenu un nouveau point d'origine. Si un vrai pécheur, Abraham, un gentil, un Irakien, a pu devenir un point d'origine, combien plus mon Seigneur Jésus-Christ pouvait-il devenir quelque chose de tout à fait neuf, de radicalement neuf, sans pour autant rejeter les choses anciennes, mais en appelant les choses anciennes au renouvellement. »

Après l'interview, je visitai le personnel de la BBC.

« D'où êtes-vous, mon Père ? me demanda un caméraman.

— Je suis d'un petit village appelé Ibillin en Israël.

— Vraiment ? Je n'en ai jamais entendu parler.

— Je n'en suis pas étonné. Ibillin est situé sur une colline d'où nous pouvons apercevoir le mont Carmel, Haïfa, Akko, la Méditerranée, et même la frontière du Liban.

— Un vrai lieu de villégiature, Père ! »

Je ris à cette idée. Ibillin un lieu de villégiature ? Difficilement ! Mais moi, je trouvais une merveilleuse beauté en chaque maison, chaque arpent de cette terre, chaque rue. C'est sa population qui est belle. Cependant, je n'ai pas su apercevoir immédiatement cette beauté lorsque j'y suis arrivé en 1965.

2

Nous n'avons pas besoin de vous !

« Et où se trouve exactement le village d'Ibillin, Monseigneur Hakim ? » demandai-je. J'étais assis dans le confortable bureau de l'archevêque melkite du diocèse d'Akko, de Nazareth, de Haïfa, et de toute la Galilée, prenant connaissance de ma première affectation comme prêtre nouvellement ordonné.

— Oh, ce n'est pas loin d'ici, Elias, répondit l'évêque en faisant un geste de la main en direction de l'est. On vous l'indiquera. Il y a une petite communauté melkite à Ibillin. Mais je dois être honnête ; ce n'est peut-être pas ce qui vous convient.

— J'ai hâte d'essayer, Monseigneur. Je veux commencer le travail dans ma communauté aussi rapidement que possible.

— Partez seulement pour un mois à Ibillin. Ou bien vous vous y plaisez et vous y restez, ou bien vous ne vous y plaisez pas et nous vous trouverons une nouvelle affectation. N'oubliez pas, Elias, cette nomination n'est que provisoire pour un mois. »

L'Église melkite porte différents noms. Certains l'appellent l'Église grecque catholique, d'autres l'appellent l'Église uniate, et nous l'appelons pour notre part l'Église melkite catholique. Nous sommes en communion avec le Saint-Siège de Rome.

Le terme « melkite » remonte au XIᵉ siècle, lorsque l'empereur de Constantinople s'allia au pape de Rome contre le patriarche de Constantinople. Ceux qui obéirent à l'empereur furent appelés « royalistes ». Malek en arabe a donné le mot melkite, qui signifie « royaliste », et désigne celui qui obéit au roi ou à l'empereur.

L'Église melkite catholique a gardé l'ancienne théologie byzantine, la discipline et le rituel, le droit canonique et les traditions de l'Église grecque orthodoxe.

★

Je quittai Haïfa de bonne heure le matin du 15 août 1965, pour me rendre en voiture au village d'Ibillin. C'était le jour de l'Assomption de Marie, et la communauté melkite s'attendait à ce que je célèbre la liturgie de ce jour comme mon premier acte liturgique.

Bien qu'Ibillin ne soit qu'à trente minutes de Haïfa, il me fallut deux heures pour parvenir à destination. Un soldat rencontré en auto-stop m'entraîna dans sa propre direction dans l'est de la Galilée, prétendant que c'était près d'Ibillin. C'est seulement grâce à l'aide obligeante du pompiste d'une station d'essence que je pus revenir sur le bon chemin et trouver Ibillin ce matin-là.

Finalement je montai la côte d'Ibillin par une route étroite, caillouteuse et sinueuse, qui passait entre les maisons et les boutiques de ciment à toit plat. Curieux, des hommes, des femmes et des enfants regardaient cet étrange prêtre dans sa Volkswagen blanche qui s'avançait lentement en cahotant à travers leur village. Je souriais et je faisais des signes d'amitié lorsque j'osais lâcher d'une main le volant.

Au sommet de la côte, je trouvai une grande église de pierre dressée sur un terrain nu. Je rangeai ma voiture près d'un petit bâtiment voisin de l'église.

« Qui êtes-vous ? me demanda-t-on d'une voix forte. Que voulez-vous ? » Un homme, sourcils froncés, environ quarante ans, me bloquait dans ma voiture tandis que je tentais d'en descendre.

« Je suis Abuna Elias Chacour. Je suis envoyé par l'évêque comme votre prêtre. » Qui était donc cet homme en colère ? Pourquoi me parlait-il ainsi ?

« Je sais qu'il vous envoie. Retournez donc vers lui et dites-lui que nous ne voulons pas de vous.

— Mais pourquoi ?

22

— Vous retournez d'abord et vous ramenez ce que vous avez volé à l'église. Alors seulement nous vous accepterons ici. »

J'étais abasourdi. De quoi cet homme parlait-il ?

« Mais, monsieur, c'est la première fois que je mets les pieds à Ibillin. Je suis tout nouveau comme prêtre. Je n'ai encore eu le temps ni de travailler, ni de voler.

— Ça m'est égal, répliqua l'homme, sans bouger. Allez-vous-en ! »

J'ouvris la portière de ma voiture et le poussai fermement de côté de façon à pouvoir descendre. « Bien, dis-je, pourquoi ne prierions-nous pas ensemble ? Seigneur, aide-nous à nous accepter l'un l'autre et à ne pas accuser sans avoir l'assurance de la faute. Aide-nous à ne pas nous juger l'un l'autre. » Je priai ensuite pour la population du village et pour l'église. Lorsque j'eus fini, l'homme qui, je le comprenais à cet instant, était le Surveillant de l'église soupira et se calma un peu.

« Vous voulez prier ? C'est bien. Nous sommes dans l'église et nous vous attendons. »

Je me sentis soulagé, et je saisis mes vêtements et ma petite valise dans la voiture.

« Mais votre église est complètement vide, me dit l'homme. L'autre prêtre a tout emporté. »

Le Surveillant avait raison. A part les vieux bancs et l'autel de pierre, le sanctuaire avait été complètement dépouillé. Environ une cinquantaine de personnes, hommes, femmes et enfants, silencieusement, me regardèrent entrer et m'avancer lentement vers le chœur de l'église. Ces gens, c'étaient les membres de ma communauté, les pierres vivantes, la famille des croyants. Je leur fis signe de la tête, tentant de sourire, mais j'éprouvai une sensation de peur ; l'atmosphère était glaciale et sinistre.

L'iconostase, ce mur qui sépare le chœur de l'assemblée, était très belle, avec trois portes cintrées. De chaque côté de l'entrée cintrée la plus large, celle du milieu, se trouvaient deux icônes peintes sur le mur. A droite, on pouvait voir une icône de Jésus, tenant le globe terrestre dans sa main gauche et levant la droite dans un geste de bénédiction. A gauche, se trouvait une icône de la Vierge Marie, donnant au monde son enfant, le Christ. Par la porte cintrée du milieu, je pouvais apercevoir l'autel carré, vide, à l'exception d'une bouteille de vin et d'un pain qui y étaient posés.

L'espace situé derrière l'iconostase était entièrement vide, mis à part l'autel lui-même. Il n'y avait pas de table auxiliaire pour la préparation du pain et du vin, aucune table de service, pas de chandeliers ou de croix. Il n'y avait pas non plus de rideau à tirer devant les portes cintrées. Les gens observaient chacun de mes mouvements tandis que je m'habillais et disais les prières secrètes pour chaque ornement sacerdotal. Depuis combien de temps n'avaient-ils plus de prêtre ? me demandais-je. Était-ce vraiment l'ancien prêtre qui avait volé tout le mobilier ? Pourquoi l'évêque ne m'en avait-il pas parlé ? Était-il seulement au courant des problèmes de cette communauté ?

Je commençai à chanter la liturgie. C'est seulement un homme âgé de l'assemblée, Abu Jirius, qui chanta les répons. Les autres se contentèrent de regarder et d'écouter. Une petite partie de l'assistance vint recevoir l'Eucharistie. Après le service, le Surveillant fit sortir l'assistance et je ne pus parler presque à personne. Ils semblaient tous effrayés par l'homme en colère.

« Je suis surveillant de tout, ici, me fit savoir le Surveillant tandis que je refaisais ma valise. Mon rôle, c'est de surveiller l'église et le presbytère ainsi que les terrains que possède l'église.

— J'aimerais visiter le presbytère maintenant, dis-je au Surveillant, décidant de ne pas me laisser intimider par cet homme. J'ai besoin de m'installer afin de pouvoir commencer mon ministère de prêtre parmi la population. »

Le presbytère, cette petite construction sur le côté de l'église, était dans une condition déplorable. Même les portes faisaient défaut.

Désignant du doigt la première entrée, le Surveillant annonça : « C'est votre chambre à coucher. » En pénétrant, j'aperçus un saccage de saletés, d'ordures, et de meubles brisés sur un sol de béton dans un coin, une vieille carcasse de lit d'où s'échappait un matelas crasseux et détérioré, d'un autre côté, un vieux bureau couvert d'une pile de vieilleries, des chaises brisées disséminées un peu partout...

« Maintenant, je vous fais visiter la cuisine », clama le Surveillant, à l'extérieur. Hésitant, je jetai un coup d'œil dans la seconde pièce, plus petite : ordures, plats et ustensiles de cuisson sales et tapissés d'une croûte de crasse, jonchaient partout le sol. Un robinet unique dépassait du mur. D'un côté, on apercevait un très vieux réchaud à mazout qui servait de cuisinière, incroyablement sale.

« Il n'y a ni gaz ni électricité, dit le Surveillant, me poussant pour sortir. Et il n'y a pas d'installations sanitaires. » Il désigna du doigt une litière d'ordures à quelques mètres du presbytère : « C'était autrefois des toilettes, dit-il, mais le prêtre amena un bulldozer pour les raser. Puis il s'en alla, emportant tous les ornements et le mobilier de notre église. Si vous restez, vous devrez vous débrouiller du mieux que vous pourrez. Cela vous convient-il ? »

Je n'avais jamais vu misère aussi sordide. Biram était sans doute un village assez rustique, mais on l'avait entretenu avec amour et respect. J'étais frais émoulu de six années parisiennes, pendant lesquelles nous avions vécu, en tant que séminaristes, comme de petits rois dans la belle université de Saint-Sulpice, l'Institut catholique, et la Sorbonne. J'avais tant aimé Paris ! Et maintenant, il semblait que j'étais appelé à aimer la nullité de ce presbytère de village.

« Eh bien ? demanda le Surveillant avec impatience. Cela vous convient-il, ou non ? » Je compris qu'il attendait le moment d'annoncer à tout le monde que j'avais abandonné et que j'étais parti. *Bonté divine, Elias*, me dis-je à moi-même, *ce n'est que pour un mois. Tu te débrouilleras. Tu survivras !*

Je me retournai pour regarder le Surveillant, cet homme dur qui déjà savourait sa victoire. « Cela me convient, répondis-je. C'est suffisant. Je resterai. »

★

Ibillin. J'ai dû me battre pour le trouver, et maintenant, je dois encore me battre pour y rester, me dis-je un soir tandis que je marchais dans le jardin. J'étais resté dans le village depuis presque un mois, mais j'étais encore largement ignoré de la population. Était-ce dû à la négligence ou à l'inexpérience ? Je ne sais.

Le Surveillant me harcelait quotidiennement sur quantité de petites choses. Je comprenais qu'il voulait exercer sur moi une domination arbitraire, et, bien que respectueux de sa position, je ressentais désagréablement son intrusion dans mon ministère pastoral.

Les célébrations de la liturgie divine étaient lugubres. Seulement une vingtaine de personnes y assistaient le dimanche, et, lorsque Abu Jirius était absent, je devais chanter seul toute la liturgie. Non seulement c'était épuisant pour moi, mais en plus la population était privée de la plénitude de la bénédiction divine. Pire encore, ce n'était qu'une poignée de gens qui recevaient la sainte communion, tandis que les autres ignoraient mes appels à y prendre part.

Je devais combattre désespérément pour faire face à mes conditions de vie déplorables. Le plus pénible, c'était le manque d'installations sanitaires. Les villageois pouvaient aisément soulager leurs besoins sous les arbres ou derrière un rocher, mais pour moi c'était impossible. Je m'étais résigné à demander à des étrangers dans le village la permission d'utiliser leurs toilettes, mais c'était pour le moins inconvenant et embarrassant.

Après avoir nettoyé la plus grande partie des ordures et de la crasse qui souillaient ma chambre et ma cuisine et jeté le cadre de lit inutilisable, j'avais étalé le matelas crevé et sale directement sur le sol. Avec les deux couvertures que j'avais apportées avec moi, je m'arrangeai pour aménager un endroit où je puisse me coucher. Quelques nuits, cependant, je renonçai à cette solution pour tenter de dormir sur une natte, puis sur le siège arrière de ma voiture. Mais le sommeil me fuyait à cause de la dureté du sol, de l'étroitesse de la Volkswagen, de l'omniprésence des insectes, et de ma solitude et de mon chagrin terribles. De Paris à Ibillin — décidément, c'était pour moi un trop grand changement !

J'étais aussi affamé. Jusqu'alors, je n'avais reçu aucun salaire de l'évêque, et le peu d'argent que j'avais apporté avec moi s'était envolé. J'avais cru que l'hospitalité de la communauté melkite envers son nouveau prêtre m'assurerait des repas, mais tout le monde m'ignorait. Maintenant, après quatre semaines de séjour à Ibillin, je n'avais consommé que deux repas substantiels. Même les restes de pain de communion étaient épuisés. Je devrais bientôt aller grappiller dans les champs et les vergers.

Seigneur Dieu, où êtes-vous ? demandais-je amèrement. *Comment avez-vous pu m'abandonner à une situation aussi*

terrible ? La plupart des gens ne veulent même pas me parler.
Comment puis-je exercer pour eux mon ministère de prêtre,
témoigner de votre amour, de votre pardon, et de votre bonté,
si je ne peux pas communiquer avec eux ? Comment travailler
à l'établissement de cette communication si je ne peux pas
dormir, si je ne peux pas manger, si mon pauvre dos et mes
muscles me font constamment mal, et si mes yeux sont doulou-
reusement irrités et brûlants à cause des vapeurs de pétrole
et de la fumée des chandelles, si je me sens terriblement seul
et abandonné dans ce village ?

Je me laissai tomber sur les marches de l'église et m'assis
à terre, enserrant de mes bras mes genoux, où j'avais enfoui
la tête. Pourquoi mon propre évêque ne me manifeste-t-il aucun
intérêt ? Lui, il est dans ce confortable palais de Haïfa — et
moi, je suis dans cette misère, essayant d'être un prêtre dans
cet endroit où il m'a envoyé.

Des larmes jaillirent de mes yeux et mouillèrent ma barbe
épaisse et noire. Deux mois plus tôt, j'avais été ordonné prêtre
à Nazareth en même temps que Faraj, mon camarade de classe
et ami. Nous nous étions rencontrés à Haïfa à l'école de l'évêché,
à l'âge de douze ans. Lorsque nous faisions ensemble nos études
à Paris, nous avions souvent parlé de la façon dont nous vivrions
notre ministère, et nous tombions d'accord pour dire que nous
nous interdirions d'exploiter le peuple, de faire commerce des
sacrements, et de chercher un gain matériel pour nous-mêmes.
La survie de notre église en Palestine était, nous le savions,
un miracle de Dieu, et notre tâche nous semblait consister
dans l'enseignement de l'amour de Dieu et dans un effort
pour convaincre notre peuple, chrétien de naissance, qu'il est
capital de donner à ce christianisme sa pleine signification.

Faraj et moi-même, nous étions les premiers, depuis vingt-
six ans, à être ordonnés prêtres, dans le diocèse melkite de
Galilée. En 1947 et 1948, la communauté chrétienne avait
été démantelée en tant que peuple palestinien devenu réfugié
à l'intérieur d'Israël et dans les pays arabes voisins. On peut
estimer le nombre des chrétiens qui, poussés par la peur,
s'étaient enfuis de Galilée, à 390 000, y compris l'évêque melkite
et quelques prêtres, qui abandonnaient ainsi au chaos les chré-

tiens restés sur place, sans direction spirituelle[1]. Après la création de l'État d'Israël, il était impossible de faire entrer des prêtres arabes, et nous fûmes pratiquement abandonnés dans nos villages. Notre ordination fut une renaissance de l'espérance chrétienne en Terre Sainte. L'évêque, Mgr Hakim, invita les chrétiens melkites de Galilée, les responsables de toutes les autres dénominations chrétiennes, et les personnalités diplomatiques à assister à l'ordination dans l'église du séminaire grec catholique de Saint-Joseph de Nazareth.

Je m'étais posé beaucoup de questions avant d'être ordonné. Est-ce que je prends la bonne décision ? Suis-je digne d'être ordonné ? A l'âge de vingt-cinq ans, je prenais un engagement irréversible. Consacrant beaucoup de temps à la prière, j'avais promis à Dieu de ne jamais compromettre mon ministère de prêtre et de ne jamais me compromettre moi-même comme prêtre.

Le 24 juillet 1965, l'église était comble, et dans l'assistance se trouvait toute ma famille à l'exception de mon frère Chacour, qui était décédé en 1961 pendant mon séjour à Paris. De nombreux parents et amis assistaient à la cérémonie, dont le Père Longère et quarante autres amis qui avaient fait le long voyage depuis la France.

Mes deux parrains prêtres se tenaient à mes côtés, leurs mains posées sur mes épaules, et ils proclamèrent à haute voix : « Le serviteur de Dieu, Elias, est appelé à la prêtrise, et il implore Sa Grandeur, l'Évêque de Galilée, de lui conférer le sacrement de l'ordination. »

Puis ils me conduisirent à l'autel, dont je baisai les quatre coins à quatre reprises, afin de symboliser ma foi dans l'Évangile de Jésus-Christ. Je m'agenouillai en face de l'autel, le front contre la pierre froide. Mon cœur battait plus vite. Alors, l'évêque posa la main sur ma tête. Je la sentais si lourde, mais aussi si aimante !

---

1. D'après un projet statistique personnel réalisé par l'auteur en 1968-1969 pendant ses recherches à l'Université hébraïque. L'auteur a également appris que 350 000 Palestiniens environ vivaient en Australie, au Canada, aux États-Unis, en Europe et dans des camps de réfugiés du Moyen-Orient vers la fin des années 1960.

« Le pouvoir du Saint-Esprit qui pardonne tout péché et pourvoit à chaque faiblesse assistera le serviteur de Dieu, Elias, afin qu'il devienne prêtre du grand Dieu et serve l'église sur les autels de Galilée », psalmodia l'évêque. Puis, se tenant à côté de l'autel, l'évêque me revêtit de mes vêtements sacerdotaux. En me revêtant de chacun d'eux il proclama en grec : « *Axios, axios, axios.* Il en est digne, il en est digne, il en est digne. » Et l'assistance chantait en réponse : « Il en est digne, il en est digne », à la fois en grec et en arabe.

★

Je marchai à nouveau dans le jardin de l'église. *Suis-je réellement digne de la prêtrise ? Me voici souffrant à Ibillin, me demandant si je suis bien ici, me sentant terriblement perdu et préoccupé de moi-même. Est-ce là être digne de mon appel ? Récemment, j'ai commencé à comprendre la peine que mon prédécesseur a dû ressentir. Combien d'autres prêtres souffrent-ils tout comme moi ? Y a-t-il donc quelque lien mystérieux entre la dignité et la souffrance ? Être prêtre, c'est donc cela ?*

Mon Dieu, je suis resté à Ibillin un mois. Voulez-vous que je reste et que je me tue moi-même par la même occasion ? Voulez-vous que j'aille voir l'évêque pour demander une autre paroisse ? Je demeurais silencieux, regardant dans l'obscurité, épuisé par la décharge émotive. *Ou bien m'avez-vous réservé un ministère spécial dans ce village ? Comment puis-je me montrer digne du don que vous m'avez accordé ?*

Au bout d'un long moment, je m'enveloppai d'une couverture et me couchai sur ma natte. Flottant à la dérive, j'avais l'impression de redevenir un enfant à Biram, dormant côte à côte avec mes frères et ma sœur, dans la pièce principale, avec nos parents de chaque côté qui nous maintenaient sous les couvertures.

Maman nous avait enseigné la parabole de Jésus qui met en scène un homme dormant de cette façon-là avec sa femme et ses enfants. Un ami du village vint à minuit demander du pain pour un invité. « Non, ne m'importune pas, dit l'homme. La porte est fermée et mes enfants sont couchés avec moi. Je ne puis me lever pour te donner du pain. » Il savait que toute la famille serait debout si une seule personne se levait. Mais, comme l'on frappait avec insistance à la porte, l'homme donna finalement du pain à l'importun. Maman nous dit : « Mes enfants, si vous avez besoin de quelque chose, dites tout à votre Père des cieux. Ne vous effrayez pas et ne vous découragez pas. Ne devons-nous pas parfois lutter avec Dieu pour lui dire nos soucis, que la tempête est si forte, et qu'il doit faire quelque chose pour nous ? Et, mes enfants, vous serez parfois en colère après Dieu. Cela ne signifiera pas que vous n'aimez pas Dieu ni qu'il ne vous aime pas. C'est justement envers celui que vous aimez le plus que vous êtes le plus en colère. Aussi, dites simplement à Dieu ce que vous ressentez et ce dont vous avez besoin. Ne craignez point. Mais ayez foi dans le Seigneur et soumettez-vous à la sainte volonté de Dieu. »

Je fus réveillé par la peine physique et par la faim. *Que puis-je faire ici, Seigneur ? Comment atteindre ma communauté melkite ? Qu'est-ce qui arriverait, me demandais-je, si je me mettais à peupler ma solitude avec les autres, si je leur ouvrais ma propre vie, mon propre cœur, mon esprit ? Si je portais mes yeux sur eux ? Et si j'allais frapper à leur porte, visiter leurs foyers, leur offrant tout ce que j'ai à leur donner — moi-même et l'amour infini de Dieu ?* Tout somnolent, je regardais l'entrée ouverte sur le jardin éclairé par la lune. Un jour, avant que ne s'installe la saison froide, je me promets de fabriquer une porte, me dis-je à moi-même, une porte que je puisse fermer.

Soudain, je m'assis sur la natte, complètement éveillé. Une porte ouverte ! Deux portes ouvertes ! C'est parfait ! Cette maison deviendra une maison ouverte ! J'inviterai tous ceux que je visiterai. Avec l'aide de Dieu, je vaincrai la solitude en sacrifiant mon intimité, je remplacerai la non-communication par l'échange et le rire, la crainte et la suspicion, par l'espoir et l'amour. A chaque instant, il doit y avoir ici des gens pour agir, pour vivre, causer et construire quelque chose !

Demain, je commence mes visites ! c'est le vœu que je fis en me recouchant, souriant à cette entrée grande ouverte, qui, maintenant, symbolisait une telle promesse.

3

Le cep doit vivre !

« Qu'est-ce que ceci ? » demanda le Surveillant, en pointant du doigt une plante saine et vigoureuse qui poussait en bordure de l'enclos. Il inspectait avec deux autres hommes la propriété de l'église, et je les accompagnais.

« C'est un cep de vigne, mon ami. »

Le Surveillant cligna des yeux. « Je vois bien que c'est un cep de vigne, mon Père. Me croiriez-vous stupide ? Je veux savoir d'où il vient et ce qu'il fait là. » Je me campai droit sur mes jambes devant lui, les bras croisés sur la poitrine. Le moment de vérité était arrivé.

« Ce cep de vigne, c'est le cadeau magnifique qu'Habib m'a fait.

— Comment ? Vous avez donc laissé ce marginal, ce communiste, ce déserteur, prendre pied sur cette propriété ? Vous lui avez permis de planter un cep de vigne ici ? Comment avez-vous pu faire une telle stupidité ? » Il m'avait craché sa colère au visage.

« Habib voulait simplement me faire un cadeau. C'est gentil, non ?

— Non ! C'est affreux ! cria le Surveillant. Il n'a pas le droit de mettre les pieds sur cette propriété. Il est passé à l'Église grecque orthodoxe, c'est un traître. Il commencera par demander les fruits, puis il réclamera notre terrain. C'est un communiste damné, et il a été excommunié par l'évêque.

31

— Ne vous en faites pas, mon cher Surveillant, Habib ne réclamera pas la récolte ou le terrain. Il veut seulement me donner des raisins en signe d'amitié.

— Vous ne connaissez pas Habib. J'insiste pour que vous arrachiez ce cep de vigne immédiatement. » Lorsqu'il posa les yeux sur les deux autres, ils opinèrent du chef.

Je comprenais que cet homme était déterminé, dans son aveuglement, son amertume et sa colère, à détruire ce cep, en même temps que tout espoir d'une quelconque réconciliation avec Habib, mais j'étais bien décidé à garder l'amitié de celui-ci. C'était notre premier voisin, au nord de l'église, et je le considérais comme un homme doux, aimable et aimant Dieu.

« Non, monsieur, je ne détruirai pas ce cep de vigne, répondis-je, il restera là.

— Abuna, vous devez arracher ce cep de vigne, ou vous serez chassé du village ! Vous m'entendez bien ? »

Nous nous regardions dans les yeux tandis qu'il attendait ma réplique. Que répondre à ce pauvre homme borné ? Que pouvais-je faire pour le convaincre de laisser vivre ce cep de vigne et d'accepter le cadeau de Habib ? Comment amener la paix et la réconciliation ?

★

Plusieurs mois avant cette confrontation, je m'étais éveillé tôt le matin, décidé à ouvrir ma vie à la population d'Ibillin. J'avais commencé mes visites à neuf heures, et, à huit heures du soir, je quittais le huitième foyer.

« S'il vous plaît, dis-je à Um Khalil (c'est-à-dire mère de Khalil, son fils aîné), dites à Abu Khalil de venir me rendre visite au presbytère. Et j'aimerais bien recevoir votre visite également, ainsi que celle des enfants. Souvenez-vous : lorsque vous apercevez de la lumière à ma fenêtre, quand vous me voyez chez moi, c'est que je vous attends tous. »

Je fis un signe d'adieu et je partis par la rue poussiéreuse et caillouteuse, vers le presbytère. Mon estomac protestait contre le flot de café que je lui avais fait absorber, mais mon cœur était léger. J'avais réussi ! Je venais de commencer à frapper aux portes du village et de me présenter. Pas une seule porte ne m'avait été claquée au nez. Comme la plupart des hommes étaient au travail, j'avais rencontré surtout des femmes et des enfants. J'avais répondu à leurs questions timides, leur parlant de mon champion et de moi-même, les invitant à rendre visite, avec les maris, à l'église et à leur prêtre. Le temps seul me dirait si on accepterait mes invitations, mais je m'étais éveillé ce matin-là, déterminé à recevoir des gens dans mon deux-pièces. Je ne tolérerais plus mon isolement et ma solitude.

L'un des avantages, c'était que les femmes m'avaient donné non seulement du café, mais aussi du pain, de l'*hummus*, des olives, des fruits et des douceurs. J'avais même reçu du pain et des fruits pour un repas du soir.

Le jeune Khalil et ses amis me suivirent tout le long de la rue. *Sensationnel!* pensais-je en moi-même, avec un sourire intérieur, *si je parviens à m'attacher les enfants, les parents viendront à moi.* Je leur lançai : « Venez me voir au presbytère, et je vous raconterai une histoire. » Ils s'éloignèrent en courant, avec des rires, mais je savais qu'ils reviendraient un jour avec leurs amis.

Mon appartement connut un renouveau de vie. J'entendais les voix de Um Issa, Um Said, Um Khalil, et de tous les enfants. *C'est très bien*, pensai-je. *Je veux connaître chaque famille, chacun des habitants d'Ibillin, sans égard à leur religion. Je veux connaître ce village à fond, et je veux que les gens me connaissent, et sachent que j'ai souci d'eux. Lorsqu'ils se sentiront libres de venir me voir, je leur enseignerai les histoires bibliques, nous prierons ensemble, nous boirons du thé, et peut-être commenceront-ils à se confier à moi.* Je me sentis plus assuré dans ma décision de rester à Ibillin, d'ouvrir largement ma porte et mes bras à cette population. Je ne dormis pas beaucoup cette nuit-là, à cause de la quantité de café que j'avais bu, mais qu'importe ! J'étais tout entier à mon futur ministère d'Ibillin.

★

Comme le Surveillant me le rappelait fréquemment, il avait la responsabilité de l'église. Cet homme outrepassait quelque peu ses prérogatives. Il se considérait comme le surveillant de la population melkite, et, réellement le Tout-Puissant d'Ibillin.

Ce rôle lui permettait de dire n'importe quoi et de porter des jugements sur tous. La communauté melkite le craignait et obéissait à ses ordres, car il avait démontré par le passé son pouvoir de punir et d'isoler les gens, et même de les faire déclarer anathèmes par l'évêque.

Le Surveillant apprit bientôt mes visites quotidiennes. « Je ne tolérerai pas plus longtemps vos visites à quiconque, si ce n'est aux membres de notre communauté melkite. Votre temps et votre attention nous appartiennent, et ne doivent aller ni aux musulmans, ni aux orthodoxes, ni aux communistes, ni aux étrangers. C'est pour nous que vous travaillez, compris ? Et tout ce que nous vous demandons, c'est de conduire la liturgie, de prier et de nous baptiser, nous marier et nous enterrer. Alors faites votre métier, et tout ira bien. » Le Surveillant me considérait, moi, le prêtre, comme la propriété de l'église. Je devais me plier à sa volonté et exécuter ses ordres, exactement commes les autres membres melkites.

Bientôt, le Surveillant commença à m'envoyer des instructions par son plus jeune fils à 7 h 30, chaque matin. Ces notes m'indiquaient ce que je devais et ce que je ne devais pas faire, qui je devais et qui je ne devais pas visiter. Il divisait les villageois en deux groupes : ceux qui étaient acceptables, et les inacceptables. La liste des « inacceptables » était vraiment très longue et comprenait les chrétiens orthodoxes, les musulmans, les communistes, ceux qui n'aimaient pas l'Église, et ceux qui étaient de « mauvais garçons ». Je compris que c'était en fait le Surveillant qui haïssait l'Église et que c'était lui qui amenait les autres à la haïr tout autant. Je me surpris à me réjouir de faire le contraire de ce que souhaitait le Surveillant. Il m'enseignait à lui désobéir.

Graduellement, les gens vinrent me rendre visite. Les hommes et les femmes de la communauté melkite s'arrêtaient chez moi pour me saluer et boire un thé. Les enfants entraient et sortaient en courant, s'arrêtant parfois pour venir écouter une ou deux histoires bibliques. Les chrétiens orthodoxes me rendaient également visite, curieux de rencontrer ce prêtre qui semblait s'intéresser à eux tout autant qu'à sa propre communauté. Progressivement, les musulmans vinrent aussi.

Les gens commençaient aussi à m'apporter des cadeaux de

nourriture. Tôt, un matin, tandis que je célébrais la liturgie divine seul, un jeune garçon appelé Zahran entra silencieusement dans l'église. Zahran s'approcha de moi pendant que je priais, posa sur l'autel un grand plat recouvert d'un journal, et dit : « Prenez ceci de la part de ma mère. » Il s'éloigna en courant si rapidement que j'eus à peine le temps de voir qui il était. Soulevant précautionneusement le papier pour jeter un coup d'œil dans le plat, je le trouvai rempli de figues fraîches et juteuses. C'était un excellent petit déjeuner.

Un soir tard, je travaillais à mon bureau, lisant et étudiant à la lumière d'une lampe à pétrole. La nuit était très silencieuse, troublée seulement par le braiment occasionnel d'un âne ou le miaulement d'un chat, mais, peu à peu, je pris conscience d'une sorte de bruissement accompagné de voix étouffées, à l'extérieur de ma fenêtre.

« Qui est là ? » criai-je, en sortant dans l'enclos obscur. « Que voulez-vous ? » Pendant un moment, tout resta calme et je me sentis saisi par l'anxiété. Puis deux hommes âgés, Abu Karam et Abu Yacub, émergèrent de l'ombre.

« Que faites-vous ici, mes amis ? dis-je, riant de soulagement. Pourquoi n'entrez-vous pas ?

— Nous ne voulons pas entrer, dit Abu Yacub, en me tapotant sur l'épaule. Vous avez eu assez de monde toute la journée. Nous savons que vous travaillez.

— Alors, pourquoi tournez-vous autour de la maison ?

— Pourquoi ? Nous veillons sur vous, Abuna. » Abu Karam m'expliqua alors : « Nous prions pour vous afin que vous sachiez ce qu'il faut faire et ce qu'il faut dire.. Nous savons que vous lisez et que vous écrivez des choses pour nous. En veillant sur vous, nous nous sentons près de vous, et vous pouvez savoir ainsi qu'il y a une présence tout près de vous. » Sur ces mots, ils se fondirent dans l'obscurité et reprirent leur garde et leur prière.

Le Surveillant était furieux de toutes mes visites. Il perdait le contrôle des personnes et de la situation. Il était indubitable qu'il n'avait aucun contrôle sur le nouveau prêtre.

★

Tout en visitant les foyers, en entrant dans les commerces,

en bavardant avec les gens dans la rue, ou en m'avançant dans les champs pour aller saluer les hommes au travail, j'apprenais beaucoup de choses sur Ibillin. Libérés de la crainte du Surveillant, les gens commençaient à me parler, et on me confia des choses relatives aux affaires sociales, religieuses et politiques du village qui, apparemment tranquille, grouillait de sentiments de colère, de douleur et d'amertume. Je découvris des querelles qui se perpétuaient depuis des années, voire des générations. J'appris des choses sur les divisions entre Grecs orthodoxes et melkites, entre chrétiens et musulmans. On me parla des communistes du village, et je compris bientôt qu'ils étaient ceux qui protestaient contre les injustices sociales, comme la confiscation des terres par le gouvernement israélien, et qui cherchaient à intervenir pour faire avancer la situation. Ceux qui se donnaient pour communistes étaient tant musulmans que chrétiens. Je découvris que beaucoup de chrétiens qui étaient communistes étaient de puissants croyants attachés aux enseignements du Christ qu'ils s'efforçaient de mettre en pratique.

Il y avait à Ibillin un centre commercial appelé « le magasin communiste ». Il appartenait au parti communiste local. Je passais fréquemment devant cet établissement, et chaque fois j'adressais un signe d'amitié aux hommes qui se tenaient près de la porte d'entrée. Ils interrompaient leur conversation pour me regarder, mais pas un seul ne me rendait le moindre signe de salutation. Leurs expériences précédentes les incitaient à suspecter le prêtre melkite que j'étais. Cependant, je continuai à saluer ces gens chaque fois que je passais devant le magasin.

« J'ai appris que vous allez visiter votre voisin Habib, m'écrivit le Surveillant un matin. N'oubliez pas que Habib est un marginal, un communiste. Il était catholique grec et il a changé pour devenir orthodoxe grec. Vous ne devez pas rendre visite à la maison maudite de ce communiste excommunié. »

C'était exact, je me préparais à visiter Habib chez lui très bientôt. Comme d'ordinaire, l'opposition du Surveillant m'incita davantage encore à faire de qui m'était interdit. *Aujourd'hui*, me dis-je en moi-même, *aujourd'hui même, je rendrai visite à Habib.*

A trois heures de l'après-midi, le Surveillant me rendit sa

visite habituelle. Comme nous inspections l'enclos de l'église, j'aperçus Habib qui montait l'escalier de sa maison, de retour du travail. Je m'excusai et quittai le Surveillant pour me rendre rapidement chez Habib, montant à mon tour l'escalier extérieur pour monter au premier étage.

Je regardai en bas dans l'enclos et appelai le Surveillant : « Je sais ce que vous pensez de cette visite. J'ai lu vos instructions, mais j'ai lu aussi l'Évangile, et je sais que les membres de cette famille sont des enfants de Dieu. Le Christ n'aurait pas autant tardé à les visiter. Ma visite ne sera pas longue, mon cher Surveillant, et vous pouvez m'attendre si vous voulez. Sinon, je vous verrai demain. »

Le Surveillant me regarda, l'œil fixe et la bouche ouverte. Sans attendre sa réponse, je me retournai vers l'entrée pour voir Habib et son sourire de bienvenue.

« Soyez le bienvenu chez moi, Abuna », me dit cet affreux communiste, ce chrétien rejeté, en me donnant une poignée de main et en m'introduisant chez lui.

L'épouse de Habib, Um Fat'hee, nous servit des fruits, des sucreries et du café pendant ma visite. J'étais fasciné par cet homme que le Surveillant avait tant décrié. Quelle sorte de personne était-ce ? Habib semblait tout aussi curieux à mon sujet, le prêtre qui visitait tout le monde dans le village, et qui avait encouru la colère du Surveillant.

« Dites-moi, Habib, dis-je en pelant une orange juteuse, pourquoi avez-vous quitté la communauté melkite au début des années 50 ?

— Laisssez-moi d'abord vous dire, Abuna, que ce n'était pas mon désir de quitter cette communauté. J'y suis né, et je l'aimais. Je l'aime encore. Mais j'aime également cette terre de Galilée, la terre de nos ancêtres. Mon père et les pères de mes pères ont vécu sur cette terre particulière d'Ibillin où ils ont cultivé leurs olives, leurs figues, leurs tomates et leurs concombres. »

Je hochai de la tête, en signe de compréhension, car je me souvenais de Biram et de la façon dont mon père m'avait décrit son attachement pour la terre et ses arbres.

« Le gouvernement israélien a commencé à nous confisquer notre terre à la fin des années 40, et il a continué pendant les années 50 et 60. Nous, ici, à Ibillin, nous avons ainsi perdu des milliers de *dunums* (quatre *dunums* valent environ un hectare et demi), qui ont été pris par le gouvernement israélien[1].

« Certains d'entre nous dans le village, particulièrement ceux qui se disent communistes aujourd'hui, nous avons hautement protesté contre la confiscation de notre terre, dit Habib, avec un sourire forcé, et nous avons connu quantité de problèmes.

— Quelle sorte de problèmes ?

— Les problèmes sont venus du gouvernement israélien, de la police, et également de l'évêque et de nombreux membres de la communauté melkite. Nous avons été condamnés par ces gens et plusieurs d'entre nous furent arrêtés. On nous retira encore d'autres terres. Et, Abuna, croyez-le ou non, l'évêque melkite accordait sa sympathie non pas à nous qui étions spoliés de nos terres, mais au gouvernement israélien. Il prenait fait et cause pour celui-ci contre nous, son propre peuple. »

J'avais entendu ce récit auparavant de la bouche d'autres villageois. *Comment l'évêque a-t-il ainsi pu abandonner son peuple au moment où il avait tant besoin de lui ?* me demandais-je. *Comment a-t-il pu se mettre du côté de l'oppresseur ?*

« La situation devint telle dans le village que plusieurs d'entre nous qui protestions ont été retranchés de la communauté melkite par l'évêque et par des gens comme le Surveillant. ''Si vous ne gardez pas le silence, nous dit l'évêque, vous ne serez plus considérés comme chrétiens.'' Un jour, l'un des protestataires mourut, et l'évêque refusa qu'il soit enterré à l'église. Plus tard, quelqu'un voulut se marier et l'évêque refusa de le marier à l'église parce qu'il avait, lui aussi protesté. Finalement, nous avons demandé au prêtre orthodoxe grec, Abuna Ibrahim, s'il pouvait prier avec la communauté des chrétiens, et il nous accueillit volontiers. Environ deux cents melkites

---

1. Sabri Jiryis, *The Arabs in Israël (Les Arabes en Israël)* (New York, Monthly Review Press, 1976), p. 295. Table 5 : « Les terrains perdus par quelques villages arabes en Israël entre 1945 et 1962 » indique qu'Ibillin (Ablin) comptait 16 019 dunums en 1945 et 10 206 dunums en 1962. En 1989, le village estimait qu'il avait perdu environ 70 % de ses terres.

devinrent orthodoxes. Ce fut une expérience terriblement douloureuse. Même maintenant, je sais que nous ne sommes pas oubliés par nos parents et nos amis melkites. » Il secoua tristement la tête.

La semaine suivante, Habib vint me rendre visite. « Abuna, dit-il, je pense que vous êtes un brave homme, et je veux vous faire un cadeau. » Il tenait dans les mains un petit cep de vigne et un jeune plant de citronnier. Ensemble, nous les avons plantés dans l'enclos de l'église. Le cep de vigne avait été planté tout près de la maison de Habib.

« Merci beaucoup, mon ami, dis-je. J'en prendrai soin et je lui rappellerai souvent sa signification. Je suis certain que ce cep de vigne grandira et portera beaucoup de fruit. »

★

« Alors ? insista le Surveillant. Est-ce que vous allez le déraciner, ce satané cep de vigne ? Ou bien vais-je devoir le faire à votre place ?

— Voudriez-vous m'apporter un seau d'eau ? demandai-je au Surveillant. Et pendant qu'on allait me le chercher, je m'approchai du joli cep de vigne. Quelle tristesse de détruire le cep et la confiance et l'amitié de Habib.

— Vous voilà devenu raisonnable, Abuna, dit le Surveillant lorsque je me saisis du seau. L'eau ameublira le sol, et le cep s'arrachera facilement. »

Je versai l'eau partout sur le cep de vigne, aspergeant copieusement ses branches, ses feuilles, et le tronc. Puis je me signai de la main droite devant la plante toute dégoulinante et je dis : « Oh, cep de vigne, je te baptise et te fais chrétien au nom du Père, du Fils et du Saint-Esprit. Celui qui te déracinera sera déraciné. Et celui qui t'arrosera sera lui-même arrosé par la grâce de Dieu. »

Je laissai le Surveillant et ses deux amis médusés devant le cep nouvellement baptisé. Je savais qu'ils n'oseraient pas y toucher désormais. Je savais aussi, cependant, que, si, de son côté, le cep devait grandir et se développer, il y aurait encore beaucoup à faire pour permettre aux villageois une semblable expérience.

4
Les prisonniers du dimanche des Rameaux

« Comment vas-tu, Faraj ? criai-je. Tu m'as tellement manqué ! As-tu du plaisir dans ton ministère, à Rama ? » Mon vieux copain Faraj ! Je le bombardais de tant de questions que, le pauvre, pouvait à peine placer un mot. L'évêque, Mgr Hakim, avait convoqué tous les prêtres du diocèse à Nazareth, pour une rencontre spéciale. C'était la première fois que nous nous rencontrions, Faraj et moi, depuis notre ordination.

« C'est merveilleux, et les choses vont pour le mieux. Oh ! tu m'as aussi manqué, Elias ! Parle-moi de toi et d'Ibillin ! »

Ces paroles étaient si précieuses, si belles pour moi. Un autre prêtre me demandait enfin des nouvelles de ma paroisse et de la façon dont j'y vivais. J'ouvris la bouche pour dire à mon cher ami ce qu'avaient été les luttes et les peines que j'y avais endurées, et combien je me sentais abandonné dans ce petit village, toutes choses que j'avais si désespérément désiré partager avec l'évêque et avec les autres prêtres. Mais les mots qui sortirent de mes lèvres me surprirent moi-même.

« Ibillin est un endroit merveilleux, Faraj. Les gens ont été très bons pour moi. Et j'ai tant appris d'eux ! Il y a Habib, mon premier voisin, qui est devenu un ami. Et puis il y a le Surveillant — hum ! comment dire ? Sa présence est un tel défi pour moi et mon ministère. Et les enfants, les enfants, Faraj ! Ils viennent dans ma chambre, et je leur raconte des histoires bibliques, exactement comme ma mère avait l'habitude de le faire pour moi. »

Faraj écoutait et hochait de la tête. Son sourire était chaleureux, ses yeux très brillants et leur regard affectueux. Je me croyais revenu à Paris, lorsque nous partagions nos plus intimes pensées.

« Il n'empêche, Faraj, qu'il y a beaucoup de problèmes dans le village. Les gens, dans certaines familles, ne se parlent plus depuis des années à cause de vieilles querelles qui les divisent. Chrétiens et musulmans, orthodoxes et melkites se haïssent souvent. Des adversaires politiques se combattent avec aigreur.

« Une fois, j'ai tenté de faire un exposé sur l'œcuménisme : échec complet. Le seul résultat intéressant fut une note qu'un melkite du nom de Ruhe avait clouée sur ma porte :

Vous venez nous prêcher l'œcuménisme ? C'est inutile. Nous n'en avons pas besoin. Commencez d'abord par réconcilier les frères, les sœurs, les familles. C'est là l'œcuménisme qu'il nous faut. Nous n'avons pas besoin de nous perdre dans des idées vagues.

Ces paroles portèrent, Faraj, car je savais qu'elles étaient parfaitement vraies.

— Et tu as trouvé le moyen de les réconcilier, Elias ?

— Pas encore. Je suis à l'écoute de la multitude de problèmes, de la grande souffrance dont les gens me font part. Je veille à créer des liens et j'apprends à les connaître du mieux possible. Par exemple, il y a Um Daoud, qui n'a pas adressé la parole à sa sœur depuis vingt ans. Et l'un des habitants du village, Abu Muhib, qui est un policier israélien, une tête dure et un homme à problèmes. Il est haï et craint de presque tous, y compris des membres de sa propre famille. Je le salue dans la rue, et je suis aussitôt critiqué par les habitants du village. Les séparations sont très profondes à Ibillin. Je prie chaque jour que Dieu me donne la sagesse et de courage de les affronter avec efficacité. »

Faraj fronça légèrement les sourcils, en m'observant attentivement.

« Il me semble que tu as maigri, Elias. Est-ce que tu manges assez ? Et est-ce que tu dors bien ?

— Oh oui ! dis-je, en balayant son souci d'un revers de la main. Les choses ont été un peu difficiles au début, mais les gens se sont montrés généreux avec leur nourriture. Je n'ai pas à me plaindre à ce sujet. » Je décidai de passer sous silence le fait que je dormais encore sur le siège arrière de ma voiture lorsque j'étais fatigué du sol de ciment. « Tout va très bien. Maintenant, parle-moi de ta situation à Rama. »

En écoutant Faraj me décrire son ministère à Rama, sa ville natale, je compris que son expérience avait été très différente de la mienne. J'appris bientôt qu'il dormait dans un lit et faisait bonne chère. Je m'en réjouissais, car j'aimais beaucoup Faraj, et je n'aurais pas voulu qu'il soit confronté aux problèmes dans lesquels je me débattais à Ibillin.

Oui, décidément, j'étais fier de ma paroisse, et les paroles qui m'étaient venues si vite sur les lèvres à la louange d'Ibillin et de ses habitants, c'était exactement celles que je voulais faire connaître au monde entier. J'entendais mettre en vedette les aspects heureux de la vie de mes paroissiens afin de les édifier et de les rétablir ainsi dans leur dignité ébranlée, tout en lançant un défi à mes collègues afin qu'ils se montrent constructifs dans leur ministère. En même temps, je voulais aider mes paroissiens à se réconcilier les uns avec les autres, les libérant ainsi des souffrances, des haines et des amertumes qui les retenaient prisonniers.

★

Ibillin possède une histoire chrétienne attestée qui remonte de façon ininterrompue juqu'au Ier ou IIe siècle de notre ère. Dans les années 1980 fut découvert un cimetière chrétien du IIe siècle, contenant des poteries, et des objets de verre ornés de symboles chrétiens anciens tels que le poisson, l'agneau et le pain. En fait, le village d'Ibillin était le siège de l'archevêque de Zabulon déjà aux IVe et Ve siècles. L'un des évêques du concile de Nicée, en 325 après J.-C., l'évêque Nisifos, venait d'Ibillin[1].

---

1. Le nom de l'évêque remonte à une tradition chrétienne dans le village. Conformément à des sources latines, un évêque de Zebulon était parmi les dix-neuf évêques venus de Palestine au concile de Nicée. Voir le *Spici-*

C'est à Ibillin également que le chef des Croisés, le comte français Abelin, établit ses quartiers généraux au XVIIe siècle. Les habitants du village découvrirent les murailles de la cité des croisés d'Ibillin dans les années 1970, en construisant le centre communautaire.

L'église melkite actuelle, qui date du XVIIe siècle, fut construite sur les ruines d'une ancienne église byzantine du IVe siècle et d'une église datant des croisades des XIe et XIIe siècles. En 1920, un nouveau chœur et un nouveau narthex furent ajoutés à la construction principale du XVIIe siècle. Le puits et la citerne situés sous le sanctuaire, originellement destinés à fournir l'eau nécessaire aux baptêmes, furent plus récemment fermés et comblés, mais l'humidité de l'argile qui sert de ciment aux murs intérieurs de l'église continue de poser des problèmes de moisissure et de décomposition qui font sauter les peintures.

Chaque fois que je célèbre la liturgie dans cette église, je me sens profondément solidaire des frères et sœurs de Galilée à travers les siècles, disciples de Jésus de Nazareth, cette ville à peine distante d'une trentaine de kilomètres.

Cependant, je me réveillai très tôt le dimanche des Rameaux 1966, avec une sensation d'anxiété et de détresse. La perspective de chanter la liturgie et de célébrer l'Eucharistie en ce jour de fête, m'apparaissait comme un lourd fardeau tandis que je considérais les graves problèmes de ma communauté.

O mon Dieu, je sais que vous êtes Seigneur et que ce n'est que par votre volonté et votre puissance que ces problèmes de haine peuvent être résolus. Ainsi, mon Dieu, que vais-je faire maintenant ? Est-ce que j'abandonne simplement ces gens pour les livrer à eux-mêmes ? Dois-je continuer à les inviter à une vie d'amour et de compassion ? Dois-je les réprimander et les éduquer ? Dois-je seulement tenter de vivre ma vie comme un exemple de votre amour dévoué ? Que puis-je dire ce matin des Rameaux, que je n'aie déjà dit auparavant ? O mon Dieu, aidez-moi ! Et aidez ces gens !

legium Solesmense, édité par Jean-Baptiste Pitra, Paris. Unveranderter Abdruck, 1852 ; nouvelle édition, Graz, Autriche, Academische Druck, U. erlagsanstalt, 1962, p. 531.

Le Surveillant fit sonner la cloche à 9 h 30, et les gens commencèrent à entrer dans l'église. Comme je finissais de revêtir mes ornements sacerdotaux, une élégante robe de satin brodée de rouge, je remarquai que les gens assis sur les bancs étaient plus nombreux que d'ordinaire. Quelques minutes plus tard, le Surveillant entra dans le chœur, rouge et tout excité.

« Abuna, dit-il, il y a tellement de monde que nous manquons de place. Il doit y avoir plus de 250 personnes dans l'église, et les autres sont debout à l'extérieur, désireuses d'entrer. Qu'allons-nous faire ? »

Un coup d'œil jeté sous la voûte d'entrée du chœur me confirma les paroles du Surveillant. « Eh bien, faites-les avancer jusqu'ici », dis-je, en désignant l'emplacement du chœur où se trouvait l'autel.

En temps ordinaire, le Surveillant n'aurait sans doute pas été d'accord avec une telle solution inhabituelle, mais, à cause de l'extraordinaire foule, il tourna vivement les talons et commença à les faire pénétrer par l'entrée voûtée. Les gens étaient tout étonnés de se retrouver derrière l'iconostase, avec le prêtre. Ils se tenaient contre le mur, nous laissant à moi-même et aux enfants de chœur, tout juste la place nécessaire pour célébrer la liturgie.

La liturgie de saint Jean-Chrysostome se déroula sans incident. Abu Jirius et quelques autres personnes chantèrent les répons, et les deux enfants de chœur firent tout ce que je leur avais enseigné. Un nombre considérable de personnes prirent également la communion.

En dépit de la foule, en dépit de l'augmentation des communiants, cependant, je continuais de me sentir mal à l'aise et préoccupé. Je voyais tant de gens qui se détestaient les uns les autres. Abu Muhib était venu à l'église en ce dimanche des Rameaux revêtu de son uniforme de policier israélien. Ordinairement, personne, sauf sa femme et ses enfants, ne se serait assis près de lui, mais aujourd'hui, au milieu d'une telle foule, il était comprimé comme tout le monde. Um Daoud était présente avec sa famille, mais sa sœur et sa famille étaient de l'autre côté de l'église. Le Surveillant se tenait vers le fond de l'église, les bras croisés sur la poitrine, contrôlant ce qu'il considérait comme son royaume. Et il y avait Ruhe, dont le message écrit était gravé en lettres de feu dans ma mémoire : « Commencez par réconcilier les frères et les sœurs, et les familles, Abuna. » Mais, chaque fois que je me retournais pour bénir l'assemblée, pour leur donner la paix du Christ, je me souvenais à nouveau qu'il n'y avait en réalité aucune paix parmi ces gens. Une telle paix, ils l'avaient toujours refusée.

Lorsque la liturgie fut terminée, je pris ma décision. Avant que personne n'ait eu le temps de bouger, je me hâtai de descendre l'allée centrale, à la grande surprise de l'assistance. Habituellement, un prêtre revêtu de ses ornements demeure derrière l'iconostase pendant que l'assemblée se retire à l'extérieur. Mais voici que je m'avançais au milieu d'eux, l'aspect résolu, mes grandes manches, semblables à des ailes, soulevées par le courant d'air que je créais. Je me dirigeai droit vers les deux portes situées des deux côtés de la partie principale de l'église, les fermai à clef, tandis que tous me regardaient, silencieux et figés sur place.

Je brandis la grande et vieille clef, remontai l'allée centrale de la nef, pénétrai sous l'arche principale du chœur, et, me retournant vers la foule, je dis d'une voix forte et ferme : « Je veux que vous sachiez combien je vous aime tous et combien je suis triste de vous voir vous haïr et vous décrier les uns les autres. J'ai si souvent tenté de vous réconcilier les uns avec les autres pendant les six mois que j'ai passés ici, mais je n'y ai pas réussi. Je me suis demandé si tous les villages ont les mêmes problèmes que vous, et je vous dis la vérité : J'ai cherché dans toute la Galilée, et j'ai compris que vous êtes les seuls à vivre dans une telle aigreur et une telle haine. Vous êtes des gens très compliqués, ici, à Ibillin. » Un silence de mort régnait dans l'église. Je n'apercevais pas un seul mouvement dans la foule.

« Ce matin, pendant que je célébrais la liturgie, j'ai trouvé quelqu'un qui peut vous venir en aide. En fait, c'est le seul qui puisse accomplir dans ce village le miracle de la réconciliation. Celui qui peut vous réconcilier, c'est Jésus-Christ, et il est ici, avec nous. Nous sommes assemblés en son nom, dans le nom de celui qui entra triomphalement à Jérusalem avec les *hosanna* du peuple qui résonnaient dans ses oreilles.

« Ainsi, au nom du Christ, je vous déclare ceci : les portes de l'église sont fermées à clef. Ou bien vous vous entretuez ici-même dans votre haine, et je célébrerai gratis vos funérailles, ou vous saisissez cette occasion pour vous réconcilier avant que je n'ouvre les portes de l'église. Si cette réconciliation se produit, le Christ deviendra réellement votre Seigneur, et je saurai alors que je deviens votre pasteur et votre prêtre. Cette décision vous appartient maintenant. »

Les gens commencèrent à se regarder les uns les autres. Quelques hommes firent mine de partir, mais je levai la main et les arrêtai.

« Non, n'essayez pas de sortir. Les portes sont fermées à clef. Et la clef est dans ma main. Il faudra me tuer pour prendre cette clef. Le seul moyen qu'il vous reste de sortir, c'est de faire la paix les uns avec les autres et de vous réconcilier avec ceux que vous avez blessés ou qui vous ont fait du mal. »

Je me tenais sous la voûte, les mains croisées devant moi, considérant l'assemblée captive. Personne ne disait un seul mot. Ils me regardaient, ils se regardaient les uns les autres, ils regardaient la peinture lépreuse sur le dôme et les arches, ils regardaient le sol. Le silence persistait.

Je regardais attentivement l'assistance. Ils étaient donc là ceux qui constituaient à peu près toute ma communauté melkite, rassemblés en un jour de fête à l'occasion du dimanche des Rameaux. Ils étaient maintenant les prisonniers d'un prêtre fou.

Les voitures passaient sur la route, le long de l'église. Des gens qui marchaient au dehors s'appelaient les uns les autres. Un âne se mit à braire, on entendit des rires d'enfants. Un coq attardé adressa sa salutation au monde. Et les melkites restaient assis en silence, enfermés dans leur église.

Dix longues minutes passèrent. Je sentais les gouttes de transpiration descendre dans mon dos, mon estomac noué par l'angoisse. *O mon Seigneur! Qu'ai-je fait? Est-ce encore un échec?* Comprenant que je ne pouvais rien faire d'autre qu'avancer sur le chemin que j'avais choisi, je me tenais face à ma congrégation, les bras maintenant croisés sur la poitrine. Mes parents, mes frères et ma sœur auraient pu leur dire combien Elias pouvait se montrer têtu.

Puis je perçus un léger mouvement dans l'assemblée. A mon

grand étonnement, je vis Abu Muhib se lever lentement, son uniforme l'identifiant instantanément aux yeux de tous dans l'église. Il étendit ses bras et regarda autour de lui, puis il porta les yeux sur moi. « Abuna, je demande pardon à tous ici, dit-il, et je pardonne à tous. Et je demande à Dieu de me pardonner mes péchés. »

Je descendis sur le pavement de l'église et j'ouvris les bras vers cet homme qui se tenait debout, seul, au milieu de la congrégation. « Merveilleux, lui criai-je, c'est parfait ! Approchez, approchez, Abu Muhib ! Je veux vous embrasser ! »

Le policier s'efforça de se dégager de sa rangée, puis descendit l'allée centrale de la nef, dans ma direction, des larmes roulant sur son visage, les bras étendus. Nous nous donnâmes une accolade à l'avant de l'église, mêlant nos larmes. Puis, tenant encore le bras d'Abu Muhib, je criai à l'assistance : « Pourquoi ne nous embrasserions-nous pas les uns les autres maintenant ? Je veux embrasser chacun d'entre vous, et chacun d'entre vous embrassera les autres, d'accord ? »

Chacun se leva pour s'avancer. Ils m'embrassèrent avec mes ornements. Ils embrassèrent Abu Muhib et se mirent en ligne afin d'embrasser tous ceux qui venaient après eux. Les larmes et les rires se mêlaient tandis que des personnes qui s'étaient dit de si méchantes choses, ou ne s'étaient plus parlé depuis des années, partageaient maintenant l'amour et la paix du Christ.

Lorsqu'ils se furent tous embrassés, je criai :

« N'écoutez pas les moqueurs et les gens qui ne s'intéressent qu'à vous voir à nouveau dispersés et divisés. Maintenant, vous formez une communauté unie.

« Frères et sœurs, ce n'est plus seulement le Dimanche des Rameaux. C'est notre résurrection à nous ! Nous sommes la communauté qui est ressuscitée d'entre les morts, et nous avons reçu une vie nouvelle. Je propose que nous n'attendions pas jusqu'à dimanche prochain, jusqu'à Pâques, pour célébrer la résurrection. Je vais ouvrir les portes, nous irons de maison en maison dans tout le village et nous chanterons pour chacun l'hymne de la résurrection ! »

Les gens, tout de suite, se mirent à chanter l'hymne de la

résurrection et s'écoulèrent ensuite par les portes ouvertes de l'église :

Christ est ressuscité d'entre les morts !
Par sa mort, il a foulé aux pieds la mort
Et il a donné la vie à ceux
Qui sont dans la tombe !

Tout l'après-midi, j'entendis des chants, des cris, des voix joyeuses et des rires. Je compris qu'une nouvelle vie avait commencé pour Ibillin. Comme une mère qui vient de donner naissance à un magnifique enfant après des heures de douloureux travail, j'oubliai la souffrance et les difficultés. Je ne voyais que mes paroissiens se réconciliant les uns avec les autres.

J'avais grandi en apprenant que le pardon procure la guérison et la paix. Mes parents allaient à l'église à Biram tous les samedis soir pour assister aux vêpres, un service religieux qui consistait en prières du soir et se terminait par la confession des péchés. Puis ma mère et mon père revenaient à la maison, et avant de manger, ils nous demandaient pardon, en disant : « Enfants, nous vous aimons. Nous vous avons peut-être fait du tort en quelque chose cette semaine ; si c'est le cas, nous vous demandons pardon. Si nous vous avons manqué en quelque chose, veuillez nous pardonner. » C'est le plus beau souvenir que je garde de ma famille.

Vers la fin de l'après-midi du dimanche des Rameaux, j'ôtai les serrures des portes de l'église pour les jeter, avec la clef. Ces portes ne seraient plus jamais fermées tant que je serais prêtre à Ibillin. Les portes sans serrures de l'église seraient un symbole de notre nouvelle fidélité et de notre ouverture.

Maintenant, les portes sont ouvertes à la fois à l'église et au presbytère, pensai-je, en balayant les débris des serrures que j'avait détruites. J'avais interpellé ma communauté, et je l'avais conduite à un temps de réconciliation. J'avais encouragé mes paroissiens à aller les uns vers les autres dans le village avec un esprit de pardon et d'amour. Et maintenant ? Comment allions-nous construire sur le fondement établi aujourd'hui ?

5

Un nouveau Jérémie

« Bonjour, Abuna Ibrahim, lançai-je, en voyant le prêtre grec orthodoxe assis sous le caroubier dans son grand et agréable jardin. Je suis venu vous rendre visite. »

J'avais décidé dans la semaine qui suivit le dimanche des Rameaux de m'attaquer au problème de l'inimitié qui existait dans ce village entre les Grecs orthodoxes et les melkites. Le premier pas vers la justice, la paix et la réconciliation m'appartenait, étant le nouveau prêtre dans la ville, et, de ce fait, libre du lourd fardeau du passé.

« Bonjour, Abuna Elias, répondit le vieil homme de quatre-vingt-six ans, en se levant lentement pour m'accueillir et me serrer la main. Vous êtes tout à fait le bienvenu ici. »

Nous eûmes une conversation délicieuse, et bientôt je découvris que j'avais un ami et un confident dans la personne du sage et respectable prêtre orthodoxe d'Ibillin.

« Abuna Elias, me demanda-t-il avec un large sourire, avez-vous vraiment enfermé les melkites dans l'église jusqu'à ce qu'ils se réconcilient ?

— Mais oui, Abuna Ibrahim, c'est bien ce que j'ai fait !

— Oh, Seigneur, comme j'aurais voulu voir ça ! » s'écria le vieux prêtre transporté de plaisir, et bientôt je partageai sa joie. Les passants purent voir deux abunas riant et plaisantant comme des enfants, se frappant les genoux et échangeant des tapes amicales sur les épaules, en essuyant leurs larmes de rire.

Après avoir goûté une tasse de thé et des fruits, je parlai des différends qui séparaient les melkites des orthodoxes. Abuna Ibrahim soupira et secoua la tête.

« J'étais ici, à Ibillin en 1948 lorsque les soldats sionistes juifs allaient de village en village. Nous étions effrayés, ayant entendu parler de tragédies et même de massacres, comme la mise à mort de 250 Palestiniens à Deir Yassin, près de Jérusalem[1]. Beaucoup de gens se sont réfugiés vers des endroits qu'ils jugeaient plus sûrs, abandonnant temporairement leurs maisons. Certains d'entre nous demeurèrent, croyant pouvoir protéger leurs propriétés et leurs familles. J'étais jeune alors, Abuna Elias, je n'avais pas tout à fait soixante-dix ans.

« De nombreux réfugiés palestiniens affluèrent à Ibillin. Certains habitèrent dans les maisons abandonnées, d'autres sous tentes dans les champs, et d'autres s'abritèrent simplement sous des arbres. Les soldats sionistes nous menaçaient quotidiennement de la perte de nos propriétés et même de nos vies. De nombreux prêtres et évêques s'enfuirent, livrant leurs ouailles à elles-mêmes. Je ne pouvais m'y résoudre, quoi qu'il dût advenir de ma personne. Je suis un Palestinien, pas un étranger. » Il soupira profondément et scruta mon visage de ses yeux vifs et noirs.

« Non seulement les prêtres et les évêques, mais également la plupart de nos responsables civils s'enfuirent. La structure sociale et politique de la Palestine fut détruite ici, en Galilée, et chaque village dut se débrouiller par lui-même. Inutile de dire qu'aucune aide ne vint du gouvernement israélien. Les Palestiniens arabes étaient indésirables dans le nouvel État, on les considérait comme une menace pour la sécurité, et possesseurs d'une terre convoitée par Israël.

« Bientôt, le gouvernement israélien confisqua nos terres cultivées. Des milliers de dunums furent réclamés par le gouvernement, qui s'en empara. Une fois qu'une terre était confisquée, nous ne pouvions même pas y mettre le pied. La

---

1. Rosemary Radford Ruether et Herman J. Ruether, *The Wrath of Jonah : The Crisis of Religious Nationalism in the Israeli-Palestinian Conflict (La Colère de Jonas : La crise du nationalisme religieux dans le conflit israélo-palestinien)*, San Francisco, Harper & Row, 1989, p. 133.

terre était simplement déclarée d'intérêt militaire ou encore propriété de l'État, et tout était dit[2].

« La combinaison des pressions exercées par le gouvernement israélien et de ses injustices avec l'effondrement de la structure sociale palestinienne créa d'énormes problèmes ici dans notre village ainsi que dans toute la Galilée. Les gens se disputaient à propos de la façon de faire face aux problèmes, alors qu'ils auraient eu besoin d'œuvrer tous ensemble. De grandes divisions se créèrent à Ibillin. Certains voulaient combattre contre la confiscation des terrains, d'autres voulaient seulement collaborer avec le gouvernement israélien, et la plupart étaient dans la plus grande confusion.

« Ceux qui protestaient étaient orthodoxes, melkites et musulmans, et ils eurent beaucoup à souffrir d'avoir exprimé leur façon de voir. Ces habitants qui craignaient Dieu furent punis par le gouvernement israélien et également par quelques-uns de leurs compagnons palestiniens, mais ils choisirent de prendre le risque de parler haut plutôt que d'accepter simplement l'injustice. »

Je hochai de la tête.

« Ainsi, ils devinrent des parias parmi leur propre peuple, et même aux yeux de l'Église.

— Exact, absolument exact ! répondit Abuna Ibrahim, en ponctuant ses paroles de son bâton de marche. Et je dois vous confesser que ma sympathie allait aux protestataires. Je les ai encouragés et j'ai prié avec eux.

— J'aurais voulu faire la même chose, assurai-je, en répondant au vieux prêtre.

— Quelques-uns des protestataires melkites vinrent vers moi et me confièrent leurs soucis. Ils avaient été excommuniés par l'évêque, et ils ne pouvaient être ni baptisés, ni mariés, ni enterrés dans l'église. Ils ne voulaient pas devenir orthodoxes, mais ils désiraient demeurer en communion avec l'Église et ils en avaient besoin.

« Eh bien, je vous le demande, Abuna Elias, dit le vieux prêtre en se penchant en avant sur sa chaise et en m'interrogeant des yeux autant que des paroles, comment pouvais-je

2. Jiryis. *Arabs in Israël*, p. 94-96.

53

refuser la grâce des sacrements divins à ces gens ? J'avais pensé tout d'abord que ce ne serait qu'une vingtaine ou une trentaine de personnes qui viendraient ainsi à mon église, mais en fait, le chiffre s'éleva à près de deux cents. Je sais que, depuis, j'ai toujours été haï par les melkites. »

Abuna Ibrahim me tendit la main, et je la pris. Lorsqu'il reprit la parole, sa voix se fit plus rauque, voilée par l'émotion. « Abuna Elias, je vous confesse que j'ai péché. J'ai manqué à l'amour et à la bonté envers ceux qui me haïssaient. Je vous demande de me pardonner. Je ne veux pas vivre plus longtemps dans une telle disharmonie et une telle inimitié. » Des larmes de repentir coulaient maintenant de ses yeux.

Je me sentis saisi d'humilité en présence de ce saint homme, et mes propres larmes jaillirent à leur tour. « Abuna Ibrahim, bien sûr, je vous pardonne au nom du Père, du Fils et du Saint-Esprit. Et je vous demande de me pardonner mes jugements précipités et mes pensées égoïstes.

— Je vous pardonne, mon fils, murmura Abuna Ibrahim dans un soupir, et vous êtes pardonné par le Seigneur Jésus-Christ. »

★

En rentrant chez moi de la maison d'Abuna Ibrahim, je passai devant le magasin communiste.

« *Salam Alékum,* la paix soit avec vous, dis-je aux hommes, en leur faisant le signe que j'avais l'habitude de leur adresser. C'est une journée magnifique, n'est-ce pas ? »

Comme d'ordinaire, les hommes restèrent silencieux en me regardant approcher, mais cette fois, avant que je ne sois passé, tous se mirent à sourire et à me faire signe de la main. A compter de ce jour, chaque fois que je passais devant le magasin communiste, les hommes levaient toujours la main pour me saluer avant que je n'aie eu le temps de faire moi-même le moindre geste à leur intention. Ils avaient finalement compris que ce prêtre les respectait et les aimait. L'atmosphère morale du dimanche des Rameaux se révélait contagieuse.

★

« Abuna, nous voudrions que vous baptisiez le petit Ibrahim, mon petit-fils. » La vieille femme et sa belle-fille, la mère de l'enfant, avaient attendu pour pouvoir me parler en privé à la fin de la liturgie.

« Bien ! Je serai très heureux de le baptiser ! » C'était le premier baptême que je célébrais en tant que prêtre.

Le rituel byzantin du baptême demande environ trois quarts d'heure de célébration. L'enfant est momentanément immergé dans le baptistère après avoir été oint de l'huile sainte. Puis on lui donne la confirmation. Après qu'un enfant a été baptisé, il ou elle peut recevoir la Sainte Communion chaque dimanche.

Lorsque je pris dans mes mains le petit Ibrahim, âgé de deux mois, tout nu et se tortillant, le soutenant avec soin comme le ferait une mère, je fus profondément ému. J'étais l'instrument par lequel ce petit bébé vagissant naissait en Jésus-Christ.

Quelques semaines plus tard, je rendis visite à l'évêque, Mgr Hakim, à Haïfa.

« Monseigneur, j'ai eu le privilège de baptiser un petit bébé !

— Combien avez-vous pris pour le baptême ?

— Mais... je n'ai rien pris, Monseigneur, balbutiai-je, pris de court. Les parents m'ont donné deux livres [soit environ deux dollars U.S.]. »

L'évêque s'enflamma de colère. « Deux livres ! et vous avez accepté cela ? Abuna Elias, je vous interdis d'accepter moins de cinq livres pour un baptême. Sinon, vous donnez un mauvais exemple en encourageant les gens à ne donner que de petites sommes. Si les autres prêtres, vos collègues, ont à faire un baptême et reçoivent moins de cinq livres, ils seront très contrariés. »

Il était bien tombé, l'élan de joie que je voulais partager avec mon évêque. A sa place, je n'éprouvais qu'une inflexible détermination indignée.

« Monseigneur Hafiim, je vous promets, devant Dieu, qu'aussi longtemps qu'il me donnera le privilège de travailler comme prêtre, jamais, au grand jamais, je n'accepterai quelque argent que ce soit de personne, pour quelque service religieux que ce soit. »

Tremblant de colère, je sortis d'un pas décidé du bureau de l'évêque.

Incroyable ! Comment mon évêque pouvait-il s'arrêter à des

questions d'argent et oublier le miracle du baptême lui-même ? Faraj et moi-même, nous avions souvent parlé du danger de simonie qui menace le prêtre, mais je ne m'attendais pas à voir mon propre évêque s'y abandonner.

Ce soir-là, à l'autel, dans l'église, je répétai mon vœu. Lorsque ma colère se calma, je suppliai Dieu de me donner la force de ne pas succomber à la tentation de l'argent et des richesses, en spoliant mes ouailles. Finalement, je pus prier pour mon pauvre évêque, qui m'était si cher.

En juillet 1966, je rencontrai Faraj une nouvelle fois lors de la retraite annuelle des prêtres à Nazareth. Notre premier enchantement à l'idée de devenir prêtres s'était noyé dans la réalité des tâches quotidiennes et des responsabilités. Plus tard, je devais me souvenir que Faraj semblait fatigué et ne marchait pas aussi rapidement qu'à Paris. Sur le moment, j'imputai cette fatigue à la chaleur de l'été.

Le dernier matin de la retraite, l'évêque nous fit asseoir Faraj et moi, l'un à sa droite et l'autre à sa gauche, lors du repas d'adieu. Traditionnellement, chaque prêtre attendait afin de dire quelques mots à l'évêque. Je compris bientôt de quoi il s'agissait : l'évêque recevait de ses prêtres des flatteries agréables.

« Monseigneur Hakim, vous êtes un prince de l'Église. Nous vous reconnaissons tous pour tel, ainsi que le Patriarche », s'exclama l'un des prêtres.

« Absolument ! Absolument », s'écriaient les autres prêtres en faisant chorus.

Un prêtre plus âgé s'approcha alors pour déclarer : « Monseigneur, il n'est pas exagéré de dire que vous êtes sans aucun doute, la personnalité arabe la plus brillante en Israël à ce jour. N'êtes-vous pas de mon avis ? » demandait-il aux autres prêtres.

« Oh oui ! bien sûr ! vous avez entièrement raison ! » s'écriaient-ils.

Et un autre prêtre ajouta : « Monseigneur, vous êtes le bienfaiteur le plus généreux que ce diocèse ait jamais connu. Notre population vous doit tant pour les églises et les écoles que vous avez construites, ainsi que pour les actes de générosité privés. »

« Eh bien ! mes enfants, dit l'évêque à Faraj et à moi-même lorsque les applaudissement s'arrêtèrent, qu'avez-vous à nous dire ? Abuna Faraj ? Voulez-vous parler ? » Faraj se montra tout à coup très timide et secoua la tête en souriant.

« Alors, Abuna Elias, c'est à votre tour de parler », dit l'évêque en se tournant vers moi. Je secouai moi aussi la tête. Le sourire sur le visage de l'évêque commençait à sembler un peu forcé. « Allons, allons ! *il faut* que j'entende quelque chose de la bouche de ces deux jeunes prêtres que j'ai ordonnés il y a à peine un an. » Cependant, Faraj et moi-même, nous persistions à refuser l'invitation à parler, et nous sentions les autres prêtres qui nous fusillaient du regard.

« Abuna Faraj, Abuna Elias, j'insiste vraiment : l'un de vous doit parler. » La voix de l'évêque prenait maintenant un accent autoritaire que nous ne pouvions ignorer. Faraj, le plus têtu, s'obstina plus longtemps que moi.

Je me levai finalement, au plus grand soulagement de l'assistance. J'ajustai ma soutane grise, lissai ma barbe, et, faisant face à l'évêque qui se montrait rayonnant de joie dans l'attente de mes paroles, je dis : « Mon cher évêque bien-aimé, vous avez entendu les compliments que vous ont adressés tous les autres prêtres, mais lorsque vous me demandez de prendre la parole, j'hésite parce que je suis comme Jérémie. Vous vous souvenez que lorsqu'il fut demandé à Jérémie de parler, il dit à Dieu : ''Seigneur, je ne suis qu'un bébé qui balbutie. Je ne sais pas parler.'' Et Dieu répondit à Jérémie : ''Ne dis pas : Je ne suis qu'un enfant. Car voici, je mets mes paroles dans ta bouche. Vois, je t'établis aujourd'hui... pour arracher et pour frapper, pour détruire et renverser, pour bâtir et planter.'' »

L'assistance était devenue très silencieuse. Même l'évêque ne souriait plus et concentrait son attention sur mes paroles.

J'avalai péniblement ma salive. Une nouvelle fois, je prononçais des paroles provocantes et dangereuses. Je n'avais pas le choix : il fallait pousser plus avant. « C'est avec l'esprit que Dieu a donné à Jérémie que je vous dis, Monseigneur, que je ne suis pas fier de vous si vous êtes un prince de l'Église. Et si vous êtes dans ce pays un politicien de haut rang, et si vous distribuez beaucoup d'argent, je ne suis pas fier de vous. »

L'évêque me fixait sans sourciller. Le visage de Faraj témoignait de sa tension interne, les mâchoires crispées.

« Au contraire, Monseigneur, je serai fier de vous chaque fois que je vous verrai vous humilier vous-même, lavant et baisant les pieds de vos paroissiens et de vos prêtres. C'est alors que je verrai en vous Jésus-Christ, l'Homme de Galilée. C'est alors que je verrai non pas le prince, non pas le chef de file social, non le personnage cherchant à posséder l'argent et le pouvoir, mais le serviteur. Monseigneur, c'est le serviteur à l'image du Christ que je souhaite voir grandir toujours plus en vous. Alors j'ouvrirai la bouche et je serai fier de vous. » Je m'assis vivement.

L'évêque resta silencieux un long moment. Puis il posa ses grandes mains sur la table devant lui, il promena son regard pénétrant sur nous tous, et dit : « Bien, ce Jérémie-là n'est pas pire que le premier. » Et tous les prêtres respirèrent.

Après la guerre de 1967, je visitai avec un prêtre français l'École biblique de Jérusalem. Il me dit que l'évêque Hakim avait passé une semaine entière en prière après la conférence de Nazareth. « Dites-moi, Abuna Elias, me demanda le prêtre français, qui était ce prêtre qui osa dire à l'évêque Hakim qu'il espérait le voir laver les pieds de ses paroissiens ? »

J'aimai et je respectai mon évêque dans ce moment-là plus que je ne l'aurais cru possible. Ses prières à Jérusalem, son acceptation de ce qui aurait pu constituer dans sa vie un incident difficile et embarrassant — tout cela témoignait à mes yeux de la vraie grandeur et de la sincère humilité de l'évêque Hakim, un homme de prière.

★

« Mais, Abuna, si l'homme était paralysé, comment pouvait-il entrer dans la maison pour voir Jésus ? » demanda Marwan. Les autres filles et garçons me regardèrent avec de grands yeux pleins d'attente. C'était la quatrième semaine que j'avais invité les enfants à venir écouter une histoire biblique le dimanche après-midi. Plus de soixante garçons et filles, deux grands-mères, et quelques jeunes adolescentes s'étaient assemblés dans l'église.

« Le paralytique avait de bons amis et des parents qui l'aidèrent. Jésus était assis dans une maison et le propriétaire, probablement Pierre, l'avait fait asseoir à la place d'honneur. Vous savez tous où elle se trouve chez vous, n'est-ce pas ? »

Les enfants hochèrent la tête en signe d'approbation. Encore aujourd'hui, l'invité d'honneur s'assoit le dos tourné au mur intérieur, face à la porte d'entrée, exactement comme en Galilée, à l'époque de Jésus.

« Les amis du paralytique virent que la maison était bondée de monde, et le transportèrent sur le toit plat où ils trouvèrent une ouverture... »

Un enfant m'interrompit.

« Abuna, nous avons une ouverture nous aussi dans notre toit. Chez nous, c'est là que nous mettons en réserve le foin pour les animaux !

— Oui, je sais. Lorsque j'étais petit, il y avait un grenier de même dans ma maison, et il y avait aussi une ouverture dans le toit plat. C'est exactement ce que les amis du paralytique ont trouvé. Puis ils firent descendre soigneusement le paralysé dans la maison, juste devant Jésus. »

Féda ne pouvait contenir son enthousiasme.

« Et est-ce que Jésus a fait marcher à nouveau le paralysé, Abuna ?

— D'abord, Jésus dit : ''Mon fils, tes péchés sont pardonnés.'' Puis il ajouta : ''Lève-toi, prends ton lit, et rentre chez toi.'' Que crois-tu qu'il arriva alors, Féda ?

— Le paralysé rentra chez lui, bien sûr ! cria-t-elle, et les autres enfants se mirent à rire.

— Oui, l'homme fut guéri, et il rentra chez lui à pied, emportant son lit sous le bras. Chacun manifesta sa joie, comme vous le faites, et l'assistance glorifia Dieu, disant : ''Nous n'avons jamais rien vu de semblable.''

« Aujourd'hui, je veux que vous rentriez tous chez vous en racontant à vos familles ce qu'a été la foi de ces gens en Dieu. C'est cette foi et cette confiance que nous pouvons tous avoir en notre Ami et Champion, Jésus-Christ. »

L'avenir de notre communauté melkite d'Ibillin reposait sur

les petites épaules de ces enfants. En tant que prêtre, je devais les aider à aimer Jésus-Christ, et à se sentir aussi bien dans l'église que chez eux. Le ministère auprès d'eux commençait à devenir primordial pour moi. Je me pris à rêver à toutes sortes de moyens pour les atteindre. Mes rêves prenaient des dimensions auxquelles je ne pouvais faire face par moi-même. Et même si quelques-uns de mes espoirs prenaient corps, j'aurais besoin d'aide pour les concrétiser.

6

Où est Dieu ?

« Il y a dans le Nouveau Testament des histoires de gens tout à fait semblables à nous qui habitaient en Galilée, dis-je aux jeunes femmes lors d'une classe biblique du mercredi. Prenez l'Évangile de Luc, au chapitre 15. Nous trouvons là trois histoires que Jésus a racontées au sujet d'objets perdus. »

Les jeunes femmes étaient venues pendant les heures d'histoires bibliques consacrées aux enfants, les dimanches après-midi, mais je compris qu'elles avaient besoin d'une étude plus profonde de l'Écriture. Pendant plusieurs mois, nous nous étions réunis pour lire ensemble le Nouveau Testament.

« La première histoire concerne une brebis perdue et nous raconte comment le berger la recherche. Vous est-il déjà arrivé de chercher longtemps quelque chose que vous aviez perdu ? »

Miriam leva la main.

« Une fois, ma famille et moi, nous avons dû chercher une vache. Mon frère Issa l'avait laissée s'échapper. Nous avons cherché partout cette vache, jusque sur le Jabal el Ghoul, le Mont de l'Ogre, mais nous n'avons pas réussi à la trouver. Encore tard dans la soirée, toute la famille et de nombreux voisins étaient toujours à la recherche de cette vache à la clarté de la lune. Finalement mon père et mon oncle Khalil entendirent le mugissement de la pauvre vache. Elle était prise dans des buissons hauts et épineux de l'autre côté du champ.

— Et qu'est-ce qui est arrivé lorsque votre père a ramené la vache au village ?

— Oh, on a fait une grande fête avec un festin et des danses qui ont duré jusqu'au lendemain matin !

— Mais pourquoi une telle fête pour le retour d'une vache perdue ? Ce n'est jamais qu'un animal. » Je faisais semblant d'être ignorant.

« Oh, Abuna, protesta Rawda, nous avons besoin de nos vaches pour cultiver nos champs, labourer la terre, et nous aider à déplacer de gros rochers. Si nous n'avions pas nos vaches, nous n'aurions pas de nourriture à manger ou à vendre.

— Et qu'est-ce qui serait arrivé si la vache avait été trouvée avec une patte prise et cassée entre des rochers, par exemple ?

— On aurait dû l'achever, répondit Gislaine, et le propriétaire en aurait distribué la viande à tous ses amis et connaissances.

— Et ces gens lui auraient donné des cadeaux en argent, en échange de la viande, afin de l'aider à racheter une nouvelle vache immédiatement, ajouta Miriam. On aurait fait de même pour un mouton ou une brebis si on les avait perdus. »

Nous lûmes ensemble l'histoire de la brebis perdue que raconte Jésus, et mes amies s'exclamèrent en constatant les ressemblances de l'histoire avec leurs propres expériences.

« Mais remarquez que les quelques versets suivants nous parlent d'une femme qui a perdu une pièce d'argent et balaye sa maison afin de la retrouver.

— Abuna, cela s'est produit une fois à l'église, dit Zada. Um Rami avait perdu son offrande, et nous avons dû prendre une lampe à pétrole pour chercher les pièces de monnaie. Nous ne pouvions pas les voir, parce que le sol était trop noir.

— C'est exact, Zada, dis-je à la jeune femme, qui enseignait en classe de maternelle à l'école du village. Dans de nombreuses maisons et églises, nous avons ces sols sales qui sont protégés et glacés avec des résidus gras et noirs d'olives pressées. Il en était de même lorsque Jésus vivait à Nazareth, il y a si longtemps. Comme nous, les gens perdaient des choses sur ces sols noirs. »

Les réponses inspirées par leur propre expérience me faisaient plaisir. Je désirais tellement aider ces jeunes femmes palestiniennes à s'identifier avec Jésus-Christ, cet Homme de Galilée, qui était leur Sauveur et Ami. En fait, elles me révélaient le Christ à moi-même.

« Dans les versets suivants, nous trouvons l'histoire du père aimant qui accueille à son retour le fils prodigue, le fils perdu.

« Dites-moi, de qui Jésus parle-t-il lorsqu'il nous raconte l'hisoire de la brebis perdue, de la femme avec son balais et du père aimant ? »

Les jeunes femmes méditaient sur leur texte.

« Ce doit être de Dieu, Abuna.

— Pourquoi dites-vous cela ?

— Eh bien, risquait Rawda, c'est Dieu qui nous aime tant qu'il vient nous chercher quand nous sommes perdus. Je pense que Dieu est heureux lorsqu'il peut nous ramener dans le pays auquel nous appartenons.

— Et comment Dieu vient-il nous chercher ? Comment nous trouve-t-il ? »

Les réponse fusaient :

« Dans la Bible, avec toutes les histoires... A travers la Liturgie Divine... Par la sainte communion... Lors de notre baptême.

— Oui, ce sont là toutes les voies par lesquelles Dieu s'approche de nous et nous aide à devenir semblables à lui. Mais il y a un autre moyen que vous n'avez pas encore mentionné. »

Miriam parla avec hésitation.

« Peut-être ces histoires sont-elles un moyen de nous dire que Dieu vient à nous en Jésus-Christ.

— Exactement, Miriam. Jésus a vécu ici en Galilée comme un homme parfaitement semblable à nous. Chacun peut apprendre de lui qui est Dieu et à quoi il ressemble.

— Exactement comme la brebis est précieuse pour le berger, et la pièce de monnaie précieuse pour la femme, ainsi, chaque âme est précieuse pour Dieu et d'un prix et d'une valeur inestimables. Dieu nous enseigne à aimer nos compagnons les hommes, non pas seulement par charité ou par pitié, ni même pour être agréables à Dieu, mais parce que toute personne humaine est aimable et mérite l'amour. Pourquoi ? parce que tout être humain — tout chrétien, tout musulman, tout juif, tout Palestinien, tout Américain, tout Russe — est à l'image et à la ressemblance de Dieu.

★

Chaque vendredi, je conduisais mon groupe d'études bibliques en Galilée pour visiter les lieux saints mentionnés dans nos études. En 1966 et 1967, le gouvernement israélien exigeait que les Palestiniens arabes habitant en Israël soient munis de permis pour se rendre où que ce soit. Chaque semaine donc, je m'adressais au gouverneur militaire d'Akko pour obtenir ces permis. Pour la plupart de ces jeunes femmes, c'était une occasion rare de quitter le village, de sortir de la solitude et de l'isolement déprimants, et, particulièrement, de visiter les lieux voisins où Jésus avait vécu et travaillé. Lors des excursions précédentes, nous avions ainsi visité le mont des Béatitudes, la mer de Galilée, et le mont Carmel.

En ce vendredi particulier, nous nous rendîmes sur le sommet du mont Tabor par la route en épingles à cheveux bordée d'arbres. Le mont Tabor, souvent appelé le mont de la Transfiguration, se trouve à l'extrémité nord-est de la plaine de Jizréel, de Megiddo, ou d'Esdrélon. A quelques kilomètres de Nazareth, le mont Tabor s'élève, très majestueux, au-dessus de la plaine. C'est là que Déborah et Barak ont rejoint les armées qui ont vaincu le général Sisera. Une ancienne tradition chrétienne enseigne que c'est sur cette montagne que Jésus conduisit Pierre, Jacques et Jean afin qu'ils soient témoins de sa transfiguration. Le mont Tabor m'était très familier. A maintes reprises, j'étais allé à pied de Nazareth à cette montagne, souvent en compagnie de Faraj. Chemin faisant, nous ramassions des fleurs et mangions toutes sortes d'herbes et de graines. Nous avons ainsi appris à vivre à la façon de notre Galilée bien-aimée, comme l'avait fait notre Compatriote Jésus-Christ.

Au sommet de la montagne, notre groupe biblique visita d'abord l'église de la Transfiguration, puis commença à explorer le pays. Du haut de ce cône de calcaire, la vue est réellement magnifique. Vers le nord-est, on aperçoit le mont Hermon, revêtu de neige. A l'est, ce sont les hauteurs du Golan, qui dominent la mer tranquille de Galilée, et la dépression du Jourdain, qui suit la grande vallée du rift afro-asiatique. Vers le sud, se trouvent le petit village de Naïn, où Jésus ressuscita le fils de la veuve, et au-delà, les collines de la Samarie. A l'ouest s'étend la verdoyante et fertile plaine de Jizréel. Tout ce pays, Jésus l'a traversé plusieurs fois, seul ou accompagné de ses disciples.

Finalement, nous nous sommes installés dans un endroit herbeux pour prendre notre déjeuner. Gislaine, Zada, Rawda et Miriam, avec les autres jeunes femmes, avaient préparé des sachets de pain, avec du fromage, des fruits et de délicieuses douceurs de pâtisseries arabes. Nous nous sommes régalés autant de la nourriture que du panorama qui était devant nous. Des siècles de l'histoire de Dieu et de l'humanité s'étalaient devant nous.

« Jésus a marché avec Pierre, Jacques et Jean sur cette montagne, exactement comme nous le faisons encore aujourd'hui, dis-je. Les disciples étaient fatigués après cette longue ascension, et ils s'endormirent pendant que Jésus priait. Tandis qu'il priait, son visage devint rayonnant, ses vêtements resplendirent d'un blanc éblouissant, et Moïse et Elie descendirent pour parler avec lui.

« Imaginez combien Pierre, Jacques et Jean durent être bouleversés lorsqu'ils s'éveillèrent et virent la gloire de Jésus. Quelle surprise d'apercevoir Moïse et Élie ! Pierre voulait construire trois petites tentes ici afin qu'ils puissent y rester toujours, dans la contemplation du Seigneur transfiguré.

« Une grande nuée vint les recouvrir tous, dis-je à mes compagnes, et lorsqu'elle se retira, Jésus était seul à nouveau, présentant l'aspect qu'ils lui avaient toujours connu.

« La véritable beauté de cette transfiguration tient au fait que les disciples eux-mêmes furent transfigurés. Leurs yeux furent ouverts afin qu'ils puissent apercevoir la réalité de leur Maître, Jésus-Christ. La gloire de Jésus les accompagnait toujours, mais ils ne pouvaient la voir tant que Dieu ne leur avait pas ouvert les yeux, le cœur et l'esprit, ici, sur le mont Tabor.

« Nous aussi, nous avons besoin que Dieu transfigure non seulement nos yeux, mais aussi nos langues et nos mains afin que nous les utilisions pour bénir plutôt que pour maudire nos semblables. »

Nous demeurâmes un certain temps silencieux, contemplant la beauté du Christ et la façon dont Dieu nous accorde le don de la transfiguration dans notre vie quotidienne.

« Vous avez entendu parler des icônes qui sont peintes sur du bois, dis-je, mais je me demande si vous connaissez l'autre sorte d'icône. » Les chrétiens byzantins utilisent les icônes comme une voie d'accès à la prière qui s'adresse à Dieu. Les icônes sont des peintures de Jésus, de Marie, ou des saints magnifiquement représentés sur le bois, parfois avec des parties de métal précieux pour représenter les auréoles autour de la tête ou les vêtements. Chaque foyer byzantin possède au moins une icône, habituellement de la Vierge Marie, et on lui réserve une place d'honneur dans la maison.

La toute première icône que peint l'artiste, c'est celle de la Transfiguration du Christ. Avant de se mettre à peindre, l'artiste médite, priant Dieu de bien vouloir transfigurer les peintures, les pinceaux, et la personne même de l'artiste. Dans sa prière, il demande que les yeux humains qui contempleront l'icône soient transfigurés par le pouvoir du Saint-Esprit au travers de cette visualisation particulière de l'amour de Dieu.

« La véritable icône, c'est notre prochain, expliquai-je à mes compagnes sur le mont Tabor, l'être humain qui a été créé à l'image et à la ressemblance de Dieu. Quelle chose merveilleuse lorsque nos yeux sont transfigurés et voient que notre prochain est l'image de Dieu, et que toi, ou toi, ou moi — nous sommes tous et toutes des images de Dieu. Combien il est grave de haïr les images de Dieu, qui qu'elles soient, Juif ou Palestinien. Combien il est grave d'être incapable d'aller dire : "Je suis navré pour l'image de Dieu qui a été blessée par ma conduite." Nous avons tous besoin d'être transfigurés afin de reconnaître la gloire de Dieu dans les autres. »

★

Nous sommes demeurés sur le Mont Tabor jusque tard dans l'après-midi, priant, chantant et méditant. Dans une magnifique sérénité, nous avons redescendu la route sinueuse vers la plaine, pour remonter la petite colline sur laquelle Nazareth se trouve bâtie.

Je fis remarquer une petite église orthodoxe qui recouvre un ancien puits de l'époque de Jésus, un puits dont Marie a pu se servir. Je montrai à mes compagnes le séminaire catholique melkite sur la colline, où j'avais fait mes études secondaires, et la chapelle où j'avais été ordonné prêtre. En approchant du couvent des sœurs de Saint-Joseph, je m'arrêtai pour montrer aux jeunes femmes l'endroit où les religieuses de cet ordre sont formées et où elles vivent.

« Vous avez entendu parler de sœur Miriam d'Ibillin, n'est-ce pas ? » demandai-je. Elles hochèrent toutes la tête en signe d'approbation. Son portrait se trouvait partout dans le village. Miriam Bawardy avait vécu à Ibillin pendant son enfance, il y avait environ soixante-dix ans. En fait, elle devint carmélite et prit alors le nom de Miriam (Marie), la Sœur de Jésus Crucifié. Les gens l'appelaient également « la petite Arabe ». Sœur Miriam fonda des communautés de carmélites et construisit des couvents en Palestine et en Inde. En portant des seaux d'eau pour les ouvriers qui construisaient un couvent à Bethléem, elle tomba et se rompit les deux jambes. La gangrène s'installa, et elle mourut à l'âge de trente-trois ans. On raconte que lorsqu'elle mourut les cloches sonnèrent à Bethléem, à Ibillin et dans de nombreux autres endroits.

Après sa mort, Sœur Miriam fut simplement appelée « la Sainte » à Ibillin. Chaque fois que l'on pensait à elle, on pensait à Dieu. Les villageois commencèrent à allumer des cierges et à prier dans les ruines de la maison de ses parents à Ibillin. Des centaines de cierges et de piles d'encens s'accumulent à cet endroit chaque soir, restes des prières présentées à Dieu.

Lorsque je considère les énormes murailles de pierre du couvent, je ressens le même dégoût que celui que j'avais éprouvé lorsque j'étais écolier à Nazareth. Mon Dieu, avais-je l'habitude de dire, rien qu'avec ces murs d'enceinte je pourrais reconstruire tout un village pour les habitants de Biram. Pourquoi l'Église s'identifie-t-elle avec la richesse, le pouvoir et le prestige ? Est-elle ainsi à l'image de Jésus-Christ, l'homme de Galilée ? Je sais que ceux qui vivent derrière ces murs prient, étudient et adorent, mais ils n'aident pas les pauvres dans leur vie quotidiennne. C'était pour moi un véritable scandale.

Je démarrai ma voiture, désirant quitter cet endroit, lorsqu'une idée traversa mon esprit. Plusieurs nonnes étaient justement réunies à l'intérieur de ces murs. Et si j'en invitais deux à venir à Ibillin pour m'aider dans mon ministère ? Certaines accepteraient-elles ? *Eh bien*, pensais-je en approchant d'Ibillin, *il faut que je parle prochainement à Mère Joséphat.*

7

Allez de maison en maison

« Et alors ? Qu'est-il arrivé ? Qu'est-ce que l'évêque a dit ? »
Je me trouvais devant le bureau de la Mère provinciale dans
le couvent de Saint-Joseph, à Nazareth.

Mère Joséphat fit une moue de déception. « Eh bien, j'ai
de mauvaises nouvelles. J'ai essayé de convaincre l'évêque
d'envoyer deux nonnes à Ibillin, comme vous l'avez suggéré,
mais lorsqu'il a appris qu'il n'y avait pas de catholiques romains
dans le village, ni aucun espoir que les sœurs en fassent de
nouveaux, il repoussa la requête. »

Trois jours après que j'avais considéré les épaisses murailles
extérieures du couvent, j'avais parlé à Mère Joséphat de mon
grand amour et de mon souci des habitants des villages de
Galilée, soulignant le fait qu'ils avaient été abandonnés par
presque tout le monde, y compris l'Église. « Ne serait-ce pas
merveilleux si deux religieuses de ce couvent pouvaient venir
m'aider à enseigner la Bible aux enfants et leur apprendre
à chanter la liturgie ? Et, de plus, elles pourraient faire des
visites dans les foyers et apprendre à coudre aux femmes et
aux jeunes filles. »

Je fus profondément déçu, mais Mère Joséphat se montra
encourageante, disant que ce n'était qu'une question de
protocole. Nous avions retenu une date de la semaine suivante,
lorsque l'évêque serait à Nazareth, et que la question pourrait
être rediscutée. En attendant, toutefois, je voyais s'évaporer
toutes les merveilleuses possibilités que j'avais entrevues.

« Eh bien, Mère Joséphat, que ferez-vous ? »

La Mère Provinciale se dressa derrière son bureau. « Abuna Elias, l'évêque a été très clair dans son refus d'accorder deux religieuses pour Ibillin. Je ne puis lui désobéir en cela. » Je hochai de la tête, comprenant sa situation. « Donc, Abuna, je vous enverrai trois religieuses ! »

Je restai bouche bée. « Quoi ? *Comment ?* Vous le feriez ? »

Mère Joséphat éclata de rire en voyant ma réaction. « Oui, j'enverrai trois religieuses à Ibillin. Je sais que les besoins sont grands. D'ailleurs, je pense que quelques-unes de ces femmes ont des idées confuses et ont besoin d'être spirituellement renouvelées par une vie pastorale. Les villages chrétiens ont beaucoup à nous apprendre. Jésus aussi était un simple villageois. J'espère que les religieuses seront capables de rencontrer Jésus dans le village. »

★

Très tôt le dimanche suivant, je vins chercher au couvent les religieuses que je devais conduire à Ibillin. Mère Joséphat m'introduisit dans un salon où elle me présenta les trois femmes dans la même tenue grise. « Abuna, je veux vous présenter Mère Macaire, Sœur Gislaine, et Sœur Nazarena. Mes Sœurs, voici Abuna Elias Chacour, avec qui vous allez travailler dans le village d'Ibillin. »

Je serrai la main de chacune des religieuses.

Mère Macaire avait une allure pleine de majesté, avec un air un peu distant, sans doute dû au fait qu'elle avait été autrefois la Mère supérieure d'un couvent, comme je l'appris par la suite. Elle était sensiblement plus âgée que les autres religieuses.

Sœur Gislaine était petite, plutôt rondelette, avec un large sourire. Elle avait une expression intelligente. Je devais bientôt découvrir sa générosité sans limite et sa foi indéracinable.

De taille moyenne et très mince, Sœur Nazarena arborait un délicieux sourire et elle aimait beaucoup les enfants. J'appris plus tard qu'elle était de santé fragile, et qu'elle devait parfois être hospitalisée à cause de désordres gastriques.

« Bienvenue, dis-je, nous attendons impatiemment votre visite à Ibillin. »

Mère Macaire prit immédiatement la parole : « Il est convenu qu'après l'office, vous nous ramènerez directement au couvent ? »

J'étais choqué : je m'attendais à ce que les religieuses passent toute la journée à Ibillin et même, peut-être, la nuit, de sorte qu'elles pourraient visiter les familles le lundi. Je regardai Mère Joséphat avec un certain étonnement.

La Mère provinciale m'adressa un sourire rassurant et eut un hochement de tête comme pour me dire : « Allez de l'avant ! »

« Très bien, dis-je aux trois religieuses, qui semblèrent soulagées en constatant que leur retour était convenu. Venez, je vais vous emmener à Ibillin pour prier. »

Bien entendu, immédiatement après le service, les religieuses montèrent dans ma voiture pour que je les reconduise à Nazareth, attendant avec impatience que j'aie fini de saluer tout le monde. J'étais très contrarié, car je n'avais pas de temps à perdre à servir de chauffeur pour transporter des religieuses depuis Nazareth simplement pour prier et retourner ensuite chez elles. Mais je me souvins du sourire de Mère Joséphat et de son signe de tête, et je décidai de tenir ma langue. Je priai aussi que le Saint-Esprit veuille bien agir, et rapidement !

Les dimanches suivants, les religieuses se comportèrent de la même façon. Puis, le sixième dimanche, Mère Macaire annonça :

« Bien, Abuna, peut-être pourrons-nous envisager de rester aujourd'hui après le service afin de faire connaissance avec la population. Les gens paraissent assez gentils.

— Merveilleux, Mère Macaire », dis-je, en retenant mon sourire.

Après le service, les religieuses s'assirent avec moi dans mon séjour, et, bientôt, les villageois vinrent leur rendre visite, apportant des cadeaux. « Abuna, nous savons que les religieuses vont séjourner avec vous, alors nous apportons notre nourriture afin de la partager avec vous », dit l'une des femmes.

Les religieuses étaient véritablement ravies de constater cet affectueux épanchement d'amour. Lorsque enfin je les reconduisis au couvent dans la soirée, elles me dirent à l'avance qu'elles resteraient encore le dimanche suivant. Je leur suggérai de rendre visite aux familles, en leur assurant qu'elles n'avaient à aller que dans les maisons des « bonnes familles chrétiennes ». Elles hésitaient, mais elles voulaient bien envisager de faire ce nouveau pas décisif.

C'est Sœur Gislaine qui reçut le baptême du feu quelques semaines plus tard, en faisant des visites dans le village. Je lui dis le dimanche des Rameaux que je visiterais toutes les familles melkites pour Pâques et que je l'invitais à se joindre à moi.

« Venez, Sœur Gislaine, dis-je après la grande célébration de la Divine Liturgie du dimanche de Pâques, nous avons beaucoup de foyers à visiter aujourd'hui. »

« Je suis prête », Abuna, dit-elle en souriant. Son habit gris et son voile étaient frais et ne faisaient pas un pli. « Allons-y ! »

Et c'est ainsi que débuta notre ronde des visites de Pâques qui nous conduisirent dans plus d'une soixantaine de foyers d'Ibillin en un seul jour. Grimpant les collines rocheuses, dévalant les chemins cailouteux, par les routes poussiéreuses, à travers champs, sous les oliviers, parmi les troupeaux de moutons et de chèvres, nous allions, découvrant nos familles melkites et leur disant : « Christ est ressuscité ! » Et l'on nous répondait : « Il est vraiment ressuscité ! » Puis on nous offrait un ou deux biscuits et nous ajoutions : « A dimanche prochain ! Nous nous reverrons à l'église ! » Après quoi nous repartions pour un nouveau foyer, apportant nos salutations et notre invitation.

Vers sept heures du soir, nous venions de quitter le dernier foyer et nous retournions lentement à pied vers le presbytère.

« Eh bien, qu'en pensez-vous, Sœur Gislaine ? demandai-je. Cette journée de visite dans les familles a-t-elle été bonne pour vous ? » Elle ne répondit pas. « Avez-vous aimé ces moments ? »

Comme je ne recevais pas de réponse, je m'arrêtai et regardai autour de moi. Sœur Gislaine s'était attardée derrière moi et marchait très lentement en soufflant. Son visage était rouge, et son charmant habit gris était froissé et en désordre. Ses chaussures étaient couvertes de poussière et son voile tout de guingois sur sa tête. Je redescendis la colline pour lui donner le bras.

« Ça va, Sœur Gislaine ? Vous semblez épuisée.

— Je *suis* épuisée, Abuna, dit-elle, toute haletante. Oui, c'était une bonne journée, mais c'est à peine si je puis mettre un pied devant l'autre. »

Nous donnant le bras, nous montâmes péniblement la côte pour arriver au presbytère. Après avoir pris un moment de repos et force verres d'eau pour étancher sa soif, Sœur Gislaine monta dans ma voiture avec les deux autres religieuses. Elle s'endormit promptement pendant notre court voyage vers Nazareth.

Mais je jubilais. Nous avions visité chaque famille melkite d'Ibillin à l'occasion de ce dimanche de Pâques 1967 ! Les gens savaient que Christ était ressuscité des morts, et, maintenant, ils savaient également qu'Abuna Elias et Sœur Gislaine les aimaient tant qu'ils avaient pris la peine d'aller jusque chez eux en ce jour de la Résurrection.

★

Un dimanche, environ trois mois plus tard, lorsque je conduisis les religieuses à Ibillin, elles transportaient avec elles leurs valises : elles avaient décidé d'habiter dans le village. Mère Joséphat nous fit des signes d'adieu, avec un sourire radieux d'approbation. Il y avait donc une vie possible au-delà de la clôture conventuelle.

« Vous pouvez dormir ici », dis-je aux religieuses tandis que nous étions dans ma chambre.

— Mais, Abuna, dit Sœur Nazarena en regardant autour d'elle, où allez-*vous* dormir, *vous* ?

— Ne vous faites aucun souci. J'ai un endroit pour dormir. Cette chambre et la cuisine sont entièrement à vous. Bienvenue ! »

Cette nuit... je la passai sur le siège arrière de ma Volkswagen, tâchant de m'installer de façon raisonnablement confortable. Mais je m'en moquais. Les religieuses habiteraient désormais au village, et, maintenant, je pouvais envisager de faire plus de travail dans la population. Après que j'eus dormi dans la voiture ou sur les bancs de l'église pendant plusieurs mois, la communauté m'aida à construire une pièce supplémentaire pour agrandir le presbytère.

« Qui veut m'accompagner pour des appels de réveil ? »
demandai-je aux religieuses un dimanche matin. Sœur Gislaine
et Sœur Nazarena décidèrent de m'accompagner.

« *Salam alekhum*, dis-je, en frappant lourdement à la porte
d'Abu Nimer. Réveillez-vous, il est huit heures. Dans une
heure, je célébrerai la messe, et je veux que tu sois présent
avec ta famille ! »

Abu Nimer sortit une tête encore tout ensommeillée par
la fenêtre et fit signe de la main tandis que je continuais à
descendre la rue avec les religieuses.

« Salut, Abu Mouheeb, dis-je à un homme qui se tenait
debout devant sa porte tandis que nous passions. Bientôt, je
vais sonner la cloche pour annoncer la messe. Les religieuses
et moi-même, nous nous attendons à vous voir assister à la
prière avec votre famille. »

« Réveillez-vous ! réveillez-vous ! crièrent les religieuses à la
maison suivante. Nous vous attendons pour la prière. Nous
vous invitons tous à prendre le café avec nous après. »

Chaque dimanche, après la messe, les gens nous rendaient
visite, apportant souvent des biscuits et des douceurs : les conversations allaient bon train tandis qu'ils profitaient du café et
de l'atmosphère amicale que les religieuses savaient créer.
L'Esprit était à l'œuvre, et la famille réunie.

Les religieuses apprirent vite que je considérais les visites
comme une sainte tâche. « Nous allons créer une nouvelle réalité
à Ibillin, leur dis-je peu de temps après leur arrivée. Nous
allons procéder à des visites régulières de toutes les familles
de notre communauté melkite. Notre message : nous avons
besoin les uns des autres, nous sommes solidaires et nous nous
aimons les uns les autres. »

Pendant la première année que les religieuses passèrent à
Ibillin, nous avons visité chaque famille melkite à quatre reprises
et établi un programme pratique. Ces dispositions étaient
confortables pour les religieuses. A mon avis trop confortables...

« Aujourd'hui, nous allons visiter Um Mousa et Um Khalid,
annonçai-je.

— Mais, Abuna, protesta mère Macaire, nous ne visitons
que les familles melkites.

— Vous n'avez visité jusqu'à maintenant que les familles melkites, ma sœur, mais aujourd'hui vous allez commencer à visiter également les familles orthodoxes. Abuna Ibrahim se réjouit à l'avance de votre visite, il vous attend, car je l'ai prévenu.

— Mais... ils sont *orthodoxes* ! Sœur Nazarena ouvrait de grands yeux. Que leur dirons-nous ?

— Ce sont des chrétiens tout comme vous, ma sœur. Et ils attendent votre venue. » Je me levai et m'avançai vers la porte. « Je serai de retour dans dix minutes, et nous pourrons commencer nos visites. »

J'entendis Mère Macaire grogner dès que je fus sorti : « Vous verrez ! Il nous enverra bien visiter les familles *musulmanes* ! »

Je passai à nouveau la tête dans l'encadrement de la porte avec un sourire, et je lançai aux religieuses qui sursautèrent : « La semaine prochaine, mes Sœurs ! La semaine prochaine ! »

★

Un jour, vers la fin de l'année 1967, il y eut de grosses pluies, qui provoquèrent de forts ruissellements dans la colline d'Ibillin. Pendant la nuit, la tempête empira. Je fus réveillé par de terribles éclairs, accompagnés de grondements de tonnerre. J'étais étendu sur mon matelas, combien heureux de me trouver dans le presbytère, à écouter l'orage qui se déversait sur le village.

Soudain, il y eut un énorme bruit, et la pièce fut éclairée comme en plein midi. Je bondis sur mes pieds et m'habillai hâtivement. La foudre était tombée tout près. *O Seigneur ! ne serait-ce pas l'église qui... ?*

Je sortis dans la tourmente, craignant de trouver des ruines à la place de l'église : la construction était intacte. Cependant, entendant des cris d'alarme de l'autre côté de la colline, je remontai la patinoire de boue qui, la veille, était une rue.

« Que se passe-t-il ? criai-je lorsque je découvris Habib et plusieurs autres hommes. Où la foudre est-elle tombée ? » Ils montrèrent la mosquée, et nous demeurâmes un moment à regarder l'ouverture béante dans le dôme du toit.

De nombreux autres hommes se rassemblaient maintenant, y compris l'immam d'Ibillin, Sheïk Ahmad, ou Abu

Muhammad. Il se frappait la poitrine de chagrin, comme les autres musulmans. Les chrétiens tentaient de les réconforter, eux-mêmes bouleversés et attristés. Au bout d'un moment nous nous dispersâmes, non sans nous promettre de revenir pour évaluer les dégâts à la lumière du jour.

Le lendemain, les enfants construisirent des forteresses et des châteaux de boue, tandis que les adultes faisaient le tour de la mosquée en secouant la tête. A la lumière du jour, les dégâts s'avéraient importants.

« Abu Muhammad, je suis navré de ce qui est arrivé à la mosquée », dis-je au sheik lorsque je le découvris, en train de remuer des moellons. Je l'aidai à déblayer une entrée bouchée par un énorme bloc de pierre.

« Merci, Abuna Elias, dit le sheik, en marquant une pause pour essuyer avec un mouchoir la transpiration qui coulait sur son visage. Quel choc ! Hier nous étions ici en prière, et aujourd'hui, la mosquée est presque entièrement détruite !

— Pourquoi ne viendriez-vous pas prier dans l'église melkite ? »

Le sheik me considéra d'un regard incrédule.

« Comment ? vous nous invitez à venir prier dans votre église ?

— Bien sûr ! Pourquoi pas ?

— Mais nous sommes musulmans, pas chrétiens !

— Et alors ? Vous louez Dieu pendant vos prières, n'est-ce pas ?

— Oui, bien sûr !

— Je ne prie pas mieux que vous, Abu Muhammad. Vous êtes le bienvenu pour disposer de notre église pendant vos prières jusqu'à ce que la mosquée soit réparée. »

A dater de ce jour, les relations entre chrétiens et musulmans furent considérablement améliorées à Ibillin.

Dès le début de l'année 1967, dans les communautés melkite et orthodoxe, plusieurs d'entre nous avaient réuni des fonds pour agrandir et réparer l'église orthodoxe qui se dégradait. Le mur du cimetière chrétien fut également réparé afin d'éviter que les animaux ne puissent y pénétrer. Le reste des fonds me fut confié.

Le coup de foudre me donna l'occasion d'écrire ma première lettre circulaire à tous les habitants du village.

Merci pour vos contributions à la réparation de l'église orthodoxe et à la construction du mur d'enceinte du cimetière. Il me reste un peu d'argent, et, connaissant votre esprit de tolérance, mes amis chrétiens, et votre amour pour vos frères et sœurs musulmans, je l'ai consacré à l'achat de matériaux de construction pour la restauration de la mosquée.

« Le prêtre chrétien nous donne de l'argent pour reconstruire notre mosquée, se dirent les musulmans. Ce serait une honte si nous ne l'aidions pas à agrandir et réparer la mosquée. » Et c'est ainsi que chrétiens et musulmans reconstruisirent ensemble la mosquée, érigèrent un grand mur tout autour et dressèrent la grande porte d'acier sur laquelle il est écrit en arabe *Allahu akbar*, Dieu est grand.

★

« Nous sommes allés dans presque toutes les maisons du village maintenant, dit un jour Sœur Nazarena, à la fin du repas de midi, et nous avons remarqué un grand besoin.
— Un très grand besoin », ajouta Sœur Gislaine.
Mère Macaire approuva d'un hochement de tête.
« Abuna, nous aimerions ouvrir une garderie pour les petits enfants du village, lâcha Sœur Nazarena. Il y en a tant, et on se contente de les laisser simplement jouer dans les rues et les champs jusqu'à ce qu'ils soient en âge d'entrer dans la première classe de l'école.
— Abuna, ils tireraient tant de profit d'une classe de maternelle qu'ils fréquenteraient quotidiennement. Ils pourraient apprendre à chanter, à dessiner, ils apprendraient des jeux, des histoires bibliques, ils apprendraient à lire les chiffres et les lettres... » Sœur Gislaine comptait chaque chose sur les doigts. « Les enfants sont si vifs et alertes, mais les mères sont occupées et n'ont pas le temps de leur apprendre ces choses. »
« C'est pourquoi nous aimerions les enseigner, Abuna. Pouvons-nous démarrer une classe de maternelle ici-même, dans le presbytère ? » dit Sœur Nazarena d'un seul trait.
Mère Joséphat, comme je voudrais que vous soyez là ! me

dis-je, exultant intérieurement. C'est pour cela que j'ai prié, c'est cela que j'ai espéré, depuis plusieurs mois ! Les religieuses étaient devenues de plus en plus créatives et audacieuses, mais pour le coup, cette idée d'école maternelle demandait de la volonté, de la consécration et du courage !

Je ne pus cacher plus longtemps le grand sourire qui me montait au visage.

Les religieuses sautèrent de joie, piaillant comme des écolières. « Alors c'est bien vrai ? on peut ? » Elles se précipitèrent vers moi.

« Absolument ! C'est une merveilleuse idée ! Quand pouvez-vous commencer ? »

Plusieurs réponses fusèrent et se perdirent dans la joie bruyante qui m'entourait.

8

Nous les jeunes prêtres

En 1967, je commençai à fréquenter l'Université hébraïque de Jérusalem sur la demande de Mgr Hakim qui voulait que je fasse des études sur la Bible juive et la théologie. Pour couvrir les frais d'études, je donnai des leçons privées et des conférences publiques sur la théologie chrétienne à l'Université et je reçus également une bourse. Vers la fin de 1969, j'approchais du diplôme de master, prêt à devenir ainsi le premier Palestinien et le premier prêtre chrétien à obtenir un diplôme sur la Bible et le Talmud, à l'Université hébraïque.

Les deux années passées à l'Université avaient été très enthousiasmantes pour moi, mais aussi très fatigantes. Je devais passer quelques jours à l'école de Jérusalem, puis retourner à Ibillin pour travailler avec mes amis sur nos nombreux projets.

Un matin, Abu Yacub, un membre de notre Église, vint me rendre visite au moment où je préparais une conférence. Il s'assit confortablement près de mon bureau et desserra son *keffiyeh*.

« Abuna, dit-il, dimanche dernier à l'église, vous avez dit que quel que soit le moment où nous venons à passer devant votre porte et la trouvons ouverte, nous sommes toujours les bienvenus. Aussi, me voici.

— C'est très bien », répondis-je, en jetant un coup d'œil à ma conférence inachevée.

Abu Yacub me donna des nouvelles de sa santé, sa terre, et son âne. Bientôt, il commença à répéter certaines histoires.

Puis il devint silencieux. Dix-heures et demie... puis onze heures : il n'avait plus rien à dire et cependant restait assis à côté de mon bureau. Les règles coutumières non écrites de l'hospitalité palestinienne exigeaient de moi que je me montre un hôte convenable tant que mon invité voudrait rester. Onze heures trente, midi...

Finalement, il ouvrit à nouveau la bouche.

« Abuna, je sais que je vous ennuie.

— Non, non, Abu Yacub ! Vous ne m'ennuyez pas, mais aujourd'hui je dois présenter une conférence que je donnerai devant les professeurs de l'université, et elle est très difficile.

— Je sais également cela, Abuna, dit le vieil homme, en appuyant son coude sur mon bureau. C'est pourquoi je suis là. Nous ne voulons plus que vous continuiez à travailler. Vous en savez assez pour nous. Nous ne voulons pas que vous vous usiez les yeux. »

Je ne pus m'empêcher d'éclater de rire. Quel homme étrange ! Quel homme plein d'affection ! Il essayait de m'aider en m'empêchant de faire ce que j'étais en train de faire pour ces gens. Quel sot ! Mais quel brave homme !

« Bien sûr, Abu Yacub. J'apprécie beaucoup votre intervention. »

★

L'appel téléphonique était arrivé à neuf heures et demie, et je me préparais à partir à l'université pour les classes du matin, lors de mon dernier trimestre.

« Abuna Elias ? C'est le fils d'Abuna Ibrahim. Je suis navré de vous déranger à Jérusalem, mais nous voulons, ma famille et moi-même, vous faire part du décès de Papa, survenu ce matin. »

Les obsèques et l'inhumation, en Palestine, ont toujours lieu quelques heures après le décès. Le corps est lavé et préparé pour l'enterrement. La famille et les amis se réunissent promptement pour réconforter la famille en deuil et marcher en procession avec le corps, qui est enveloppé dans un linceul et porté dans un cercueil de bois sur les épaules de plusieurs hommes. On porte d'abord le corps à l'église pour les funérailles, puis on l'emmène au cimetière pour l'inhumation.

Les obsèques d'Abuna Ibrahim devaient donc avoir lieu dans l'après-midi de ce jour de 1969. Je désirais beaucoup dire un dernier au-revoir à mon vieil et cher ami, et prendre part à l'adieu de la communauté.

Juste un an et demi auparavant, le vendredi saint de 1968, j'avais invité Abuna Ibrahim et la communauté grecque orthodoxe à se joindre aux melkites pour adorer dans notre église. C'était un pas décisif, d'abord du fait de l'inimitié passée qui régnait à Ibillin, et aussi à cause de l'histoire plus large des Églises grecque orthodoxe et grecque catholique. Les « royalistes », autrement dit melkites, étaient les fidèles du roi de Constantinople qui fit alliance avec le pape de Rome au onzième siècle. Les chrétiens qui demeuraient fidèles au patriarche de Constantinople étaient les orthodoxes. Jusqu'à ce jour, les orthodoxes considèrent les melkites comme des traîtres, tandis que les melkites regardent l'Église orthodoxe, plus grande, avec suspicion et crainte. C'est uniquement parce que Abuna Ibrahim et moi-même étions devenus graduellement amis et partenaires dans notre ministère à Ibillin que les vieilles murailles d'amertumes, de haine et de crainte étaient tombées. Lors du vendredi saint de 1968, il était devenu possible d'adorer ensemble.

Orthodoxes et melkites se mêlèrent dans notre petite église. Abuna Ibrahim s'assit au premier rang rayonnant de joie en me regardant tandis qu'il conduisait les prières. Lorsque la messe fut terminée, je l'aidai à s'avancer devant l'arche centrale, face à l'assemblée. Abuna Ibrahim frémissait d'enthousiasme, les yeux brillants.

« Louez le Seigneur, mes frères et mes sœurs ! Nous vivons un miracle ! Je n'ai pas osé mettre les pieds dans l'enceinte de cette propriété ou de cette église pendant près de vingt ans. Et aujourd'hui, me voici invité à prêcher devant vous tous, tant orthodoxes que melkites. » De nombreuses personnes pleuraient dans l'assemblée.

« Abuna Elias, dit le vieux prêtre en se tournant vers moi, je vous aime. Comme j'aimerais avoir vingt ans pour travailler avec vous, ici, dans ce village. Je veux que vous sachiez que nous, les jeunes prêtres nous ne sommes pas semblables à ces prêtres de l'ancien temps à l'esprit borné. Nous, les jeunes prêtres, nous aimons l'Église. Nous voulons être unis. C'est pourquoi je considère que votre église, c'est aussi la mienne. » L'auditoire applaudit en signe d'approbation tandis que je montais jusqu'à la porte voûtée centrale pour embrasser mon collègue et ami.

★

Je sortis rapidement de Jérusalem avec ma voiture et commençai le voyage de trois heures vers Ibillin. Comme je passais devant le monastère de Latrun, je me souvins du village voisin d'Imwas (Emmaüs), détruit en 1967. Depuis 1948, 385 villages palestiniens avaient été détruits à l'intérieur d'Israël, renforçant le mythe d'un « pays vide ». Les autres villages palestiniens, moins d'une centaine, se trouvaient primitivement en Galilée[1].

Les Palestiniens qui ne quittèrent pas Israël en 1948 furent contraints d'habiter dans les villages qui leur restaient, privés de communications avec les autres villages, et privés de la plupart de leurs dirigeants. Ils s'efforçaient d'accueillir et de loger les réfugiés palestiniens qui venaient des villages détruits, alors qu'au même moment ils étaient victimes des confiscations des terres exploitées et s'inquiétaient de l'avenir de leurs propres villages. Vers la fin des années soixante, le gouvernement relâcha quelque peu la réglementation concernant les déplacements des Arabes israéliens à l'intérieur du pays, mais les confiscations des terres par le gouvernement israélien continuèrent, et les villages palestiniens de Galilée ne reçurent que peu d'assistance du gouvernement, voire rien du tout, alors que cette aide était immédiatement disponible pour les villes juives voisines et les *kibbutzim*.

Bien que les Palestiniens à l'intérieur d'Israël fussent des citoyens israéliens, ils étaient considérés comme des citoyens de seconde, voire de troisième classe. De nombreux droits et privilèges appartenant aux Juifs israéliens étaient habituellement refusés aux Arabes israéliens, entre autres le droit à l'égalité

---

1. Israël Shahak, « Arab Villages Destroyed in Israel : A Report », in *Documents from Israel* (« Villages arabes détruits en Israël : un rapport », dans *Documents d'Israël*), London, Ithaca Press, 1975, p. 47.

devant l'éducation, le logement, le travail, et les activités sociales et récréatives. L'objectif visé semblait l'isolement et la mise en situation de dépendance des Arabes à l'intérieur d'Israël[2].

J'ai entrepris une étude des villages palestiniens en Galilée en 1968 et découvert que 75 % des habitants y avaient moins de vingt-huit ans. 50 % étaient âgés de moins de quarante ans. Je m'aperçus très vite du fait que l'on négligeait cette jeune génération. Les enfants et les adolescents des villages — dont certains fréquentaient l'école tandis que d'autres n'allaient pas au-delà de la classe de huitième à cause de l'absence de bâtiments scolaires — traînaient çà et là, pendant leurs longues heures quotidiennes de désœuvrement, jouant en général dans les rues poussiéreuses. Leurs droits humains, leur dignité, leur avenir, étaient réduits à néant. Je découvris du désarroi, du désespoir, et de l'amertume ainsi que beaucoup de crainte parmi les jeunes Palestiniens, y compris ceux d'Ibillin.

Je décidai de changer la situation habituelle des jeunes Palestiniens de Galilée. Certainement, je revivais ma propre enfance de réfugié venu de Biram, à l'âge de huit ans, lorsque j'habitais dans une pièce unique à Jish avec onze membres de ma famille, jouais dans les rues poussiéreuses de Jish et essayais d'apprendre dans une école terriblement inadéquate. La détermination de mon père et la grâce de Dieu m'avaient permis de quitter Jish à l'âge de douze ans, et de commencer une éducation qui devait me conduire à Paris et à la prêtrise. Mais j'étais une exception. A peu près tous les autres jeunes adultes de mon âge étaient piégés dans leurs villages, avec une éducation sommaire et peu de perspectives d'avenir. Je consacrai beaucoup de temps à la prière afin de demander à Dieu de me donner la sagesse nécessaire, les occasions favorables et les ressources pour créer une nouvelle réalité pour les enfants, pour mon peuple.

Instinctivement, j'avais compris que la visite des foyers, l'éducation, l'amour et l'esprit de réconciliation étaient les éléments essentiels de la dignité des villageois et de leur sens

2. Ian Lustick, *Arabs in the Jewish State : Israel's Control of a National Minority*, *(Les arabes dans l'État Juif : Le Contrôle israélien d'une minorité nationale)*, Austin, University of Texas Press, 1980, p. 63-64.

communautaire. En conséquence, comme prêtre, j'avais pratiqué ces choses et demandé aux religieuses de faire de même, elles aussi. Mais maintenant... maintenant je commençais à voir ce qu'impliquait mon ministère. Je devais donner aux jeunes Palestiniens de Galilée des occasions pour aujourd'hui et des possibilités et des objectifs pour demain, pour le futur. Mon esprit débordait d'idées.

Un dimanche, je fis une annonce spéciale à la fin de la messe. « Mes amis, je suis heureux de pouvoir vous dire qu'une petite bibliothèque a été créée ici, à Ibillin. J'ai quelques centaines de livres dans ma chambre, au presbytère, et vous serez tous les bienvenus, particulièrement les jeunes, si vous voulez en choisir quelques-uns. Nous avons d'ailleurs besoin de dons de livres, de sorte que, si certains d'entre vous ont chez eux des livres qu'ils aimeraient donner, veuillez me les apporter. »

La « Bibliothèque publique d'Ibillin » fut d'abord fournie avec mes propres livres acquis pendant mes années d'études. Lorsque j'étais enfant, je n'avais jamais eu de livres. Mon père m'avait conseillé de ramasser dans la rue tout ce que je pouvais trouver d'imprimé, et je réunis ainsi des coupures de journaux de toute sorte, les lisant et les relisant sans cesse. A l'école du diocèse de Haïfa, je dévorai les livres de la petite bibliothèque, réclamant plus de temps dans la soirée afin de pouvoir lire davantage. Ma bibliothèque personnelle était mon trésor, mais, maintenant, je voulais la donner pour les jeunes d'Ibillin.

Bientôt, je reçus des dons en argent et en livres pour la Bibliothèque. Les enfants venaient choisir des livres chaque jour, les transportant fièrement dans les rues. J'avais découvert une extraordinaire soif et faim de lecture, d'apprentissage, de connaissances et d'instruction, non seulement chez les enfants, mais aussi chez les adultes eux-mêmes.

L'école maternelle des religieuses s'avéra un grand succès, commençant avec une vingtaine d'enfants pour atteindre rapidement cinquante inscriptions. Deux pièces supplémentaires avaient été récemment ajoutées à la maison paroissiale pour donner un appartement privé aux religieuses, mais... je dormais encore dans ma voiture. Ma chambre était devenue l'école maternelle pendant la journée, la Bibliothèque en soirée, et un entrepôt la nuit. Cette situation était impossible.

Une petite école simple de deux pièces pour la maternelle fut construite bientôt près de l'église, nous permettant de recevoir soixante-dix enfants... et cependant, nos locaux étaient bondés. La bénédiction, pour moi, c'était que je pouvais une nouvelle fois utiliser la Bibliothèque publique d'Ibillin comme mon bureau et ma chambre à coucher.

Des nouvelles sur la Bibliothèque, l'école maternelle, les heures d'histoires, les classes de Bible et les promenades dans les champs filtrèrent bientôt dans les autres villages palestiniens de Galilée. Des demandes nous arrivèrent, réclamant de l'aide pour démarrer des programmes semblables ailleurs, mais je ne disposais pas de ressources supplémentaires. Un jour, peut-être, un miracle se produirait-il de sorte que je puisse venir en aide à tous les villages, mais ce temps n'était pas encore venu.

★

La foule à l'extérieur de la maison d'Abuna Ibrahim était énorme. Les chrétiens melkites et orthodoxes, aussi bien que les musulmans de tous les coins de Galilée, s'étaient assemblés dans la cour et la rue en témoignage de respect et en hommage au prêtre bien-aimé. L'évêque orthodoxe accompagné d'environ vingt-cinq prêtres orthodoxes, tous revêtus de leur soutane noire et portant leurs chapeaux plats, siégeaient sur une estrade d'honneur.

Je saluai les fils d'Abuna Ibrahim. Nous nous sommes embrassés et nous avons pleuré ensemble. Après avoir serré dans mes bras ses petits-enfants, je me tournai vers l'évêque et la délégation de prêtres. « La paix soit avec vous, Votre Excellence », dis-je à l'évêque, qui me fit asseoir à ses côtés.

L'évêque s'inclina plus près de moi pour me parler plus intimement. « Abuna Elias, je suis heureux de vous voir. Mais je crains que nous n'ayons un problème. J'ai reçu une lettre du patriarche. » L'évêque sortit un papier de sa robe puis hésita, le visage soucieux dans sa barbe. « C'est un moment plutôt difficile... quoique ce soit un moment particulièrement propice pour faire connaître les ordres du patriarche parce que nous avons ici des orthodoxes de toute la Galilée. » Il regarda la foule, qui, vue de cet endroit élevé, pouvait aisément être évaluée à plus de deux mille personnes.

« Quels sont les ordres du patriarche ?

— Ses ordres... c'est que les chrétiens orthodoxes ne doivent pas prier avec les autres chrétiens, que ce soit dans leurs propres églises, ou dans d'autres églises. Voyez, lisez vous-même. »

Je pris la lettre et la parcourus rapidement. Les ordres étaient terribles, presque incroyables. Le patriarche grec orthodoxe interdisait en fait à ses ouailles d'adorer avec quelque chrétiens non orthodoxes que ce soit.

« C'est terrible, terrible ! dis-je, les larmes aux yeux. Certainement, vous allez refuser d'obéir à cet ordre ?

— C'est la volonté du patriarche. Je n'ai pas le choix, Abuna.

— Mais ceci va ruiner ces cérémonies d'obsèques, l'inhumation et même l'autorité de ce bon, de ce saint prêtre qui a travaillé si durement à Ibillin pour réconcilier les gens ! Ne comprenez-vous pas que les chrétiens orthodoxes et melkites *s'aiment les uns les autres*, qu'ils travaillent ensemble, comme Abuna Ibrahim et moi-même avons travaillé ensemble. Un tel ordre est horrible n'importe où, mais il est absolument impensable à Ibillin, et spécialement aujourd'hui. »

Je frémissais de tout mon corps et j'élevais le ton de ma voix. L'évêque orthodoxe me prit par le bras, me parlant d'un ton confidentiel. « Voyez, Abuna Elias, je ne veux pas créer de trouble ici, mais je dois distribuer la lettre du patriarche. »

Je pris une profonde respiration, tentant de calmer l'agitation de mes pensées.

« Monseigneur, puis-je dire une chose avant la distribution de cette lettre ?

— Très bien ! dites ce que vous voulez », dit-il, apparemment soulagé.

Je m'avançai jusqu'au bord de l'estrade et je criai à la foule qui fit immédiatement silence : « Nous nous sommes rassemblés pour exprimer notre respect à l'égard d'Abuna Ibrahim et pour consoler sa famille à l'heure de la douleur. Ce prêtre aujourd'hui décédé, ce précieux Abuna Ibrahim aimé de nous tous — il n'était pas seulement un prêtre orthodoxe, mes amis. Il était le prêtre d'Ibillin, vénéré tout autant des musulmans, des melkites que des orthodoxes. »

Un murmure de consentement se répandit dans la foule. Plusieurs prêtres commencèrent à parler à voix basse à l'évêque.

« C'est pourquoi, afin de rendre à Abuna Ibrahim l'honneur et le respect qui lui sont dus, je propose que nous conduisions sa dépouille d'abord à l'église melkite pour y célébrer ses funérailles, puis à l'église orthodoxe pour continuer cette célébration avant l'inhumation. »

La foule se mit à applaudir et à crier son enthousiasme. « C'est ce qu'Abuna Ibrahim aurait voulu ! Nous ne sommes qu'une seule Église à Ibillin ! »

Lorsque je retournai à mon siège près de l'évêque, il m'adressa un sourire radieux.

« Vous savez faire de bonnes propositions, Abuna Elias, dit-il. Et maintenant, que proposez-vous que je fasse de la lettre du patriarche ?

— Laissez-la de côté jusqu'à ce que les obsèques soient terminées. Attendez que le corps soit inhumé. Puis vous ferez ce que vous voudrez de cette fichue lettre. »

Après que les deux liturgies de funérailles furent chantées, Abuna Ibrahim fut enterré dans le cimetière de l'église orthodoxe, juste à côté de l'entrée, ce qui est une place d'honneur marquant du respect. Ainsi, chacun devait se souvenir du prêtre bien-aimé et, en mémoire d'Abuna Ibrahim, louer et rendre grâces au Seigneur pour sa vie.

★

Ce soir, je suis le seul prêtre d'Ibillin, pensais-je, en m'étendant sur mon lit à minuit passé. *Mon ami est parti.* Je pleurai à chaudes larmes à la fois de chagrin, de colère et de douleur, et je sanglotai dans mon oreiller. Je m'étais montré fort devant tous pendant toute la journée, mais maintenant je pleurai longuement.

Finalement, je m'assis sur le bord de mon lit et me mouchai. Mes sinus étaient bloqués, et je fis un bruit de vache mugissante. Soudain, un grande vague d'étourdissement, d'écœurement et de désorientation me recouvrit. Je saisis le bord du lit pour trouver un appui. *O mon Dieu, voilà que ça recommence. Mais qu'est-ce qui m'arrive ?*

Graduellement, le malaise se dissipa, et je m'allongeai avec précaution. Ces avertissements se produisaient de plus en plus fréquemment. Ils sont sans doute dus au lourd travail que j'assume à Ibillin et à Jérusalem, pensai-je, et, aujourd'hui, le voyage de retour vers le village, long et tendu, aurait étourdi n'importe qui.

Je dormis, mais en rêvant. Je me vis conduisant la messe, tandis que les enfants melkites chantaient les répons avec chaleur, comme Sœur Nazarena le leur avait appris. Les adultes se mettaient à chanter, eux aussi. Devant ce merveilleux spectacle, je me sentais heureux. Au moment de la communion, chacun vint prendre les saintes espèces, sous la conduite des enfants. Mon pauvre Surveillant observait tout cela du fond de l'église. Comme dans la vie réelle, il avait perdu son pouvoir sur les gens et paraissait solitaire. Je l'invitai par un geste répété à se joindre à nous, mais il m'ignora. Puis je rêvai que je voyais Faraj entrer dans l'église. Il semblait terriblement mal, et je me souvins que j'avais été très préoccupé par sa santé à la dernière retraite des prêtres à Nazareth. Qu'arrivait-il à mon cher ami ? Je m'efforçai d'atteindre Faraj sans y parvenir au travers de la foule dense des communiants. Il faut que j'aille le voir, il faut...

Je m'éveillai en sursaut, trempé de sueur, couvert de picotements. *O mon Dieu, je suis épuisé. Je suis malade. M'avez-vous conduit jusqu'à ce point pour m'abandonner ? Le moment est-il venu pour moi de quitter Ibillin ? Et dans ce cas, où dois-je aller ? Que voulez-vous que je fasse ?*

Aucune réponse ne vint. Dieu, comme d'habitude restait silencieux. Au bout d'un long moment, je m'endormis à nouveau.

9

Escapade

La lettre avait été si souvent lue et relue qu'elle ressemblait à un chiffon de papier. L'Institut de Bossey, à Genève, en Suisse, m'appelait comme professeur invité en théologie chrétienne et religions comparées, pour une année. Je savourai cette invitation pendant plusieurs jours au printemps de 1970.

Mais comment pourrais-je quitter Ibillin ? Après plusieurs années de combat, j'étais maintenant pleinement accepté comme prêtre et ami par la population. La bibliothèque, le jardin d'enfants, et diverses activités de jeunes étaient dès lors en plein essor et nous espérions pouvoir construire un centre communautaire. Les choses allaient bon train.

Je n'allais pourtant pas moi-même toujours très bien. Je souffrais d'étourdissements fréquents, mais je n'avais pas d'argent pour aller consulter un médecin. Au plan affectif, je sentais que je ne pouvais plus supporter les peines et les pressions engendrées par le fait d'être un Palestinien habitant en Israël, souffrant d'un système politique qui ne souhaitait pas que je trouve là ma place.

Je savais les souffrances que le peuple juif avait endurées en Europe pendant la Seconde Guerre mondiale, comment il était resté privé de patrie pendant environ dix-neuf siècles, et que notre terre de Palestine l'avait accueilli avant que les Romains ne le chassent. Mais je savais aussi d'autres choses :

• Que mes ancêtres palestiniens avaient habité cette terre avant qu'Abraham, le gentil venu d'Irak, n'y arrive vingt siècles avant le Christ ;

• que les juifs et les gentils avaient habité cette terre lorsque Jésus de Nazareth y vivait, ce qui est évident dans tous les récits de l'Évangile ;

• que mes ancêtres, comme les juifs, avaient aimé et chéri ce pays, plantant leurs oliviers et leurs figuiers dont nous nous nourrissons encore vingt siècles après que Jésus-Christ a foulé ces sentiers et ces champs ;

• et que nous, en tant que Palestiniens, nous n'étions nullement responsables des souffrances des juifs en Europe, et que, cependant, nous étions chassés de notre pays et condamnés à la souffrance afin que le monde puisse apaiser sa conscience et faisant semblant de réparer le mal fait aux juifs.

Je ne contestais pas aux juifs le droit d'avoir une patrie. Comme le disaient souvent mon père et nos amis et parents de Biram, « *Ahlan wassahlan*, bienvenue chez nous, amis juifs. Nous aimons vous avoir comme nos voisins et compatriotes. Nous souffrons avec vous de vos souffrances et nous nous réjouissons de votre liberté. Mais cette bienvenue ne vous autorise nullement à confisquer nos villages et nos terres, nous menacer et même nous tuer, et devenir ainsi nos seigneurs et maîtres, nous réduisant à l'état d'esclaves, nous dépossédant de nos biens, et du droit d'exister. Venez, soyons frères et sœurs ensemble dans ce beau pays où nous avons tous notre histoire et nos racines. Il y a assez de place pour nous tous. Ne sommes-nous pas frères et sœurs de persécution ? »

Israël a été établi sur les principes du sionisme moderne, qui voulait un État dans lequel les juifs soient en sécurité et maîtres de leur propre destinée. De par sa nature, cependant, le sionisme relève d'une doctrine fondamentaliste et radicale. Il repose sur une théorie raciste, et tout ce qui se fonde sur la race ou le sang, comme le nationalisme, le chauvinisme, et le patriotisme, risque toujours de verser dans le racisme. Le système raciste sépare un groupe humain des autres, le favorise de préférence et à l'encontre de populations différentes, et, lorsqu'un danger réel ou imaginaire est perçu comme menaçant la population favorisée, il peut justifier toute action visant à assurer la survie et la sécurité de cette population.

Aujourd'hui, l'État d'Israël étant devenu une réalité, les juifs individuels, comme les groupes juifs et le gouvernement israélien, doivent pratiquer l'autocritique afin que le sionisme ne devienne pas raciste, et comme une nouvelle manifestation de ce qu'on a appelé « la race des seigneurs », considérant un groupe comme supérieur aux autres. Le monde a été témoin de ce phénomène parmi les Grecs et les Romains. Les Palestiniens furent esclaves sous les Turcs ottomans, qui se considéraient comme des seigneurs. Hitler poussa cette théorie jusqu'au comble de l'horreur lorsqu'il plaça la race aryenne au-dessus de toutes les autres. Il n'y a qu'un pas entre la protection et la défense d'un groupe humain opprimé et l'affirmation de ses droits comme supérieurs à ceux des autres. Ce qui peut apparaître à un certain moment comme une juste nécessité deviendra éventuellement plus tard une arrogance aveugle si l'on se départit d'un jugement et d'un examen critique équilibrés et réalistes.

La valeur de la personne humaine, les qualités humaines, sont beaucoup plus importantes que le nationalisme, le groupe ethnique ou la terre des Juifs, des Palestiniens ou des Américains. Parfois, il me semble que le sionisme pousse les Juifs à se « sioniser » plutôt qu'à s'humaniser. Quand un groupe humain est aveuglé par sa propre identité, sa pensée et ses perceptions peuvent connaître une distorsion suite à une démarche intellectuelle semblable à celle-ci : « Nous sommes différents. Il est normal que les autres peuples nous persécutent et nous haïssent puisque nous sommes différents d'eux. Nous sommes meilleurs qu'eux ; ils nous sont inférieurs. Nous avons plus de valeur, ils sont de moindre valeur. » Cette forme de pensée est extrêmement dangereuse.

J'ai toujours prié pour que les Juifs ne tombent pas dans ce travers, car les gens commettent un suicide lorsqu'ils croient dans la pureté de leur sang. Ils tuent les autres et eux-mêmes, plaçant l'idée de leur droit et de leur valeur au-dessus de toute autre considération. Non, je ne déniais pas aux Juifs le droit d'avoir une patrie, mais je voulais aussi ma propre patrie, et, en 1970, j'avais fini par me fatiguer de tenter de justifier sans cesse mon existence.

Mgr Hakim était devenu patriarche melkite à Beyrouth, et nous avions en Galilée un nouvel évêque, Mgr Joseph Raya, un homme que je respectais. Cependant, la négligence pastorale à l'intérieur de ma propre Église melkite me devenait insupportable. Je combattais l'accent mis sur le statut personnel et politique, sur la recherche de l'argent et du prestige, mais c'était un combat perdu d'avance.

Sans cesse, Genève, la Suisse, me semblaient préférables.

★

Après le quatorzième jour du deuil qui suivit la mort d'Abuna Ibrahim, je rencontrai les anciens de l'Église orthodoxe dans leur église.

« Je regrette, mais je suis le seul prêtre du village maintenant, dis-je. Je sais que votre patriarche vous a dit de ne pas prier avec nous, mais je me sens investi d'une responsabilité pastorale à l'égard de vos ouailles.

— Nous sommes décidés à ne prêter aucune attention à cet ordre, Abuna Elias, dit Abu Kamil. Nous formons une seule famille chrétienne ici, à Ibillin, et nous savons que vous serez notre prêtre aussi bien que celui des melkites.

— Oui, je suis prêt à vous servir aussi longtemps que je vivrai, mes amis, mais si désireux que je sois de vous venir en aide, cet arrangement ne pourra pas toujours fonctionner. Avec plus de 3 000 membres dans votre communauté, vous avez besoin de votre propre prêtre pour célébrer la messe du dimanche et tous les mariages, enterrements et baptêmes.

— Vous avez raison, Abuna Elias, mais l'évêque ne dispose d'aucun prêtre, et nous n'avons aucun candidat à lui proposer. Que pouvons-nous faire d'autre que de dépendre de vous ?

— Voyez-vous, il y a peut-être une autre voie. »

Je leur dis alors que j'avais parlé avec Awad Awad, un orthodoxe pieux et consacré d'Ibillin qui désirait faire acte de candidature pour la prêtrise. Les anciens étaient heureux de ce choix et décidèrent de faire circuler une pétition que j'avais écrite. Plus de 350 personnes la signèrent, et le patriarche orthodoxe accepta de consacrer le jeune fermier d'Ibillin, marié et père de huit enfants, tout en ignorant du reste que j'étais, moi, le trublion qui avait arrangé toute l'affaire.

Awad Awad fut ordonné à Jérusalem, et, deux semaines plus tard, il était de retour à Ibillin comme Abuna Awad avec une barbe et une soutane toutes neuves. Il pouvait chanter la liturgie, mais il n'avait reçu aucune autre préparation.

92

Un jour, Abuna Awad s'assit à côté de mon bureau, souriant. « Abuna Elias, accepteriez-vous de m'enseigner tout ce que vous savez sur la théologie et la philosophie ? C'est vous qui êtes à l'origine de ma nomination comme prêtre, de sorte que j'estime que c'est aussi vous qui devez m'instruire. »

J'estimai qu'il y avait un meilleur moyen d'aider ce nouveau prêtre.

« Abuna Awad, avez-vous lu le Nouveau Testament en entier, page après page ?

— Non, mais j'en ai entendu de nombreux extraits lus à l'église.

— Très bien, dis-je en souriant à mon nouveau collègue. Si vous voulez, je connais un moyen de vous enseigner la théologie et la philosophie.

— Merveilleux ! Et comment ?

— Je viendrai chez vous chaque jour, et nous lirons le Nouveau Testament du début à la fin, en en discutant à mesure que nous avancerons. »

C'est ainsi que j'ai étudié avec Abuna Awad de la fin de l'année 1969 au début de 1970. Ce fut un temps de grâce pour moi, un don du ciel, que de lire ensemble les bonnes nouvelles relatives à notre Champion et Compatriote, Jésus-Christ. Pendant de nombreuses soirées, le prêtre et sa femme préparèrent mon dîner, tentant ainsi de me payer les leçons que je donnais, mais, en fait, je reçus beaucoup plus de cet homme serein, transparent, que je ne lui ai moi-même jamais donné.

Chaque samedi, maintenant, l'épouse d'Abuna Awad fait cuire le pain de la communion pour l'église orthodoxe. Par un acte de reconnaissance continuel, elle fait également cuire le pain pour la célébration de la sainte Eucharistie de l'église melkite. Chaque dimanche, au cours de notre liturgie, je prie pour ce prêtre, son épouse et leurs enfants.

Nous célébrons souvent ensemble des mariages et des enterrements, et, en juin, lorsque Abuna Awad part pour s'occuper de ses champs de concombres, les orthodoxes viennent prier avec les melkites. Lorsque je dois quitter la ville, ce sont les melkites qui vont prier à l'église orthodoxe. Je crois qu'Ibillin est le seul endroit du monde où les orthodoxes et les melkites goûtent une telle fraternité.

★

Pendant mes deux années d'enseignement à l'Université hébraïque, des gens désiraient faire ma connaissance afin de m'inviter dans leurs réunions et leurs groupes de discussion. L'un des dons les plus merveilleux que je reçus, ce fut l'amitié de certains étudiants juifs et de certains professeurs. Une famille en particulier m'accueillit dans son foyer, et nos échanges furent toujours empreints de la joie d'être ensemble et de nous apprécier réciproquement. J'aimais jouer avec les enfants dans cette famille juive, et les regarder grandir et devenir des jeunes gens à la fois forts et sensibles.

Lorsque je reçus mon diplôme final, dans les derniers mois de l'année 1969, l'université m'honora et publia l'édition internationale du récit de ma vie et de cette première que constituait remise d'un diplôme de doctorat en Études bibliques et talmudiques à un prêtre chrétien palestinien. Il en résulta une publicité qui me mit en relation, dans d'autres parties du monde, avec des familles jusque-là inconnues, et me valut des invitations à prendre la parole dans diverses conférences, ce qui devait constituer le début de mes relations internationales. Au printemps de l'année 1970, je m'interrogeais pour savoir si je déciderais d'accepter ou de rejeter l'invitation à enseigner à Genève.

Un matin, la décision fut prise lorsque ma santé défaillit. Je ne pouvais sortir de mon lit parce que je ne pouvais me réveiller complètement. C'est seulement lorsque Sœur Gislaine vint frapper à ma porte que je pus réunir assez de forces pour lui dire que tout allait bien. Mais je n'étais pas bien du tout, et, en réalité, je me demandais si je n'étais pas malade à mourir. Argent ou pas, je compris que je devais aller consulter un médecin de Nazareth.

« Comment êtes-vous venu à l'hôpital, Abuna ? me demanda le médecin lorsqu'il m'examina.

— Je suis venu avec ma voiture.

— Seigneur ! vous n'y pensez pas ! C'est de la folie ! Si vous ne vous souciez pas de votre propre vie, vous devriez au moins vous soucier de la vie des autres. Vous êtes à deux doigts du coma et de la mort, Abuna. En fait, si votre pression sanguine baissait encore un peu, ne serait-ce que de quelques degrés, *vous mourriez*. Vous devrez rester ici, à l'hôpital afin que nous puissions faire remonter votre pression sanguine et comprendre pourquoi elle est si basse. »

J'étais si malade et si faible que je fis tout ce qu'on me dit de faire. Au bout de trois jours, je me sentis mieux et commençai à me préoccuper des dépenses entraînées par cette hospitalisation, soit six livres par jour (environ trente dollars U.S.). Il fallait que je rentre chez moi. Le médecin avait ordonné d'autres analyses et indiqué que je devais rester hospitalisé pendant une semaine, mais c'était impossible. Je n'avais pas l'argent nécessaire pour payer ce que je devais déjà. D'ailleurs, selon le médecin, j'étais affaibli parce que je ne mangeais pas assez et que mon régime alimentaire ne répondait pas à mes besoins. J'avais également besoin de davantage de sommeil, affirmait-il. Mais après tout, ces choses, je pouvais bien les trouver à Ibillin.

« Voilà, le docteur m'a permis de sortir », dis-je à l'employée qui se trouvait au service de sortie de l'hôpital. J'avais revêtu ma soutane, et j'arborais mon sourire le plus éclatant de santé. Elle se hâta de consulter quelques listes et parut hésiter, mais je continuai à m'avancer vers la porte. « J'enverrai très bientôt de l'argent pour payer la note. » Je lui fis un signe d'adieu et sortis. Ah! ah! Je m'étais défilé!

Mais je me réjouissais trop vite. Juste au moment où je sortais ma voiture du parking, Sœur Gislaine survint et m'aperçut.

« Abuna! Où partez-vous ainsi? Je viens vous visiter!

— Je suis guéri maintenant, entièrement remis! » lui lançai-je, écrasant l'accélérateur pour prendre la sortie.

★

Le lendemain de Pentecôte, en juin 1970, je quittai Ibillin pour une année d'enseignement à Genève. Une procession de trente-cinq voitures remplies de monde m'accompagna à l'aéroport Ben Gourion. Avant le décollage de mon avion, nous avons prié et pleuré ensemble, et je ressentis ce que devait éprouver l'Apôtre Paul lorsqu'il faisait ses adieux aux anciens d'Éphèse. Je voulais enseigner à Genève, quitter au moins pour un temps les pressions qu'impliquait mon ministère en Israël, mais j'emportais de Galilée avec moi, à travers la Méditerranée et jusqu'en Europe, les larmes et les prières de mes ouailles.

La combinaison de la prière, du repos, des repas réguliers et d'un travail dans un environnement relativement détendu pendant l'été en Suisse me permit de retrouver rapidement la santé. Je m'épanouis aussi en me sentant considéré et traité comme un être humain respectable, après avoir été regardé en Israël, pendant tant d'années, comme un citoyen indésirable et de seconde classe. En septembre, j'avais un programme complet d'enseignement.

Mes occupations de Genève, cependant, ne me coupèrent pas d'Ibillin. Je reçus de nombreuses lettres, ainsi que des coups de téléphone quotidiens.

« Bonjour, Abuna ! Comment allez-vous aujourd'hui ? » me demandait habituellement une voix joyeuse. Mes amis avaient mis au point un système : quelqu'un allait au village voisin pour téléphoner à Abuna et lui envoyer leurs salutations. La personne me donnait régulièrement des nouvelles du genre : « Um Faisal a eu son bébé hier, Abuna ! Encore un garçon ! » « Le petit Rafi s'est remis de sa chute d'un figuier ! » ou bien : « Abu Jamal a retrouvé son âne, Abuna ! Le croiriez-vous : il s'était échappé jusqu'au village voisin ! » Puis mon correspondant me demandait des nouvelles de ma santé et de mon travail. Après, il revenait à Ibillin, et racontait à tout le monde les dernières nouvelles au sujet d'Abuna. Combien je les affectionnais, et combien ils me manquaient, eux, et ma Galilée bien-aimée !

Je parlais une fois à un groupe d'une quarantaine de théologiens venus de tous les coins d'Europe pour préparer un diplôme sur l'œcuménisme à l'Institut de Bossey. « Une nuit, leur dis-je, il n'y a pas très longtemps, un gros orage s'est abattu sur mon village d'Ibillin, et la foudre tomba sur le dôme de la mosquée. Celle-ci étant devenue absolument inutilisable, nous invitâmes Abu Muhammad et sa communauté musulmane à utiliser l'église melkite pour leurs prières du vendredi. » Je voyais très clairement le visage du sheik, et je le décrivis à mes étudiants. Soudain surgirent de nombreux visages de villageois défilant rapidement devant mes yeux. C'était très troublant, et je secouai la tête.

« La communauté musulmane commença à prier dans l'église melkite, continuai-je, et c'est un nouveau type de relations qui s'établit dans notre village. C'était un type de... de relation œcuménique. »

Je voyais Sœur Gislaine qui m'invitait avec un sourire rayonnant à aller visiter les foyers avec elle. Mère Macaire m'offrait une tasse de son merveilleux thé. Sœur Nazarena tenait une petite fille et toutes deux me faisaient un signe d'affection. La déconcertante parade des habitants d'Ibillin continuait à défiler devant mes yeux, et chacun me disait : « Que faites-vous, Abuna ? Que diable êtes-vous allé faire à Genève ? »

Me tournant vers le tableau, je commençai à noter à la craie quelques idées sur l'œcuménisme, m'efforçant d'ignorer les voix qui semblaient me crier maintenant : « N'importe qui, là-bas peut donner cette leçon, mais *nous*, qui va nous instruire, Abuna ? Qui nous parlera avec simplicité et nous aidera, *nous*, à apprendre ces choses ? C'est *vous* et vous seul qui pouvez le faire, Abuna. Qu'est-ce que tu fiches là-bas, Abuna ? »

Mes idées s'étaient plus ou moins embrouillées pendant cette leçon, car j'étais très préoccupé et très troublé. Étais-je en train de devenir fou ?

Après ma leçon, je me précipitai vers la chapelle et trouvai un coin isolé propice à la prière. *Mon Dieu, O mon Dieu ! Que m'arrive-t-il ? Suis-je malade ? Mon cerveau serait-il dérangé ?* Je me contraignis à garder mon calme, afin que mes pensées se concentrent uniquement sur le Christ. Je pensai à sa beauté, à son amour, à sa compassion, à sa grâce, à sa paix. Je m'imaginais enfant, courant les collines des environs de Biram et goûtant la présence de mon Champion, l'Homme de Galilée.

Me sentant un peu plus apaisé, j'exprimai mon trouble à Dieu. *Je me croyais de Genève, mais je me sens tellement attiré vers Ibillin, vers la Galilée. Dois-je donc demeurer un perpétuel réfugié, toujours errant d'un endroit à l'autre et ne sachant jamais d'où il est ? Seigneur, que veux-tu que je fasse ?*

Je connus bientôt la réponse de Dieu. Deux semaines plus tard je quittais Genève pour Israël, la tête pleine d'idées et de plans. Lorsque notre centre communautaire fut construit, nous fûmes en mesure d'accueillir encore plus d'enfants dans notre école maternelle et de déménager notre Bibliothèque de ma chambre ! Peut-être même pouvions-nous envisager d'acheter un terrain inutilisé en face de l'église ! Je jubilais.

Cependant, au moment même où je voyageais vers ma communauté bien-aimée, j'étais contraint de me sentir confronté à la réalité de notre identité et de notre situation en tant que Palestiniens. Le 17 septembre 1970, de nombreux Palestiniens avaient été tués par les soldats du roi Hussein à Amman, en Jordanie[1]. Les Israéliens étaient prêts à se battre. Je rentrais chez moi pour y retrouver les tensions, la crainte et les représailles toujours possibles.

Cependant, je continuais à me réjouir. Je serais bientôt en Galilée, à Ibillin, avec des amis dont l'amour était si fort qu'il m'avait atteint jusqu'en Suisse. Il me semblait que je sentais encore la main de l'évêque sur ma tête tandis qu'il m'ordonnait pour exercer un ministère dynamique, authentique, dans l'oubli de moi-même.

---

1. Helena Cobban, *The Palestinian Libération Organisation : People, Power, and Politics (L'Organisation de Libération Palestinienne : peuple, pouvoir et politique)*, Cambridge, Cambridge University Press, 1984, p. 51-52.

10

Concombres, livres et pourceaux

« Combien de concombres avez-vous cueillis, Abuna ?

— Oh ! des millions ! » répliquai-je, en en jetant un au petit Butros, âgé de dix ans, qui me taquinait dans la rangée voisine. C'était un dimanche après-midi en juin 1972.

Je travaillais sur le sol de Galilée, dans l'un des champs des environs d'Ibillin. J'avais l'impression de revivre mon enfance à Biram. Lorsque j'étais gosse, je jouais au bord du champ pendant que ma famille était au travail. Plus âgé, j'apportais de l'eau à mes parents, mais mon travail principal était de garder notre nourriture. Le matin, mon père creusait un trou peu profond à côté du champ et le tapissait de feuilles de figuier ou de vigne. Notre repas, enveloppé dans un torchon, était placé dans le trou, couvert de nouvelles feuilles, puis complètement enterré. Ainsi, il conservait toute sa fraîcheur, prêt à être consommé, vrai trésor caché.

Un jour, mes parents ramassaient des lentilles, et j'étais assis à côté de la nourriture enterrée.

« N'êtes-vous pas fatigués ? N'avez-vous pas envie de manger ? leur criai-je.

— Non, fiston, nous devons cueillir les lentilles tant qu'il fait jour », répondait mon père.

Les minutes traînaient, longues comme des heures, et mon estomac tirait. « N'est-ce pas le moment de manger ? N'avez-vous pas faim ? » Je pensais au pain savoureux, aux olives vertes piquantes, aux mandarines juteuses, le tout enterré à peine

99

à un mètre de moi. Alors je priais : *O mon Dieu, faites qu'ils soient fatigués afin que nous puissions manger.* Mais c'en était trop pour un petit garçon de cinq ans affamé. Je me mis à pleurer.

« Elias, me cria ma mère depuis le champ, si nous ne travaillons pas, je ne trouverai pas une histoire de Jésus sous les cailloux. Laisse-moi trouver une histoire de Jésus pour toi. »

Une histoire ! A la seule pensée des histoires de Maman, mes larmes s'arrêtèrent de couler. Bien que Maman n'ait jamais su ni lire ni écrire, elle était dotée d'une mémoire merveilleuse et d'une brillante imagination. Elle déclamait de longs poèmes en arabe, et donnait de la vie aux histoires bibliques. Les vagues tempétueuses qui déferlaient sur la barque de Pierre et d'André dans la mer de Galilée nous trempaient, nous, les enfants ; le vent de sable du Négev soufflait sur nos visages tandis que nous suivions Moïse errant dans le désert avec le peuple hébreu ; et nous restions bouche bée lorsque Jésus réssuscitait l'enfant du village galiléen de Naïn. En écoutant les histoires sur les genoux de Maman, je jouais avec les petites colombes et les petits poissons de cuivre qui décoraient le collier bruissant, cadeau de mariage de mon père qu'elle portait toujours, et je laissais aller mon imagination au gré de ses paroles.

« Elias, imagine notre Compatriote sur le petit mont des Béatitudes, près de la mer de Galilée, parlant avec le peuple. Il vit qu'ils étaient comme un troupeau de brebis qui n'ont pas de berger. Et il voulait devenir leur berger, Elias. »

Soudain une masse grosse et sombre s'écrasa à côté de moi sur un monticule de lentilles que l'on venait de récolter. « Au secours ! hurlai-je, pétrifié sur place. Aidez-moi ! »

Une biche blessée alourdie par son lait, s'était élancée dans les champs et s'était évanouie, épuisée par l'effort. Rapidement, Maman réunit notre nourriture et rassembla nos affaires, tandis que Papa chargeait la biche blessée dans l'un des paniers accrochés sur les côtés de notre âne, et moi-même dans l'autre. C'est ainsi que je revins à la maison, caressant le magnifique animal et m'efforçant de le réconforter. J'en avais oublié ma faim.

A la maison, Maman se mit à traire la biche afin de réduire la tension de ses mamelles, et Papa versa de l'huile d'olive sur ses blessures, en expliquant que cette huile préviendrait une grosse et mortelle infection provoquée par les mouches. Deux jours plus tard, ils chargèrent à nouveau la biche sur notre âne, et la transportèrent dans la vallée en contrebas de notre maison. Là, ils la libérèrent, en espérant qu'elle saurait retrouver ses petits.

★

Je continuai à ramasser des concombres avec mes amis jusqu'à ce que le soleil soit descendu sur l'horizon.

« C'est l'heure de se reposer et de manger ! » cria Abu Samir. Me redressant, j'étirai mon dos et mes jambes. Demain, je serais plein de douleurs et raide, mais aujourd'hui, j'étais sur cette terre avec ma communauté.

« Venez, Abuna, approchez-vous de nous et prenez un peu d'eau et des fruits », me disait-on, tandis que je m'approchais du bord du champ et de l'ombre fraîche sous les arbres.

« Avez-vous appris l'incident de cette nuit, Abuna ? me demanda le jeune Jamal. La police est venue après minuit et a tenté de prendre la terre de notre voisin.

— Quand nous avons entendu les cris des gens, nous sommes accourus à l'aide, ajouta Abu Samir. Ils étaient là en pyjama, s'efforçant de repousser la police hors de leur champ. La police avait déjà clôturé à moitié le terrain lorsqu'ils s'éveillèrent et jetèrent l'alarme. Nous étions presque une vingtaine à crier et menacer. Finalement, la police se retira, abandonnant le fil de fer barbelé derrière elle. »

Chaque été, les habitants d'Ibillin qui possédaient encore une terre vivaient sur leurs champs éloignés afin de prévenir leur confiscation par le gouvernement israélien. Déjà en 1972, Ibillin avait perdu des milliers de dunums sur ses meilleures terres arables et, vers la fin des années 1980, il ne devait rester à ses habitants, dont le nombre s'élevait à plus de neuf mille, qu'une petite portion de terrains cultivables[1]. Cela était vrai

1. Cf. Lustik, *Arabs in the Jewish State*, p. 169-182, pour une discussion complète sur les lois israéliennes et les règlements concernant la confiscation des terres arabes en Israël.

non seulement d'Ibillin, mais aussi de tous les autres villages palestiniens de Galilée, depuis l'instauration de l'État d'Israël. Quelques villages, tels que Mi'ilya, un village chrétien au nord d'Ibillin, avaient perdu pratiquement toutes leurs terres[2]. La politique du gouvernement semblait avoir pour tâche spécifique de détruire chez les Israéliens palestiniens tout sentiment de permanence et non seulement de les déplacer de leurs villages d'origine et de leurs terres, mais aussi de les chasser d'Israël et, après 1967, de la côte Ouest et de la Bande de Gaza.

De 1948 et jusqu'aux années 50, la confiscation des terres leur était aisée, car les Palestiniens qui restaient en Israël étaient effrayés, isolés et sans organisation. Les meilleures terres étaient saisies, déclarées territoires de l'État, et souvent annexées à des *kibbutzim* israéliens qui pouvaient se trouver parfois vingt-cinq ou cinquante kilomètres plus loin[3]. Une fois déclarée propriété de l'État, la terre était dévolue à perpétuité à des Juifs et dite « rachetée ». Quelles que soient les raisons invoquées ou la procédure, le résultat était toujours le même : des Palestiniens qui étaient des citoyens d'Israël perdaient et continuent toujours de perdre leurs terres du fait des confiscations gouvernementales. Ils n'ont pas le droit de toucher aux terres saisies par le gouvernement à moins d'être embauchés pour travailler dessus[4].

En 1950, après la confiscation des vergers d'oliviers et de figuiers de mon père à Biram, lui-même et notre famille, nous avons accepté de travailler nos propres champs et de cueillir les fruits pour le nouveau propriétaire juif. Mon père nous persuada que nous, les vrais propriétaires, nous prendrions soin convenablement de nos arbres magnifiques et les protégerions et garderions sains pour l'année suivante. Des étrangers sans relation affective avec les arbres briseraient leurs branches, prendraient leurs fruits et les tueraient.

Certains de nos arbres avaient plus de cent ans d'âge. Les ancêtres de la famille Chacour les avaient plantés, soignés, et

2. Jiryis, *Arabs in Israël*, p. 295.
3. *Ibid.*, 80-81.
4. *Ibid.*, 76, 79.

nous les avaient légués en héritage. D'autres arbres, dans le village, approchaient des deux mille ans. Les gens de notre génération plantent des arbres pour leurs petits-enfants. Il nous était insupportable de penser que ces arbres précieux seraient négligés ou même détruits par des étrangers indifférents. Au bout de trois ans, cependant, mon père refusa de continuer le travail. Nous étions en train de devenir des esclaves, et notre dignité personnelle, notre âme même, étaient sacrifiées. Si nous devions retrouver nos arbres détruits en revenant, dit mon père, nous en replanterions d'autres et recommencerions tout.

En 1951, la Cour Suprême de Justice décréta que les habitants de Biram et d'Ikrit, un autre village palestinien de Galilée qui avait subi le même sort, avaient le droit de retourner chez eux[5]. En sens contraire, les autorités militaires de Galilée publièrent des ordonnances d'expulsion rétroactives qui frappaient les villageois et déclaraient les zones de Biram et d'Ikrit zones militaires, non passibles de l'application du décret de la Cour Suprême[6]. Une nouvelle fois, les villageois de Biram firent appel de ces mesures, et, en janvier 1952, la Cour Suprême de Justice se prononça en notre faveur[7].

Le conseil de Biram demanda au gouverneur militaire de leur fixer une date à partir de laquelle le retour des populations déplacées serait possible. Mais, au lieu de cela, les terres de Biram furent transférées au ministère du Développement d'Israël, et, les 16 et 17 septembre 1953, le village fut détruit par des forces militaires israéliennes. Les habitants de Biram déportés à Jish s'assemblèrent sur la colline voisine en pleurant pour voir les soldats ceinturer leurs maisons avec des explosifs. Puis, les avions de la Force aérienne israélienne vinrent gronder au-dessus d'eux et commencèrent à bombarder le village[8].

---

5. Joseph L. Ryan, s. j., « Refugees Within Israel : The Case of the Villagers of Kafr Bir'im and Iqrit » (« Réfugiés à l'intérieur d'Israël : Le cas des habitants de Kafr Bir'im et Iqrit »), *Journal of Palestine Studies 2*, été 1973, p. 7-8.

6. *Ibid.*

7. *Ibid.*, 8.

8. *Ibid.*, 9 ; Père Yusef Istephan, dans ses mémoires, *My Testimony (Mon témoignage)*, publication privée, 1986, p. 69 ; Jiryis, *Arabs in Israel*, p. 92.

Avec horreur, ma famille vit exploser les maisons et les arbres prendre feu. Les villageois se lamentaient en courant à la limite du village pour voir les bulldozers déjà à l'œuvre et achevant la destruction. Les soldats, rencontrant les habitants leur dirent : « Si vous voulez revenir maintenant, vous pouvez. Les bulldozers vous enterreront sous les ruines de vos maisons. »

Ma famille vint à l'école de l'évêché de Haïfa pour m'apporter les nouvelles de cette dévastation. Nous pleurâmes ensemble, nous étreignant les uns les autres, reconnaissants d'être encore en vie, mais souffrant d'une terrible perte d'identité et d'espoir. Je regarde le bombardement de Biram comme un acte tragique et satanique.

Les populations mouvantes de l'Occident ont de la peine à comprendre la signification de la terre pour les Palestiniens. Nous appartenons à cette terre. Nous nous identifions à la terre, qui a été précieusement conservée, cultivée, et enrichie par d'innombrables générations d'ancêtres. Lorsque j'étais enfant, j'ai travaillé avec ma famille à sortir de gros rochers de nos champs. Nous nous couchions, le dos au sol et les pieds sur le rocher, et nous poussions, *nous poussions* tous ensemble. Petit à petit, « doucement, doucement », le rocher était déplacé sur le côté du champ. La sueur coulait sur nos corps, et parfois nos pieds saignaient jusque sur le sol. Il fallait des mois pour ôter les pierres d'un seul champ. Si la terre est si sainte, si sacrée pour nous, c'est parce que nous avons donné pour elle notre sueur et notre sang. Elle nous récompense par de merveilleuses, d'abondantes récoltes. Mon père pouvait récolter trois tonnes de figues sèches dans ses champs. Les Palestiniens sont solidaires de leur terre, et c'est une part d'eux-mêmes qui meurt lorsqu'on les en sépare.

L'un des mythes sionistes veut que la Palestine ait été une friche lorsque l'État d'Israël fut créé. Bien sûr, les techniques d'exploitation palestiniennes n'étaient pas modernes, mais elles étaient adaptées à la terre. De belles cultures en terrasses avec des murets de pierre construits à la main entouraient les collines, utilisant et protégeant la terre. Les oliviers, les figuiers et les amandiers étaient soigneusement entretenus, et les champs cultivés avec amour.

Le mythe de la friche s'accompagne du mythe de « la terre vide ». La Palestine a été décrite comme « une terre sans nation pour une nation sans terre ». Le mythe de la terre vide a rendu crédible le mythe de la friche. Le monde a été persuadé par des mythes et il n'a pas reconnu la spoliation et la souffrance des Palestiniens.

★

« Abuna, quelles sont les nouvelles concernant le centre communautaire ? me demanda quelqu'un. Nous sommes restés dans les champs pendant trois semaines et nous ne savons rien de ses progrès. »

Chacun fut ravi d'apprendre que le rez-de-chaussée était achevé et que la dalle de béton du premier étage avait été coulée. Puis je décrivis les diverses activités qui pourraient se dérouler dans la construction achevée : le jardin d'enfants, les réunions, les événements sociaux, les programmes, les jeux, un club pour personnes âgées, et la bibliothèque.

« Ce sont d'excellentes nouvelles pour moi, car c'est à peine si je peux encore faire le tour de ma chambre ! » m'exclamai-je. Tous rirent. Ils avaient tous visité la bibliothèque, ils avaient assisté aux réunions et pris le thé avec moi dans ma chambre, et ils savaient combien la pièce était encombrée. En fait, j'avais maintenant une nouvelle chambre à coucher au premier étage du presbytère, qui avait été construit peu après mon retour de Genève. Les religieuses occupaient tout le rez-de-chaussée, et j'avais trois pièces au premier. La bibliothèque occupait les trois chambres et je l'utilisais pour mon propre usage.

Je sentis qu'on me tirait par la manche. En me retournant, je vis Huda. Ses cheveux noirs recouvraient presque ses yeux brillants et elle baissait timidement la tête. « Huda, ma chérie, que veux-tu dire à Abuna ? » lui dis-je en la prenant dans mes bras et en la serrant contre moi.

« Abuna, murmura l'enfant, quand aurons-nous un autre Jour du Livre ?

— Ce sera en août. As-tu lu beaucoup de livres, Huda ? »

Huda agita la tête de haut en bas, en gardant les yeux fixés sur mon visage.

« Combien de livres as-tu lus jusqu'à présent ? » lui

105

demandai-je, en inclinant la tête tout près d'elle pour qu'elle puisse murmurer sa réponse à mon oreille. Lorsqu'elle me parla je fus sincèrement surpris. « Eh bien, Huda, *c'est sensationnel* ! Puis-je dire aux autres combien de livres tu as lus ? »

Elle acquiesça d'un mouvement de tête, en souriant.

« Mes amis, Huda, qui est âgée de huit ans et en troisième année du cours élémentaire, a lu 127 livres depuis le dernier Jour du Livre ! »

Les adultes en restèrent ébahis et se mirent à applaudir l'enfant.

La bibliothèque d'Ibillin était devenue une part importante de la vie du village. Zada, aidée de quelques autres volontaires, avait travaillé inlassablement pour classer les livres et aider les gens à se servir de la bibliothèque. Le Jour annuel du Livre avait été institué en 1971 lorsque nous décidâmes de réserver un jour complet pour célébrer par des distinctions et une attestation spéciales les lectures des gens du village.

Nous assistions à une révolution culturelle spontanée à Ibillin. Les mères avaient accoutumé de dire : « Et toi, mon enfant, combien de livres as-tu lus cette année ? Vas-tu en lire davantage l'an prochain ? Vois combien de livres ta cousine a lus ! » Les enfants et les jeunes gens avaient honte de marcher dans la rue sans tenir un livre à la main.

Et le phénomène se produisait non seulement à Ibillin, mais également dans d'autres villages. Grâce à des sommes que je réunissais dans les villages et en faisant appel à des amis d'Europe, je pus venir en aide aux villages de Mi'ilya et de Jish afin qu'ils construisent leur propre centre communautaire. Ces trois centres sociaux avec des projets dans d'autres villages étaient d'importance primordiale pour les Palestiniens de Galilée. Il en ressortait un sentiment de solidarité et l'impression qu'après tout, ils n'étaient pas seuls. En fait, construire ou réparer des constructions existantes procurait un grand encouragement aux populations palestiniennes. Ces actions leur procuraient un sentiment de permanence et de progrès qui s'opposaient à l'impression de déracinement et d'exil.

Avant de quitter les membres de ma communauté melkite dans les champs, je priai avec eux. Pendant la journée, j'avais entendu les gens chanter des cantiques de la liturgie tandis qu'ils cueillaient des concombres. Peut-être n'étaient-ils pas allés à l'église pour la divine liturgie (la messe) ce matin-là, mais ils priaient, se tenant sur les mains et les genoux sur le sol de Galilée, ce pays dans lequel Dieu avait choisi de vivre sous une forme humaine dans la personne de Jésus-Christ.

★

« Abuna ! cria le député-maire d'Ibillin, Abu Muhammad, en faisant irruption dans ma chambre, la police a pris possession de l'abattoir !

— Que dites-vous ? Où sont tous les employés ?

— Vous devez venir ! Les propriétaires juifs de l'élevage de porcs sont venus avec la police il y a environ deux heures et ils ont expulsé nos hommes de l'abattoir. Nous avons essayé de pénétrer à nouveau, mais c'est impossible. Venez à notre aide ! »

Précipitamment, nous sommes montés tous deux dans ma voiture pour nous rendre sur les lieux de la confrontation, à sept kilomètres de là. Les lois religieuses juives relatives à l'alimentation interdisent la consommation de porc, mais le gouvernement israélien a autorisé le transport et l'abattage des porcs dans des zones sélectionnées principalement habitées par des Arabes chrétiens[9]. L'un des élevages et des abattoirs de porcs les plus importants d'Israël se trouvaient sur le territoire de ma paroisse, et plus d'une centaine de chrétiens et de musulmans du village y étaient employés[10]. La viande était envoyée à Tel Aviv et vendue sous la dénomination de « steak lavan » ou « steak blanc » afin d'éviter la mention du porc. Les tracasseries des propriétaires de l'élevage de porcs et de la police étaient fréquentes, mais les ouvriers n'avaient encore jamais été expulsés.

Trente policiers gardaient l'entrée. Les propriétaires juifs de

9. « Nobody Will Say How the Piggies Go to Market » (« Personne ne dira comment les gorets vont au marché »), première partie de « Pigs and the Law » (« Les porcs et la loi »), *Jerusalem Post*, 26 juin 1985.

10. « Producer : Israël Has Over One Million Pork-eaters », (« Producteur : Israël compte plus d'un million de consommateurs de porcs »), quatrième partie de « Pigs and the Law » (« Les porcs et la loi »), *Jerusalem Post*, 5 juillet 1985.

l'élevage se trouvaient à l'intérieur de l'abattoir. Les employés et de nombreux villageois étaient à l'extérieur. Les esprits étaient extrêmement tendus.

« Abuna, ils nous ont mis dehors ! cria l'un des ouvriers. Ils sont simplement entrés et nous ont ordonné de sortir, et comme nous ne voulions pas bouger, ils nous ont forcés à nous en aller. Ils nous ont dit que nous ne pouvions plus travailler ici. Nous avons besoin de nos salaires pour entretenir nos familles. Abuna, allez leur parler. Dites-leur qu'ils doivent sortir !

— Éloignez-vous de la porte, criai-je. Que personne ne soit à proximité de la police ou des fusils. »

Les gens obéirent.

Je m'approchai de la porte.

« Je veux parler à l'officier responsable », dis-je d'une voix forte.

Un homme trapu aux yeux bleu clair s'avança lentement vers moi.

« Qui êtes-vous ?

— Je suis le prêtre de la paroisse d'Ibillin.

— Que venez-vous faire ici ? retournez à votre église.

— Mon église est ici, elle est là ou vivent mes paroissiens. »

Je continuai à parler à voix forte, m'assurant ainsi que tout le monde pouvait m'entendre.

« Qui représentez-vous ? »

Avant même que je ne puisse répondre, quelqu'un d'Ibillin cria : « Il nous représente tous. Abuna *est* le village, et il parle pour nous tous par sa seule voix. »

Ces paroles étaient un écho de la cérémonie du 22 février passé où l'on m'avait honoré de la distinction de Premier citoyen d'Ibillin. En présence de mes parents et de nombreux invités, le maire m'avait remercié pour les réalisations dont j'avais été l'initiateur dans le village et d'être le prêtre de tous à Ibillin. Au point culminant de la cérémonie, ma mère se leva et, selon la façon arabe, elle improvisa un chant, musique et paroles. L'assistance frappa des mains en mesure, se joignant à elle pour chanter le refrain familier. Le chant de ma mère était comme un magnificat, exprimant sa joie que son fils ait reçu la distinction de premier citoyen de ce village reculé. Puis ma mère m'adressa ce chant : « N'oublie pas que tu n'es pas le premier dans ce village. Tu dois être le dernier car tu dois être le serviteur, comme ton Seigneur Jésus a été le serviteur de tous. C'est pour cela que tu es devenu prêtre. »

Ce chant de ma mère m'avait paru si incroyablement beau et saint que j'en avais pleuré.

Et voilà que je parlais à la police devant l'abattoir. « Monsieur, vous feriez mieux d'ouvrir cette porte maintenant et de me laisser entrer, dis-je d'une voix forte, ou bien nous l'ouvrirons par nos propres moyens. »

Les policiers eurent un haut-le-corps et prirent leurs fusils. J'entendis un sursaut d'étonnement qui venait des habitants d'Ibillin.

« Qu'allez-vous faire au juste, monsieur le prêtre ? » demanda l'officier d'un ton goguenard.

Je le regardai et sentis mon estomac se nouer fortement. *Quelle bonne question en effet*, pensais-je. *Qu'allais-je faire ?*

11

Un défilé dans Jérusalem

« Dites-moi donc un peu ce que vous pensez faire, vous, le prêtre ? »

L'officier de police avait cru comprendre que j'entendais faire appel à la violence lorsque je lui avais dit que nous ouvririons la porte par nos propres moyens.

Mais la violence était bien loin de ma pensée. Je connaissais de meilleurs moyens d'action. Parlant aussi fort que je pouvais, j'annonçai mes intentions. « Je conduirai des journalistes et des personnalités remarquables de tous les coins d'Israël devant cette porte. Ils seront certainement très intéressés par l'histoire de Juifs confisquant un abattoir de porcs dans un village arabe. Comme il sera intéressant pour eux de voir la police israélienne se placer délibérément aux côtés des oppresseurs au lieu de défendre les lois ! »

L'officier de police me regarda comme si j'étais fou.

« Faites ce que bon vous semble », murmura-t-il.

Je donnai ensuite des instructions aux villageois afin qu'ils montent la garde, mais n'entreprennent aucune action tant que je ne serais pas revenu de chez moi.

Usant de mon téléphone nouvellement installé, j'appelai des rédacteurs de journaux, qui me promirent qu'ils feraient un reportage sur l'affaire. Puis je parlai avec plusieurs ambassadeurs dont j'avais fait la connaissance lorsque j'étais à l'Université hébraïque. Ils m'assurèrent qu'ils s'intéresseraient à l'affaire immédiatement.

Ensuite, j'appelai à Jérusalem un fonctionnaire des Nations Unies qui était mon ami. « Si Ibillin perd son abattoir, cela impliquera la suppression d'au moins une centaine d'emplois ainsi que des taxes perçues par la municipalité. Ce que ces propriétaires de l'abattoir sont en train de faire est absolument illégal. Non seulement ils violent les lois civiles, mais également les lois religieuses et les traditions juives. » Le fonctionnaire des Nations Unies, lui aussi, me promit de mener une enquête rapide.

Ensuite, je téléphonai à l'évêque melkite Joseph Raya. Je savais qu'il serait le premier à protester contre cette injustice.

Tandis que nous parlions, j'entendis un grand remue-ménage. « Abuna ! Abuna ! Venez vite ! » criaient des gens dans la rue. Je sortis en courant et découvris plusieurs habitants du village qui souriaient en se serrant les mains les uns aux autres.

« Ne vous faites pas de souci, Abuna ! criaient-ils, la police et les propriétaires juifs se sont tous retirés cinq minutes après votre départ. Nous avons pris possession de l'abattoir où nous avons laissé des gardiens. Des journalistes sont venus pour nous interviewer. Pensez-vous que les journaux parleront de notre affaire ? »

Je ris, éprouvant un réel soulagement. Comme je l'espérais, la seule idée d'une publicité qui se répandrait à travers tout Israël avait été suffisante pour stopper la confiscation.

« Oui, répondis-je, et c'est notre meilleure garantie que de tels événements ne se reproduiront pas, mes amis. Aujourd'hui, nous avons remporté une grande victoire par des tactiques non violentes, qui, à la longue, sont plus efficaces que la violence. »

★

« Ainsi, Abuna Elias, me dit l'évêque Raya quelques jours plus tard, on fait sensation dans les journaux, les ambassades, les Nations Unies, les rabbins orthodoxes, et le public israélien dans son ensemble !

— Oui, vraiment ! dis-je sans pouvoir m'empêcher de rire. Les rabbins sont absolument consternés et n'épargnent pas les mots pour critiquer sévèrement les propriétaires. Bien sûr, les juifs orthodoxes voudraient de toute façon éliminer l'élevage de porcs, mais il rapporte trop pour cela. Les propriétaires vont se faire petits désormais, j'en suis sûr, et Ibillin ne connaîtra plus de troubles.

— Félicitations, mon fils ! Dieu s'est servi de vos paroles et de votre action de façon merveilleusement puissante. »

Les paroles chaleureuses de l'évêque et sa compréhension de notre situation faisaient plaisir à entendre. Mes relations avec Joseph Raya avaient été excellentes depuis le premier jour de son élévation à la dignité épiscopale. Bien que Libanais d'origine, l'évêque Raya avait clairement conscience des injustices dont souffrent les Palestiniens. Il avait vécu aux États-Unis, et il avait travaillé aux côtés du défenseur des droits civils, Martin Luther King, Jr.

« La décision du Comité de Biram, il y a quelques semaines, a soulevé des controverses », dit l'évêque qui grimaçait en allumant sa pipe.

Dans un moment de grand désespoir, devant le refus du gouvernement israélien de permettre aux personnes originaires de Biram d'y retourner, le Comité du village avait publié une lettre ouverte. Il y invitait le gouvernement à envoyer des rabbins pour circoncire tous les hommes de Biram afin qu'ils aient le droit de revenir dans leur village. Les chrétiens melkites et maronites, bien sûr, n'accepteraient jamais la circoncision, et ils savaient bien aussi qu'aucun rabbin n'accepterait de la pratiquer sur eux, mais c'était une façon de dire : « Nous savons très bien que c'est parce que nous ne sommes pas juifs qu'on ne nous accorde pas le droit de retourner dans notre village. Si le fait de devenir juifs devait changer la situation au point que nous soyons autorisés à habiter dans notre village et à travailler notre terre, alors, même à cela, nous consentirions. »

La Loi du Retour, promulguée en 1950, donne à toute personne juive dans le monde le privilège immédiat de devenir citoyen en Israël, et le droit d'habiter dans le pays[1]. Mais les Palestiniens auxquels on a pris leur terre n'ont pas le droit de revenir dans leurs propriétés et leurs maisons. Ce côté sombre du sionisme témoigne de son souci de construire un État non pas *pour les juifs*, mais composé *de juifs*, et *seulement de juifs*.

---

1. Ruether et Ruether, *Wrath of Jonah*, p. 135-136.

Les autres populations, particulièrement les Palestiniens, même ceux qui ont la citoyenneté israélienne, ne sont pas considérés comme pourvus des mêmes droits, spécialement en ce qui concerne la propriété foncière. Quelques sionistes extrémistes déclarent ouvertement que les Palestiniens doivent être expulsés tant d'Israël que de la côte Ouest et de la Bande de Gaza. Le Comité de Biram a été fondé par des habitants originaires de Biram pour tenter d'agir par tous les moyens non violents possibles afin d'obtenir le droit de retourner dans leur village, mais, encore en 1972, il n'avait pas pu exercer une pression légale ou politique suffisante pour contraindre le gouvernement israélien à modifier les règlements juridiques.

L'évêque Raya s'était beaucoup intéressé aux problèmes de Biram et d'Ikrit. Leurs terres se trouvaient sur son diocèse, et de nombreux réfugiés étaient melkites. Il avait bientôt appris que l'un de ses prêtres, Abuna Elias était originaire de Biram. Avec son expérience de l'action en faveur des droits civils acquise aux États-Unis, l'évêque voulait entreprendre une action en faveur de la population des deux villages. « Qu'en pensez-vous, Abuna Elias ? Si nous allions visiter ensemble Golda Meir ? » me demanda l'évêque un jour de l'été 1972.

« Cela me paraît une excellente idée ! Nous aurait-elle invités ?

— Non, pas du tout ! gloussa l'évêque Raya, mais pourquoi ne pas faire une tentative pour parler au Premier ministre et lui présenter le cas de Biram et d'Ikrit d'une façon personnelle et engageante ?

— Mon cher évêque, si vous allez parler à Golda Meir, je serai à vos côtés. Vous ne sauriez me mettre à l'écart ! »

Le 8 août 1972, l'évêque Raya et moi-même, nous avions notre entrevue avec Golda Meir[2]. J'avais souvent vu son portrait, mais je n'étais pas préparé à rencontrer cette personnalité d'une froideur glaciale. Le Premier ministre était assis en face de nous, avec une expression de rigidité indifférente, apparemment insensible à ce que nous lui disions. L'évêque et moi-même avons parlé des décisions de la Cour qui donnaient

2. « Return of Bir'im, Ikrit Villagers "impossible" » (« Le retour des villageois de Bir'im, Ikrit dit "impossible" »), *Jerusalem Post*, 14 août 1972.

aux populations de Biram et d'Ikrit le droit de retour, la suppliant de permettre que cette décision soit appliquée.

« Impossible. Pour des raisons d'État, nous ne pouvons leur permettre le retour. » Ce fut la seule réponse de Golda Meir à notre requête.

« Vous avez critiqué le pape parce qu'il n'a pas reconnu Israël et qu'il a reçu Yasser Arafat, dit l'évêque. Mais, madame Golda Meir, si vous habitez une maison de verre, il ne vous est pas permis de jeter des pierres à vos voisins. Vous avez assassiné la justice dans ce pays parce que vous ne voulez pas permettre aux habitants de Biram et d'Ikrit de retourner chez eux.

« Parce que vous avez assassiné la justice en Israël, nous déclarerons dimanche prochain un jour de deuil. Nous ne prononcerons pas les prières du dimanche et nous ne célébrerons pas l'Eucharistie. Nous ferons seulement sonner les cloches des églises en signe de deuil pour la mort de la justice en Israël.

— Oh, Monseigneur, protestai-je, nous ne voulons pas faire de Mme Golda Meir la Jézabel du XXᵉ siècle. Naboth est encore vivant. »

Naboth, un Gentil, possédait une vigne proche du palais d'été du roi Achab et de la reine Jézabel, dans le royaume du Nord, Israël, au IXᵉ siècle avant J.-C. Achab voulait acheter la vigne, mais Naboth refusa, désireux de la conserver comme un héritage familial. Jézabel se procura la vigne pour son mari en usant de tromperie et par une grossière injustice. Naboth fut mis à mort et lapidé sur une fausse accusation de blasphème forgée par Jézabel. Jézabel dit alors à Achab que Naboth était mort et qu'il pouvait prendre possession de sa vigne. Le prophète Élie trouva le roi dans la vigne de Naboth et dit : « Après avoir commis un meurtre, prétends-tu aussi devenir propriétaire ? (1 R 21, 19). Et Élie décrivit la façon dont Dieu punirait le forfait d'Achab et de Jézabel.

« Naboth, sous la forme du peuple de Biram et d'Ikrit, est encore vivant, mais sa terre a été prise, dis-je directement au Premier ministre. Mais il n'est pas trop tard pour corriger cette injustice. Madame le Premier ministre, il vous faut seulement le courage de dire : ''Vous avez le droit de revenir.'' »

Une nouvelle fois, Mme Golda Meir dit seulement : « Pour

115

des raisons d'État, nous ne pouvons vous autoriser à retourner. C'est impossible. » Son expression était de marbre.

« Alors, Mme Golda Meir, nous vous invitons à prendre le deuil de la justice, que vous avez assassinée de vos propres mains », déclara l'évêque Raya, comme nous quittions son bureau.

« Monseigneur, demandai-je pendant notre voyage de retour à Haïfa, comment peut-on justifier théologiquement la fermeture des églises le dimanche ?

— Comprenez, Elias, que notre Dieu bon et tout-puissant nous a demandé de prier, et nous aimons le prier, mais, au long des siècles, Dieu s'est sans doute accoutumé à notre bavardage et n'y prête plus attention. Nous devons nous arrêter de parler, et alors Dieu se posera des questions et dira : ''Qu'est-ce qui ne va pas, mes enfants ?'' Alors nous pourrons dire au Tout-Puissant ce que nous voulons, ce dont nous avons besoin, et le Seigneur entendra nos paroles. »

Je ris, et l'évêque Raya rit lui aussi. Mais pour moi, c'était de l'excellente théologie, parce qu'elle était si humaine et si divine à la fois.

Le dimanche suivant fut un jour de deuil pour les trente-trois églises melkites de Galilée. On sonna le glas et des proclamations de deuil furent affichées sur les portes fermées des églises [3].

★

« Comment progressent les plans de notre défilé à Jérusalem ? » L'évêque m'observait au travers de ses bouffées de fumée. « Avez-vous obtenu l'autorisation ?

— Oui, un juif de mes amis est venu avec moi à Jérusalem pour demander l'autorisation, et elle nous a été accordée pour le 23 août. Le Comité de Biram travaille durement sur ce mouvement de masse, arrangeant tous les détails.

— Le président du Comité m'a rendu visite pour me demander si j'accepterais de conduire le défilé, dit l'évêque en examinant sa pipe qui venait de s'éteindre.

3. « Greek Catholics Skip Sunday Services » (« Les grecs catholiques suspendent les services du dimanche »), *Jerusalem Post*, 14 août 1972.

— Excellent! Vous êtes celui qu'il nous faut pour nous conduire à Jérusalem. Vous nous avez été d'un tel soutien dans nos efforts pour retourner à Biram et à Ikrit!

— Hum! murmura l'évêque en rallumant sa pipe. Voyez-vous, Abuna Elias, quoique je me sente grandement honoré par cette invitation, j'ai décliné l'offre.

— Mais pourquoi? demandai-je, abasourdi. Vous avez si souvent pris la parole pour Biram et Ikrit, et vous refusez maintenant de conduire notre défilé? C'est ce que nous aurons fait de plus démonstratif. Réfléchissez encore. »

Il secoua la tête. « Non, mon fils. J'ai pris ma décision. C'est vous, vous Elias Chacour, qui devriez conduire le défilé. »

J'en avais le souffle coupé. Moi? Conduire un défilé de protestation? Je secouai la tête à mon tour.

« Oui, le Comité et moi nous sommes d'accord, Abuna Elias, pour penser que vous, en tant que Palestinien, en tant que réfugié de Biram, et en tant que diplômé célèbre de l'Université hébraïque, vous devez conduire ce défilé. Je soutiens votre cause, mais je suis Libanais. Je défilerai avec vous, mais vous devez être le conducteur. »

Un peu plus tard, je quittais l'évêque après avoir promis de conduire le défilé. C'était un honneur, bien sûr, mais l'ensemble de la manifestation n'allait pas sans quelque danger. Jamais auparavant les Palestiniens vivant en Israël n'avaient protesté en tant que groupe. Nul d'entre nous ne pouvait savoir quelles seraient les conséquences. Nous ne voulions pas d'effusion de sang, bien sûr, mais cette éventualité était très possible. Les Palestiniens allaient pénétrer à Jérusalem, au centre même de la société juive, et là ils diraient : « Nous ne sommes pas heureux parce que vous êtes injustes. »

O mon Dieu! l'enjeu est si grand, dis-je en prière. La confrontation à l'abattoir des porcs n'était rien en comparaison du défilé. Protégez, Seigneur, ceux qui défilent, ceux qui regardent et écoutent, ceux qui soutiennent notre revendication, et ceux qui la désapprouvent. Et, en tout cela, que nos cris en faveur de la justice soient entendus!

★

Le défilé de protestation commença à la Porte de Jaffa, dans l'ancienne cité de Jérusalem, le 23 août 1972, et je fus émerveillé de voir le rassemblement de milliers de participants. Ce mélange de juifs, de chrétiens, de musulmans et de druzes était magnifique. J'avais invité des personnes de l'Université hébraïque à se joindre à nous, mais je me sentis bouleversé en constatant qu'au moins soixante-dix professeurs vinrent manifester leur solidarité avec moi et notre cause. L'évêque Raya était présent, prêt à défiler, à parler et à participer.

Des autobus entiers de gens firent le voyage depuis la Galilée, ce matin-là, y compris mes parents. Maman se préoccupait de ma sécurité, mais ce qui m'importait à moi, avant tout, c'était que les manifestants eux-mêmes se conduisent conformément à ce qui avait été décidé par le Comité, ne faisant que défiler, chanter, porter leurs banderoles, et que tous, juifs, musulmans, chrétiens ou druzes, que toutes les personnes soient protégées de tout mal. Le message que nous proclamions était de la plus haute importance, mais il serait perdu si la violence intervenait. Et la violence nous priverait presque de toute audience si nous voulions parler à nouveau des problèmes des Palestiniens en Israël. Globalement, l'idée d'un défilé en faveur de Biram et d'Ikrit était extrêmement risquée, nous le savions, mais elle pouvait aussi faire beaucoup de bien.

Ma mère et mon père ne pouvaient pas physiquement participer au défilé, et ils s'étaient installés dans un coin d'où ils pouvaient tout observer. Lorsque arriva le moment où le défilé devait commencer, on me mit dans une jeep qui devait rouler lentement en tête des manifestants. Je m'assis sur la jeep, dans une position aussi visible que possible. Immédiatement après moi, venaient des manifestants qui portaient des affiches proclamant les droits des populations de Biram et d'Ikrit à retourner dans leurs maisons et sur leurs terres.

Lentement, la jeep se mit à avancer dans l'avenue Mamilla. Mon cœur battait fort tandis que je criais des slogans et conduisais la foule et la faisais chanter. Nous agissions réellement malgré toutes les oppositions. Derrière moi, je pouvais voir cet incroyable mélange de manifestants. Devant, c'étaient la police israélienne et les soldats, leurs armes prêtes à l'action. Tout autour de nous, je voyais des spectateurs curieux qui lisaient nos pancartes et observaient l'invraisemblable parade s'insinuant dans Jérusalem. De nombreux photographes et journalistes étaient à l'œuvre, couvrant l'événement.

J'aperçus mes parents, sur leur coin de rue. Maman était évidemment en prière. Je pouvais imaginer combien je devais leur sembler vulnérable, car je me sentais moi-même vulnérable. Je frissonnais à la fois d'émotion et de crainte. *O mon Dieu, permets que notre cause soit entendue aujourd'hui grâce à notre action revendicative.*

Finalement nous arrivâmes au bureau du Premier ministre, le terme de la manifestation, où les discours devaient être prononcés. Les journalistes avaient des questions à poser et j'étais heureux de donner des interviews. Plus tard, les journaux donnèrent de bons reportages sur notre défilé, et l'événement fut également mentionné dans des journaux étrangers[4].

Je me réjouissais qu'il n'y ait eu aucune violence, aucune effusion de sang. Les Palestiniens à l'intérieur d'Israël avaient eu l'occasion de s'exprimer, et quelques citoyens juifs avaient entendu leur cri pour la justice et se portaient volontaires pour les soutenir publiquement. Le défilé était utile en ce qu'il parlait de Biram et d'Ikrit à Israël et au monde, mais le gouvernement israélien ne modifia en rien ses règlements. Golda Meir répéta à la radio ce qu'elle avait déjà dit en privé à l'évêque Raya et à moi-même : « Pour des raisons d'État, nous ne leur donnerons jamais le droit de retour. » Elle dit également que si le gouvernement donnait à la population de Biram et d'Ikrit le droit de retour, cela constituerait un regrettable précédent. Elle ne se laissa ébranler ni par les cours de justice, ni par les discours persuasifs des groupes ou des individus concernés.

★

« Elias, on manœuvre pour m'exclure de ma charge d'évêque. »

Joseph Raya était venu à Ibillin pour me rendre visite à titre privé.

4. « Raya Leads 2 000 in March in Jerusalem » (« L'évêque Raya conduit un défilé de 2 000 manifestants à Jérusalem »), *Jerusalem Post*, 24 août 1972.

« Les autorités israéliennes ne s'en cachent pas : elles sont très irritées par l'appui public que j'ai apporté à la cause palestinienne. Le gouvernement me hait et veut ma déposition.

— C'est indiscutable, répondis-je en l'approuvant. Votre franc-parler est admirable. »

Nous demeurâmes un moment silencieux.

« Mais ce n'est pas tout, Elias. J'ai aussi parlé contre les injustices au sein de notre Église melkite. Je n'ai pas le soutien du patriarche ou de la majorité des prêtres du diocèse. Je suis l'objet de beaucoup de machinations et je m'attends à être bientôt déposé. »

Les manœuvres politiciennes étaient réelles, et j'étais écœuré de voir les ambitions personnelles des prêtres prendre le pas sur les besoins de leurs ouailles, et d'observer leurs machinations contre cet homme sensible et dévoué.

« Eh bien, si le patriarche ne veut plus de vous, si les prêtres du diocèse travaillent contre vous, si le gouvernement israélien veut votre destitution, il ne vous reste aucun espoir de demeurer en place. La seule question qui se pose encore, c'est de savoir combien il leur faudra de temps.

— Je le sais. Mais, peut-être qu'en attendant je peux intervenir pour les populations tandis que j'ai encore l'autorité et l'occasion de le faire.

— Que ferez-vous si, de fait, vous êtes suspendu de votre charge d'évêque ?

— Oh, je retournerai probablement au Canada ou aux États-Unis où je m'occuperai de causes relevant des droits de l'homme. Au moins, je serai en paix avec ma conscience. Tout ira bien. Ne vous souciez pas pour moi, mon ami. »

Nous appréciâmes le thé que nous servit Sœur Nazarena. Tandis que s'allongeaient les ombres de la soirée, nous étions simplement deux amis, heureux d'être ensemble.

En fait, les ombres engloutirent Joseph Raya : en moins d'un an et demi, il nous avait quittés. J'avais perdu un évêque de valeur, un soutien, un confident, un ami.

12

Bienvenue à Beyrouth, Abuna !

« Votre nouvelle soutane est très jolie, Abuna.

— Merci, Sœur Gislaine. Je pars pour le Liban aussitôt après le déjeuner. Demain, je rendrai visite au patriarche à Beyrouth. Bonté divine ! la dernière fois que je l'ai vu, il était encore évêque de toute la Galilée, et il habitait à Haïfa. C'était avant que je n'aille à Genève. » Je chassai un insecte posé sur ma manche. *Ma soutane grise toute neuve est belle*, pensai-je, *si immaculée !* Je n'en avais pas acheté une depuis plusieurs années.

« Verrez-vous votre famille au Liban, Abuna ?

— Oui, bien sûr. Mon oncle et ma famille habitent encore au camp de réfugiés de Dbayeh près de Beyrouth. Je célébrerai la messe dans le camp dimanche prochain. »

Nous étions attablés pour déjeuner et je bénis notre nourriture.

« J'ai entendu de nombreuses histoires macabres d'assassinats et d'enlèvements au Liban, dit Sœur Gislaine. Pensez-vous que l'on puisse voyager là-bas en sécurité ?

— Voilà que vous parlez comme Sœur Macaire, Dieu ait son âme ! (La religieuse âgée était récemment décédée dans le couvent de Nazareth.) J'ai mon passeport israélien, mon visa de sortie d'Israël, mon visa d'entrée au Liban et un laissez-passer du Vatican. Je suis en règle.

— Où en sont les plans pour le camp d'été, Abuna ? demanda Sœur Nazarena.

— Ils avancent bien. Le comité s'est réuni hier au soir, et le Camp d'été du Livre accueillera en 1975 plus de deux mille enfants venus de quinze villages. »

En 1973, j'avais créé ce programme de camps, espérant recevoir cinq cents enfants. J'en eu plus de onze cents. Pendant trois semaines, au lieu de jouer dans la chaleur des rues, les enfants campèrent sous les oliviers aux environs d'Ibillin, jouant et apprenant ensemble, visitant les lieux saints, et leurs villages respectifs, et lisant au moins pendant une heure par jour. Chaque été, nous espérions que des enfants juifs se joindraient à nous, mais c'était impossible. Cependant, nous eûmes la joie d'accueillir des ouvriers juifs bénévoles.

A ces enfants réunis sous les oliviers je disais souvent : « Souvenez-vous toujours de ceci : vos racines de Galilée remontent encore plus loin que ces vieux arbres âgés de deux mille ans. Vos ancêtres palestiniens ont planté ces arbres et aimé cette terre. C'est de cette terre qu'on vous a chassés, et c'est vers cette terre que vous reviendrez un jour. C'est sur cette terre que Dieu prit une forme humaine. C'est sur cette terre que Jésus de Nazareth a versé son sang pour la rédemption du monde. Peut-être devrez-vous verser votre sang pour racheter les Juifs et les Palestiniens et pour créer une atmosphère de négociation, d'amour et de tolérance. »

★

Une heure plus tard, je franchissais la frontière du Liban et prenais un taxi pour Sidon, où je montai dans un taxi collectif en compagnie de six autres personnes afin de me rendre à Beyrouth. J'avais plaisir à retrouver les Libanais, les villages et les paysages, mais les tensions politiques d'avril 1975 se faisaient sentir jusque dans le taxi. Personne ne voulait faire confiance à un étranger, semblait-il, même si c'était un prêtre. La conversation se limitait au seul sujet anodin, le temps.

Le silence me permit de réfléchir à mon sermon. Jésus et ses disciples rencontrèrent un aveugle à Jérusalem. Les disciples lui demandèrent : « Maître, qui a péché, cet homme ou ses parents, pour qu'il soit né aveugle ? » Que pouvais-je dire au sujet de ce texte de l'Écriture à mon auditoire réfugié au Liban depuis vingt ans ? Qui avait péché, les réfugiés ou leurs familles pour qu'ils aient à endurer l'exil, la tristesse et les souffrances ? Ce sermon ne promettait pas d'être facile.

En moins d'une heure nous avions atteint la banlieue de Beyrouth. Nous nous sommes arrêtés un court moment pour permettre à l'un des passagers de donner un coup de téléphone, puis nous avons continué notre route pour pénétrer en ville. *Bientôt, je verrai mon oncle pour la première fois depuis bien longtemps*, ai-je pensé.

Nous avions à peine avancé, lorsque deux voitures poussiéreuses étranges encadrèrent soudain le taxi. La portière arrière droite fut brusquement ouverte par un soldat. Il examina rapidement les passagers puis me désigna.

« Toi ! Dehors !

— Qui êtes-vous ? » La peur me saisit tout entier et je me sentis paralysé.

« Ça ne te regarde pas, sors ! » ordonna-t-il.

Cependant, je ne bougeais pas.

Le conducteur, apparemment un chrétien, se retourna et me parla avec insistance. « Abuna, descendez si vous voulez sauver votre vie. » Dans ses yeux, je pouvais lire une supplication silencieuse pour sa propre sécurité et celle des autres passagers.

Je me forçai à sortir de la voiture. Je m'aperçus alors qu'il y avait six hommes en treillis militaires verts portant le *keffiyeh* autour de la tête et du cou, qui dirigeaient leurs armes vers moi. Seigneur, me dis-je intérieurement, *un seul homme et un seul fusil auraient bien suffi pour maîtriser le prêtre que je suis !*

L'un des soldats me saisit par le bras et me tira pour m'éloigner du taxi.

« Je veux prendre mes bagages », criai-je, me souvenant de ma Bible, de mes livres liturgiques, et des cadeaux pour ma famille. Me dégageant d'une secousse, je tentai d'atteindre mes bagages.

« Non, laisse-ça ! » hurla le soldat.

Je me redressai et, croisant les bras sur la poitrine dans une attitude décidée : « Non, dis-je, je ne veux pas les laisser ! Tuez-moi sur place si vous le voulez, mais je ne partirai pas sans mes bagages ! »

Le soldat me regarda. Je le dévisageai.

« Alors prends-les », murmura-t-il.

J'ouvris rapidement le coffre, saisis mes deux sacs, qui, aussitôt me furent arrachés des mains. Tandis qu'on me poussait rudement dans le véhicule voisin, j'entendis une voix dans le taxi qui disait : « Celui-là, on va le tuer. » Personne n'avait bougé pour me venir en aide.

Deux soldats s'assirent sur le siège arrière de part et d'autre de moi, leurs fusils sur les genoux. Le chauffeur démarra en trombe, dans un crissement de pneus. La seconde voiture suivit tandis que nous pénétrions dans Beyrouth.

J'observai mes ravisseurs. Nous étions assis épaule contre épaule, et ils regardaient tous deux droit devant eux, avec une expression farouche et déterminée.

« Qui êtes-vous ? » demandai-je. Je n'aurais su dire s'ils étaient Libanais, Palestiniens ou Syriens, ou encore si c'étaient des soldats réguliers ou des francs-tireurs. Savoir qui m'avait enlevé était essentiel pour ma survie.

« T'occupe ! » jeta mon premier ravisseur, sans me regarder.

« J'ai besoin de le savoir, insistai-je. Qui êtes-vous ? »

L'autre grogna hargneusement : « Si tu veux rester en vie, tu ferais mieux de la fermer. » Et il pointa son fusil vers moi, pour appuyer sa déclaration.

« Bien. Si vous êtes des soldats réguliers, je n'ai pas peur de vous, dis-je pour tenter de changer l'atmosphère. Vous ne pouvez être méchants. » Mais après cela, les hommes ne me parlèrent plus du tout. Je me mis à prier, prier Dieu, qui, lui aussi, restait bien silencieux. *Pourquoi m'ont-ils enlevé ? Je n'ai pas de relations politiques, je n'ai pas d'argent. O mon Dieu, ô mon Dieu !*

Après quelque trente minutes de voiture, nous avons tourné dans un chemin étroit et poussiéreux. Bientôt, nous nous engagions dans une jungle de cactus épineux, si épaisse que la voiture pouvait à peine passer.

Nous sommes entrés dans un village entouré de murailles. Nous étions environnés de minuscules constructions serrées les unes contre les autres. Lentement, nous avons avancé dans un lacis de rues étroites, tournant à gauche, à droite, à gauche. Je fus vite perdu. Je compris alors pourquoi on ne m'avait pas bandé les yeux. Je n'avais aucune chance de retrouver mon chemin, et, d'ailleurs, ils avaient probablement l'intention de me tuer.

Finalement, ils arrêtèrent la voiture vers le centre du village. On me traîna sur une volée d'escaliers dans un bâtiment au coin d'une rue et on me jeta dans une petite pièce. Les hommes disparurent en fermant la porte à clé.

« Où sont mes bagages ? » criai-je. Pas de réponse.

Une table et trois chaises à dossiers étroits constituaient le seul mobilier de la pièce. L'unique fenêtre avait été complètement condamnée avec des planches. Une seule ampoule électrique pendait au plafond. *Est-ce la maison de quelqu'un ? Ou bien un bâtiment commercial ?* De longues minutes s'écoulèrent. *Seigneur, donne-moi les paroles qu'il faut, et la force de supporter ce qui vient.*

La porte s'ouvrit. Quatre hommes armés de fusils entrèrent. Le chef, peut-être âgé de trente ans, son *keffiyeh* relâché négligemment drapé autour des épaules, s'assit sur une chaise derrière la table, en m'ordonnant de m'asseoir en face de lui. Il me fixa du regard. Je le fixai en retour. Était-il Libanais ? Palestinien ? Syrien ? Ou peut-être était-ce un Juif israélien vêtu en Arabe ? C'était impossible à dire.

« Qui es-tu ? me demanda-t-il en arabe.

— Je suis Abuna Elias Chacour.

— D'où viens-tu ?

— D'Israël.

— Où c'est, ça, Israël ? »

Je compris immédiatement que j'avais commis une erreur.

« Excusez-moi. De la Palestine occupée. » *Premier indice*, me dis-je. J'avais affaire ou bien à un Israélien qui jouait au chat et à la souris avec moi, ou bien à un Arabe qui refusait l'État d'Israël. Et c'était vraisemblablement cette dernière supposition qui était la bonne.

Le chef examina soigneusement mon visage, mes vêtements, mes chaussures, puis à nouveau mon visage.

« Comment es-tu entré au Liban ?

— J'ai passé régulièrement la frontière à Rosh Hanikra, et j'ai mes papiers. » Je lui présentai mon laissez-passer du Vatican. Il le repoussa. « Non, non pas ça. Donne-moi tes papiers. »

Je lus de la malveillance et du mépris sur son visage lorsqu'il examina mon passeport israélien. Je n'en menais pas large. *Comment expliquer à cet homme que je suis un Arabe palestinien avec des papiers israéliens ? Comment lui dire que je ne suis pas son ennemi, en dépit de mon identité d'Israélien ? Comme ma vie est absurde ! pensai-je. Les Israélites juifs me considèrent comme un Arabe et un ennemi en dépit de mes papiers. Les Arabes me considèrent comme un Israélien à cause de mes papiers. Comment s'étonner que nous, Palestiniens à l'intérieur d'Israël, nous ayons de la peine à savoir qui nous sommes ?* Pour l'immédiat, toutefois, je me rendais compte que j'étais dans une situation difficile. Je pouvais être tué d'un moment à l'autre dans cet endroit ignoré, et Dieu seul le saurait.

« Où es-tu né ? demanda le chef, en étudiant mes documents.

— Je suis né à Biram.

— Biram ? Où est-ce ?

— En Galilée supérieure. Bonté divine, vous ne connaissez donc pas les problèmes de Biram et d'Ikrit et comment nous avons lutté contre les juifs pour obtenir le droit de retourner chez nous ? »

Le chef fronça les sourcils, et, me regardant de plus près, il m'examina. « Tu as lutté contre les juifs ? N'es-tu pas juif ? »

Ah ! voici mon second indice. En dépit de ma tenue de prêtre, ils pensent que je suis juif. Il n'y a pas à s'étonner qu'ils me regardent comme une menace.

« Non, bien sûr que non ! Je suis chrétien. Je suis Palestinien.

— Palestinien. Biram... Il tambourinait avec ses doigts sur la table. Prouve-moi que tu as combattu pour tes droits pour revenir. »

Troisième indice ! C'étaient des Palestiniens ! Maintenant je sais que dire et comment le dire ! Avec beaucoup de détails, je décrivis les différentes protestations que le Comité de Biram avait conduites, y compris le défilé de Jérusalem. « Je suis venu pour rendre visite à des parents qui habitent au camp de Dbayeh, et je dirai la messe pour eux dimanche. Je suis vraiment chrétien, Palestinien, et prêtre, dis-je, en désignant du doigt ma soutane, qui, à ce moment-là était toute poussiéreuse et froissée. »

Lentement, le chef fit le tour de la table et adressa un signe de tête à ses hommes. *Mon Dieu, est-ce possible ? Me suis-je complètement mépris au sujet de cet homme et de la situation présente ?* Je ne pouvais respirer, m'attendant à recevoir d'un moment à l'autre, une balle dans la tête ou dans le cœur, et cependant, d'une certaine façon, il me semblait que j'étais au-dessus de la scène, regardant ma propre exécution.

Le chef continua à m'étudier, puis, avec un large sourire, il me saisit par les épaules et me remit sur mes pieds : « Abuna Elias Chacour, j'espère que vous avez compris pourquoi nous vous avons enlevé. »

Je repris mon souffle péniblement. Je me sentis soulagé dans tout mon corps. Le chef tira une chaise qu'il plaça devant la mienne et nous nous assîmes face à face. Quelqu'un ouvrit la porte, et l'air frais remonta des escaliers, nous apportant un rire d'enfant et l'appel du *muezzin* qui invitait à la prière du haut de la mosquée.

« Nous sommes les partisans d'Abu Amar. » Yasser Arafat, le président du Comité de l'Organisation de Libération de la Palestine (O.L.P.), est souvent appelé Abu Amar par ses amis et partisans. Ce surnom signifie « Père de la Construction ou de l'Édification. »

« Vous êtes dans le camp des réfugiés Sabra de Beyrouth, dit le chef. Nous avons été informés que trois cents étrangers se sont infiltrés au Liban, soutenus par les sionistes et les Américains, avec mission de venir brûler le plus possible d'églises et de mosquées. Cela, bien sûr, avec l'intention de dresser les populations religieuses les unes contre les autres et de provoquer une incroyable atmosphère de peur, de haine et de représailles. Les Palestiniens seront rendus responsables. Beaucoup d'entre nous mourront, beaucoup souffriront. Nous devons assurer la police au Liban afin que les agitateurs infiltrés ne puissent faire leur travail. »

Tout commençait à s'éclairer.

« Et vous pensiez que j'étais l'un de ces agitateurs. Mais pourquoi moi ? Je suis un prêtre.

— Nous avons reçu un renseignement selon lequel un juif habillé en prêtre, voyageant avec un passeport israélien, a traversé la frontière ce matin. Déguisé en prêtre, il devait avoir

127

facilement accès à toutes les églises. Nos renseignements indiquaient que ce prêtre portait une soutane toute neuve et paraissait mal à l'aise de la porter. »

J'en étais tout pantois. *Ma soutane toute neuve — et le fait que je n'y suis pas encore tout à fait accoutumé ?* Je me mis à rire. *C'est fou, c'est incroyable.* Tous les hommes se mirent à rire en désignant ma soutane.

Lorsque nos rires se calmèrent, le chef parla posément : « Abuna, mon village de Palestine a été détruit en 1947. » Je compris bientôt que son village natal était Saffuri, qui se trouvait autrefois très près d'Ibillin. Je connaissais beaucoup de gens de Saffuri, et je commençai à les nommer, les décrivant, parlant de leur état de santé, mentionnant le nombre de leurs enfants, et leur lieu d'habitation actuel.

L'homme était très ému et posa beaucoup de questions. Finalement, il se leva et me remit sur pied, me serrant la main.

« Abuna Chacour, je vous prie de m'excuser pour cet enlèvement. Maintenant vous pouvez nous demander tout ce que vous voudrez. Quoi que vous nous demandiez, nous sommes prêts à le faire. »

Je fut bientôt transporté avec mes bagages à une église où m'attendaient mes parents. Je me sentais désorienté et troublé. Tout cela m'était-il réellement arrivé ? Était-ce un affreux cauchemar ? Mais non : c'était bien une aventure douloureusement réelle et je comprenais combien il aurait été facile de me supprimer. Quelques années plus tard, je fus terriblement attristé en apprenant que ce que les hommes du camp de Sabra m'avaient dit ce jour-là avait été confirmé par les faits.

Le lendemain, je rendis visite au patriarche de l'Église melkite, mon vieil ami, George Hakim. Nous avons évoqué le souvenir du service d'ordination de 1965, et je me sentis très proche du patriarche. Lorsqu'il m'y invita, je lui parlai honnêtement et confidentiellement de mes soucis et de mes craintes concernant la nomination du nouvel évêque de notre diocèse, maintenant que l'évêque Raya nous avait quittés.

★

La célébration de la Divine Liturgie au camp de Dbayeh fut extrêmement émouvante pour moi, dans la communion avec les chrétiens qui vivaient dans une telle pauvreté et une telle contrainte. Non seulement ils avaient perdu leurs terres et leurs maisons, mais ils étaient de plus indésirables au Liban. A l'époque, en 1975, les diverses factions politiques luttaient pour le pouvoir. La guerre paraissait inévitable. Les Palestiniens savaient qu'ils étaient dans une situation très dangereuse.

Considérant la communauté, je pouvais voir la petite Amira, âgée de douze ans, la jolie fillette de mon oncle, Hanna. Ses yeux brillaient de joie pendant qu'elle priait avec son cousin, Abuna Elias. C'est une image d'elle que je n'oublierai jamais.

Plus d'une vingtaine de magnétophones étaient disposés autour de l'autel, et je savais que plusieurs groupes de gens voulaient m'entendre parler. Mes paroles devaient être soigneusement mesurées, mais je me sentais l'impérieux devoir de prêcher la vérité.

« Qui a péché, les Palestiniens ou leurs ancêtres, pour qu'ils aient ainsi à endurer de telles souffrances et une telle tristesse ? Pour qu'ils soient privés de leurs maisons, de leurs terres, de leur dignité, de leur avenir, de leurs rêves ? Pour qu'ils soient contraints d'habiter une terre étrangère, indésirables et persécutés, parfois mis à mort ? Qui a péché ?

« Ou bien, notre souffrance, comme celle de l'aveugle, est-elle destinée à mettre en évidence l'amour et la gloire de Dieu aux autres, au monde ? Il serait facile de nous appesantir sur notre tristesse et notre infortune, faisant de notre exil un temps d'amertume, de haine et d'esprit de revanche. Mais, par l'espérance et la foi en Dieu, par l'amour de Dieu manifesté en notre Sauveur Jésus-Christ, nous savons que nous ne serons jamais détruits par les puissances du péché et du mal. Nous en appelons à Dieu pour nous délivrer de nos souffrances, pour opérer en nous une œuvre puissante afin que Dieu puisse ête glorifié. Nous devons supplier Dieu afin qu'il nous garde de jamais réduire quelqu'un à la condition de réfugié par notre faute. Malgré nos souffrances, notre détresse, notre tristesse, nous pouvons être renouvelés dans l'espérance et la foi que Dieu peut et veut opérer un miracle en nous et par nous, et qu'il le fera, manifestant ainsi sa puissance et sa gloire aux yeux de tous. »

Je les embrassai tous. Au travers de nos larmes, nous nous sommes promis de prier les uns pour les autres. Amira resta tout contre moi jusqu'au moment de la séparation.

★

Deux jours plus tard, j'étais à Ibillin, me réjouissant de pouvoir habiter en Galilée et faisant le vœu de raconter au monde l'histoire des Palestiniens. Je savourais le thé tiède que Sœur Gislaine m'avait servi tandis que j'écoutais les nouvelles qu'elle me donnait. Les melkites avaient appris que le patriarche était sur le point de nommer un nouvel évêque. On se livrait à toutes sortes de spéculations sur les rumeurs concernant ce choix, un prêtre du Liban qui desservait actuellement une petite paroisse de la Haute Galilée.

« Comment s'est passé votre voyage, Abuna ? » me demanda Sœur Nazarena, en apportant une coupe de fruits sur la table. « Vous est-il arrivé quelque chose d'extraordinaire ? »

Je manquai de m'étouffer, répandant un peu de thé sur ma soutane.

Sœur Gislaine courut chercher une serviette humide et épongea les taches de thé. « Voilà, Abuna. Tout est bien maintenant. Ce serait trop dommage de tacher votre soutane toute neuve alors qu'elle est encore si belle. Avez-vous eu du plaisir à la porter pendant votre voyage à Beyrouth ? »

130

13

Cet homme ressemble à des cendres

La vie du village de Biram était très simple, mais cette simplicité ne signifiait pas isolement, ignorance et mépris de l'éducation. Mon père venait souvent à Haïfa pour ses affaires ou pour des raisons médicales, soit à pied, soit sur son âne, ce qui représentait un voyage de trois ou quatre jours. Les villageois voyageaient à Damas, Beyrouth ou Jérusalem, mais il ne leur serait jamais venu à l'idée d'aller habiter au Liban par exemple. La Galilée était belle, leurs terres fertiles. Pourquoi partir ailleurs ?

Parfois je venais frapper à la porte du maire pour voir la radio alimentée par piles. Le maire et les autres anciens écoutaient les nouvelles et les retransmettaient aux villageois. On se faisait part des journaux des grandes villes. Le village juif voisin avec lequel nous avions des échanges commerciaux était une autre source de nouvelles. Lorsque j'étais jeune, j'avais appris que des choses terribles arrivaient à nos « cousins » juifs comme nous les appelions, étant tous de race sémitique. « Les juifs sont persécutés et tués en Europe par un démon appelé Hitler », nous disait mon père, et nous avons souvent prié pour eux.

Nous avions une réunion familiale de prière chaque jour, agenouillés autour du feu, au coin de notre maison. Étant un enfant remuant, il m'arrivait parfois de sauter et de jouer pendant que les autres priaient, mais j'entendais mon père improviser des prières pour ses enfants, l'église, les champs, les vergers, et pour la paix du pays. Souvent je lui ai entendu dire : « O Seigneur, n'oubliez pas de libérer les juifs persécutés au pays du cruel Hitler. » Nous n'avions jamais imaginé que, quelques années plus tard des soldats sionistes juifs nous contraindraient à quitter notre village, nous prendraient nos terres, en se servant des persécutions d'Hitler comme de l'une des raisons qu'ils invoquaient pour prétendre posséder nos terres à notre place à nous qui habitions ici depuis des siècles.

Tout ce que je pouvais comprendre à l'âge de huit ans, c'était que tous ceux que j'aimais étaient effrayés et misérables. Notre belle vie villageoise était détruite. Nos rêves et nos plans pour Biram, anéantis.

★

J'aimais aller à l'école à Biram et apprendre de mes professeurs, les prêtres du village. Mon père avait personnellement décidé que ses propres enfants seraient bien éduqués. Étant l'aîné, mon père n'était allé à l'école que pendant cinq ans avant de la quitter afin d'aider à l'éducation de son frère et de sa sœur. Mon père, cependant, était capable de lire et d'écrire mieux que beaucoup qui, aujourd'hui, sont allés au cours secondaire. Il nous avait inculqué une grande ambition d'études.

Mon père savait que les prêtres étaient les plus instruits du village et résolut donc que l'un de ses fils deviendrait prêtre. Rudah fut envoyé à Nazareth pour étudier à l'école préparatoire du séminaire, mais il n'y resta que peu de temps. Chacour ne voulut pas y aller du tout.

Mousa et Atallah y furent envoyés ensemble pour se préparer à la prêtrise, mais leurs études se terminèrent désastreusement en 1947. Atallah revint à la maison effrayé parce que Mousa, âgé d'environ quatorze ans, s'était enfui. Mon père, Rudah et Chacour le recherchèrent, mais ma mère fit des reproches à mon père au sujet de cette situation : « Tu veux qu'ils deviennent prêtres contre leur volonté. Maintenant, tu as perdu Mousa pour toujours. »

Trois mois plus tard, l'un des hommes du village se précipita chez nous pour nous raconter qu'un visiteur venu de Jordanie avait parlé d'un garçon qui s'était enfui de Galilée et se trouvait peut-être maintenant à Zarqa, une ville au nord-est d'Amman.

132

A dos d'âne, mon père partit en voyage vers le sud par la mer de Galilée et traversa le Jourdain à gué. Il retrouva Mousa et Chacour dans la région de Zarqa. Comblé de joie d'avoir retrouvé mon père, Mousa avait hâte de revenir à la maison dès l'instant où il ne serait pas obligé d'être prêtre. Mon père accepta, et ils revinrent à Biram. On fit une grande fête dans le village, avec des repas, de la musique et des danses parce que le fils perdu avait été retrouvé.

Après ces événements, mon père ne parla plus de faire des prêtres de ses enfants. La graine, cependant, avait été semée dans ma petite tête, et, avant même que nous n'ayons été contraints de quitter Biram pour aller à Jish, je pensais à la prêtrise. J'aimais beaucoup mes prêtres-professeurs. J'aimais aller à l'église et écouter les chants et les prières. Et j'aimais écouter les histoires sur Jésus que ma mère racontait, ces histoires que, je crois, elle m'a données avec son lait.

J'admirais certes les prêtres du village, mais c'étaient mes parents qui avaient fait du Christ une réalité pour moi. Ils m'aidèrent à comprendre que Jésus de Galilée était mon Champion, mon Ami et mon Compatriote, quelqu'un à qui je pouvais toujours tout dire. La foi courageuse, sainte et simple de ma mère et de mon père, vécue quotidiennement, fut pour moi un puissant exemple.

★

Notre monde était très différent à Jish de ce qu'il avait été à Biram. Au lieu de notre confortable maison, nous vivions tous ensemble dans une seule pièce, et bien heureux de l'avoir. Beaucoup d'hommes de Jish avaient disparu, laissant les femmes avec leurs enfants ainsi que les personnes âgées abandonnées à elles-mêmes. Tant bien que mal, les réfugiés de Biram purent s'installer dans ce qui restait de la vie du village de Jish. On finit par trouver un baraquement de fortune où l'on improvisa une école pour les enfants. Je l'aimais, mais je gardais la nostalgie de ma propre école et de mes prêtres-professeurs de Biram.

Un jour, j'eus un gros choc. Tandis que je jouais avec d'autres enfants dans un champ à proximité de Jish, je remarquai un étrange bâtonnet qui sortait du sol. En tirant sur ce bâtonnet, déplaçant le sable et la poussière, je m'aperçus soudain avec une horreur à en défaillir que j'étais en train de tirer sur une main humaine. Le « bâton » était l'os d'un doigt décharné décomposé. J'appelai mes amis qui accoururent, et nous dégageâmes un corps humain, qui ne pouvait être identifié que par les vêtements. Le mystère de la disparition des hommes de Jish fut éclairci lorsque nos pères et nos frères déterrèrent de nombreux corps placés dans une fosse commune. Ils avaient tous été fusillés. Nous nous sentîmes très proches les uns des autres dans notre famille ce soir-là, en pleurant sur les hommes de Jish et en remerciant Dieu que les soldats se soient contentés à Biram de tirer au-dessus des têtes de nos hommes.

En 1951, l'archevêque melkite de toute la Galilée, George Hakim, vint visiter Jish. Les hommes du village étaient assis avec l'évêque, causant, mangeant et fumant. Il écoutait les nombreuses histoires que les hommes racontaient sur Biram et sur Jish, sur les gens qui avaient été tués, et sur les problèmes qu'ils connaissaient en tant que Palestiniens habitant dans le nouvel État d'Israël. La litanie des douleurs et des complaintes était longue.

Finalement, mon père, qui était resté silencieux pendant toute la discussion, se mit à parler : « Monseigneur Hakim, j'ai encore un jeune garçon. Je voudrais qu'il devienne prêtre et qu'il étudie sous votre direction. Pourriez-vous m'aider ? »

Les autres hommes étaient outrés. Comment Abu Rudah osait-il demander quelque chose en faveur de son fils pour qu'il devienne prêtre, alors qu'il y avait tant d'autres problèmes importants à résoudre ?

« Très bien, Abu Rudah, dit l'évêque, en faisant taire les hommes. Je mangerai avec vous aujourd'hui et nous discuterons de cette affaire. » Plus tard, il accepta de prendre le plus jeune fils d'Abu Rudah à Haïfa et de lui faire commencer un programme d'études en vue de la prêtrise.

Je ne fus pas consulté à ce sujet. On avait disposé de moi à l'âge de onze ans sans m'informer et sans mon consentement, mais, en dépit de mes craintes et de ma peine, j'étais enthousiaste à l'idée d'aller à l'école. Mon père me dit qu'il y avait beaucoup de livres à l'école de l'évêché de Haïfa, et je languissais de pouvoir les lire tous.

Pendant mes années d'enfance, j'avais passé beaucoup de temps à errer dans les collines de Galilée, parlant à mon Champion. Il y avait tant de choses que je ne pouvais comprendre concernant ma vie en particulier et la vie en général ! Je disais tout à mon Ami, je lui posais toutes les questions. A certains moments, je pouvais imaginer Jésus venant à moi, souriant, les bras grands ouverts. Pour moi, Jésus-Christ était très réel. Et voilà que je devais quitter les collines où j'étais sûr que Jésus avait couru lorsqu'il était enfant, les collines où il avait certainement marché avec ses disciples. Comment ferais-je loin de cette terre, sans ma famille ?

Finalement, je retrouvai la paix. Je compris sans aucun doute que mon Ami demeurerait avec moi à Haïfa. Par une intuition précieuse, inexplicable et cependant tout à fait réelle, je compris que le Seigneur Jésus me voulait, moi, Elias, le plus jeune fils de Mikhail, et me demandait de sacrifier bien des choses pour devenir prêtre.

★

Prenant la lettre sur mon bureau, je la relus. Le contenu en était pour moi absolument incroyable. Sa Béatitude, le patriarche de l'Église melkite, George Hakim, avait choisi un nouvel évêque pour le diocèse d'Akko, Nazareth, Haïfa et toute la Galilée en ce printemps 1975. Le patriarche avait précisément nommé celui-là même que je lui avais recommandé *de ne pas* nommer.

Mon avis sur la question avait été secrètement sollicité dans une lettre à la suite du départ de l'évêque Raya en 1974. Le patriarche que j'avais connu depuis mon enfance, qui m'avait ordonné et envoyé à Ibillin, qui m'avait écouté lorsque je l'avais invité à se faire serviteur de tous — c'est ce prêtre ami qui m'avait écrit pour demander mon opinion sur les prêtres parmi lesquels il envisageait de choisir le futur évêque. Après avoir prié et beaucoup réfléchi à la question, j'écrivis ma réponse. Alors que j'hésitais sur le cas des autres candidats, j'affirmai nettement que j'étais résolument opposé à la nomination d'un prêtre libanais en particulier.

Ce prêtre avait été dans une petite paroisse de la frontière libanaise du nord de la Galilée pendant presque vingt ans et semblait à peine exister. Dans les années où je l'avais connu, je n'avais pas aperçu en lui la moindre étincelle de spiritualité. J'écrivis ces observations au patriarche, y ajoutant un commentaire :

> Cet homme n'a rien à dire à son peuple. Votre Béatitude doit chercher à allumer un feu en Israël parmi les chrétiens afin de les rendre plus fervents, plus actifs, plus dynamiques, mais cet homme est semblable à des cendres. Il est incapable d'allumer un feu. Vous pouvez lancer quelques charbons ardents dans les cendres et elles se réchaufferont, mais bientôt elles éteindront le charbon ardent et étoufferont le feu. Si vous nommez cet homme évêque, ce sera une catastrophe. Il ne convient pas pour ce poste. N'importe qui d'autre, Votre Béatitude, mais pas celui-là.

Pour finir, j'avertissais le patriarche : Ce prêtre a prouvé pendant vingt ans que l'argent qu'il reçoit du peuple dans ce diocèse ne semble pas être dépensé dans le diocèse.

Mon honnêteté trop directe et ma confiance implicite se révélèrent des fautes lourdes de conséquences. Quelques semaines après que le nouvel évêque ne commence son travail, j'appris que le patriarche lui avait donné ma lettre. Je me sentis trahi et très vulnérable. Un évêque dans l'Église melkite n'a à répondre de ses actes que devant le patriarche et devant Dieu. Il détient le contrôle absolu des prêtres et des paroisses de son diocèse, y compris du salaire des prêtres et de leurs mutations d'une paroisse à une autre. Un évêque est nommé à vie quelle que soit la durée de celle-ci. Somme toute, c'est une chose très grave pour un prêtre que d'être en mauvais termes avec son évêque. Après avoir passé beaucoup de temps dans la prière, je décidai d'aller rencontrer l'évêque et de faire face ouvertement à cette mauvaise situation.

« Monseigneur, je crois que vous savez que j'ai été consulté et que je n'étais pas favorable à votre nomination, dis-je. Je sais que vous possédez une lettre confidentielle que j'ai écrite au patriarche sur cette question. »

L'évêque inclina légèrement la tête en signe d'assentiment. Il était tout rond, avec un visage tout rond et tout gras, le cheveu clairsemé. Ses yeux délavés m'observaient avec soin.

« En dépit des choses que j'ai écrites, Monseigneur, je suis venu pour vous dire que je suis prêt à faire tout mon possible pour vous aider. Je suis prêt à vous donner tout ce que Dieu m'a donné afin que vous puissiez réussir dans votre tâche et dans l'exercice de vos prérogatives d'évêque de toute la Galilée, pourvu que vous œuvriez vraiment pour le diocèse. »

J'ai fait ce que je devais faire, me dis-je en quittant l'évêque. Le problème avait été maintenant posé, et j'avais pu formuler mon unique condition : « Pourvu que vous œuvriez vraiment pour le diocèse. » J'avais l'intention d'observer très soigneusement notre nouvel évêque. En attendant, j'avais promis à Dieu d'être un prêtre obéissant, soumis à l'autorité de l'évêque.

★

Quelle belle journée ! En ce vendredi soir de la fin de juin 1975, j'étais fatigué mais très heureux. Avec un car de voyageurs d'Ibillin, j'avais visité le mont Hermon et trouvé un peu de neige à jeter à tout le monde. Certains d'entre eux n'avaient jamais vu ou touché de la neige auparavant.

Nous avons mangé notre pique-nique de midi à Tel Dan, une zone luxuriante et verdoyante aux sources du Jourdain. Après notre marche jusqu'à l'endroit où une source jaillit du sol, je parlai du Seigneur Jésus comme étant l'eau vive et de notre immersion baptismale dans cette eau. Puis, avec mon bâton de marche, je me mis à les arroser tous, et ils oublièrent leurs problèmes. Ils oublièrent même l'âge qu'ils avaient et redevinrent très jeunes, se poussant les uns les autres dans l'eau, riant et jouant comme des enfants.

Depuis 1967, j'avais ainsi conduit des centaines de bus de chrétiens, de musulmans et de druzes vers le mont Hermon, Tel Dan, la mer de Galilée, le mont Tabor et même pour aller visiter mon village détruit de Biram. Parfois, lorsque nous nous arrêtions pour manger, les quarante ou cinquante personnes formaient un cercle et exécutaient des danses arabes en chantant. Et l'on insistait pour qu'Abuna danse avec eux, et moi, je tirais aussi les religieuses dans le cercle ! Les langues allaient bon train dans le village à notre retour : « Abuna a dansé avec nous ! Les religieuses ont dansé aussi ! C'était sensationnel ! »

Lorsque nous revenions à Ibillin dans la soirée, chacun étant si fatigué et en même temps si heureux, je leur racontais une histoire par le micro du bus. « Comprenez-vous que votre vie est comme un voyage ? C'est à nous qu'il appartient de le faire aussi beau que cette promenade que nous venons d'avoir. Parfois, au cours de cette journée, vous avez eu froid ou vous avez été mouillés, et je sais que vous êtes fatigués maintenant, mais c'était merveilleux parce que nous étions tous ensemble. Rendons notre vie à Ibillin aussi belle que cette promenade. »

Alors que j'étais assis à mon bureau après le dîner, j'entendis les pas de quelqu'un qui entrait dans la grande salle du premier étage. Une figure familière émergea de l'ombre.

« Bonsoir, Abuna.

— Bonsoir, mon cher Surveillant. » Je me levai pour accueillir cet homme qui était encore un génie pour créer des difficultés et des obstacles. Il était extrêmement angoissé.

« De quoi s'agit-il, mon ami ?

— Abuna, mon fils est perdu. Il est quelque part en Italie, je ne sais où. Je ne sais que faire. » Les larmes jaillirent de ses yeux et coulèrent sur son visage.

Soudain, je revis mon père. Il avait versé beaucoup de larmes lorsque Mousa avait été perdu. « Dites-moi ce que vous savez », lui dis-je.

Le fils du Surveillant, âgé de dix-neuf ans, faisait des études de médecine en Italie mais, apparemment, il souffrait d'une dépression nerveuse. Je me rendis en avion en Italie et trouvai le jeune homme dans un hôpital. Il ne voulait pas revenir à la maison, croyant qu'il s'était rendu indigne envers sa famille. Pourtant, en fin de compte, il accepta de revenir et une rencontre sincère, qui amena un renouveau, se produisit. Cet incident marqua un changement dans l'attitude du Surveillant envers moi. Il cessa définitivement de me combattre publiquement, probablement parce qu'il savait que les villageois l'auraient sévèrement critiqué et lui auraient dit : « Ce n'est pas une bien belle récompense pour Abuna, qui a ramené votre fils d'entre les morts. »

★

« Que dis-tu là, Faraj ? Ce n'est pas possible. » J'étais venu en voiture à Rama pour voir mon bon ami et j'étais confronté à des nouvelles terribles.

« Elias, calme-toi. Je l'ai accepté, et tu dois également l'accepter. » Faraj m'adressa l'un de ses merveilleux sourires, mais le fait demeurait : mon condisciple de l'École épiscopale de Haïfa et du séminaire de Paris, mon compagnon de sacerdoce, souffrait de sclérose en plaques.

« Es-tu sûr d'avoir consulté suffisamment de médecins, Faraj ? Peut-être n'as-tu pas eu connaissance d'un nouveau traitement. » Je m'acharnais à trouver quelque espoir, quelque réconfort.

« N'insiste pas, Elias. Je suis allé en Égypte, en Europe, même aux États-Unis. J'ai la sclérose en plaques, et c'est tout. Je me suis senti fatigué pendant longtemps, et, petit à petit, je vais perdre le contrôle de tous mes muscles. Déjà cette jambe est presque paralysée. Je commence à perdre de la force dans cette main également. Ma seule prière, c'est que je puisse continuer mon ministère. »

Je serrai Faraj étroitement contre moi, et nous pleurâmes ensemble. J'aurais voulu rendre toutes choses parfaites pour lui, mais c'était impossible. Puis nous nous mîmes à prier, demandant la guérison, oui, bien sûr, mais aussi spécialement la force de vivre victorieusement quoi qu'il arrive.

14

Des êtres humains,
pas du bétail ni de la vermine

« Zeidan s'est *encore* perdu ? » J'étais incrédule et furieux.
A peine quelques mois auparavant, j'avais ramené le jeune
homme d'Italie après qu'il ait, lui, le fils du Surveillant, échoué
dans ses études de médecine. Loin d'abandonner leur rêve
d'avoir un fils médecin, cependant, les parents de Zeidan
l'avaient envoyé à Clemson University, en Caroline du Sud.
Et voilà qu'au début de l'année 1978, Zeidan avait disparu
une nouvelle fois.

« Nous n'avons eu aucune nouvelle de lui pendant plusieurs
semaines, me dit Abu Zeidan, me regardant à peine.
L'université nous a dit qu'il est parti pour Israël il y a un
mois. Je vous en prie, Abuna, pouvez-vous retrouver Zeidan ? »
Um Zeidan pleurait de façon pitoyable.

Après que la famille eut acheté mon billet d'avion, je fis
le voyage pour les États-Unis et me rendis directement à
Clemson, pour aller parler avec les responsables de l'université
et la police. Nous finîmes par découvrir Zeidan dans un hôpital
d'Atlanta. On me conduisit dans une chambre obscure du
service psychiatrique où Zeidan se trouvait recroquevillé dans
son lit. Trois semaines plus tôt, la police avait amené à l'hôpital
ce garçon non identifié, qui souffrait de troubles mentaux.

« Zeidan, je suis Abuna Elias Chacour. Je suis venu te chercher
pour te conduire à la maison. » Après que j'eus répété ces
paroles plusieurs fois, Zeidan se tourna lentement vers moi.

141

« Non, vous n'êtes pas Abuna Elias Chacour. Abuna est à Ibillin.

— Mais regarde, Zeidan, voici mon passeport : lis-le. » Il le rejeta en arrière.

« Non, il n'y a pas écrit Abuna Elias. Il y a écrit Elias Chacour. Ce n'est pas Abuna. Vous n'êtes pas Abuna. Vous voulez seulement me faire sortir pour me tuer. » Il se retourna, le visage vers le mur.

Je savais que Zeidan aimait une jeune femme d'Ibillin. Je ne cessai de prononcer son nom, en lui disant qu'elle l'attendait. Il répondit au bout d'un long moment et finit par accepter de retourner à la maison, mais il n'avait ni vêtements, ni valises. Il avait tout perdu semblait-il à l'aéroport d'Atlanta lorsque, au lieu de changer d'avion pour aller à New York, il avait laissé ses bagages à l'aéroport et était sorti, se perdant complètement.

Finalement, en dépit de grandes complications, je réussis à ramener Zeidan à ses parents. Lorsque Um Zeidan vit son fils, elle s'évanouit complètement. Il était à peine reconnaissable. Plus tard, Zeidan tenta de se suicider, mettant sa propre famille en danger, en incendiant la maison. Tous survécurent, mais il fit de la vie de ses parents un véritable enfer. Um Zeidan me maudissait d'avoir ramené son fils vivant.

★

« Habib, ces raisins sont destinés aux camps d'été, dis-je. Imaginez-vous cela ? Près de quatre mille jeunes vont goûter les raisins de votre vigne !

— Je vous ai peut-être donné le cep, Abuna, mais c'est le baptême que vous avez administré qui nous vaut cette abondance de fruits chaque année ! » répondit-il.

Je coupais avec Habib les grosses grappes juteuses de raisins pourpres. La vigne non seulement s'était étendue sur l'arbre, mais avait également enlacé toute la maison du presbytère, donnant de l'ombre aux religieuses sous le chaud soleil de la Galilée.

« J'ai appris que vous avez fait une mauvaise expérience dans le camp, hier, Abuna.

— Oooh, Habib ! c'était franchement diabolique, et si terrifiant. »

J'en avais des frissons en me le rappelant. Plus d'un millier d'enfants campaient près d'Ibillin dans le bois d'oliviers près de la route principale, avec leurs moniteurs, leurs tentes, la nourriture, et la bibliothèque provisoire. C'était l'un des quatre emplacements des camps d'été, en août 1978. Une trentaine de soldats israéliens arrivèrent à midi et demandèrent à inspecter le site du camp. Ils trouvèrent des enfants en train de jouer et de lire. Puis les soldats prirent position tout autour du bois, nous observant. Les enfants restèrent dans leurs tentes.

Quand les soldats se retirèrent, les enfants coururent pour aller retrouver leurs amis et les moniteurs, et explorant une nouvelle fois l'oliveraie. Bientôt, j'entendis des cris de découverte. « Regardez ce que nous avons trouvé ! »

Aussitôt, nous avons accouru vers l'endroit où deux enfants avaient trouvé l'étrange chose. « Qu'est-ce que c'est, Abuna ? Ça n'y était pas avant ! » D'autres cris indiquaient que d'autres objets semblables avaient été découverts.

J'eus alors une grande frayeur. *Mon Dieu ! Des bombes !*

« Éloignez-vous ! Tenez-vous à l'écart », criai-je. Les moniteurs conduisirent rapidement les enfants à la lisière de l'oliveraie. Je courus d'un endroit à l'autre, contrôlant les étranges petites boîtes. Il n'y en avait pas à cet endroit avant la venue des soldats, je le savais pertinemment. Les soldats auraient-ils donc pu disséminer des bombes dans un camp d'enfants ? C'était une chose horrible à imaginer, mais cependant, les objets étranges étaient en place, et moi, j'avais la responsabilité d'un millier d'enfants. Je me hâtai vers la plus proche station d'essence et j'appelai la police.

« Venez vite ! Des actions terroristes sont en train de se dérouler ici ! » Ils pensaient trouver des terroristes palestiniens. Je leur parlai de la présence des soldats israéliens en leur montrant ces objets. La police les ôta soigneusement, et s'en alla, nous laissant devant nos nombreuses interrogations.

« Habib, je me sens défaillir et j'ai la nausée quand je pense au nombre d'enfants qui pouvaient être tués, dis-je. Mais quels sont les esprits déments qui peuvent concevoir l'idée de mettre des bombes dans un camp d'enfants ? Même si ce n'étaient pas des bombes, nous pouvions évidemment penser que c'en était. Cela est criminel! Et absolument inhumain!

— C'est encore une autre façon de nous inciter à quitter cette terre, Abuna. Ils nous disent : ''Vous êtes ici indésirables, et nous ferons tout ce qui est en notre pouvoir pour vous chasser.''

— Pourquoi les juifs ne peuvent-ils comprendre que nous aimons cette terre, et que nous en sommes pétris? Nous ne sommes pas du bétail ou des insectes pour être chassés, mais des êtres humains qui veulent rester dans leur pays bien-aimé. Si les juifs veulent être ici, eux aussi, parfait, mais ne pouvons-nous vivre ensemble en égaux? »

Habib secoua la tête. Il n'y avait pas de réponse. Nous nous assîmes ensemble pour manger des raisins.

« Je suis allé à Jish pour aider les habitants à agrandir et transformer leur centre communautaire en une école secondaire, dis-je finalement. Peut-être que nous à Ibillin, nous devrions aussi faire des plans pour construire une école secondaire. Elle aiderait nos enfants et le village, mais peut-être qu'elle pourrait aussi desservir beaucoup d'autres villages de Galilée. Qu'en pensez-vous? » C'était la première fois que j'avais fait mention de mon idée à quelqu'un.

Des expressions d'intérêt, de doute, de curiosité et enfin d'enthousiasme se succédèrent avec évidence sur le visage de Habib. « Bien bien! Quelle intéressante perspective! »

★

« Enfants de Biram, criai-je, êtes-vous prêts à procurer la vie et la paix à votre village?

— Nous sommes prêts! Allons-y! » C'était le cri de joie de trois cent cinquante jeunes gens, chacun portant un plant d'olivier, une bouteille d'eau et un repas, lorsque nous partîmes sur la route de Jish à Biram.

C'était le 17 février 1979. Le Comité de Biram profitait de l'occasion de la fête du Jour de l'Arbre, une cérémonie annuelle en Israël, pour rappeler aux Israéliens et à la Communauté mondiale notre désir de retourner à Biram et les décisions de la cour de justice affirmant nos droits. Des jeunes gens des familles de Biram et des Juifs israéliens qui soutenaient notre cause avaient été invités à se joindre à notre défilé, et à apporter un plant d'olivier pour le planter dans le village détruit. Le Comité avait aussi invité à se joindre à nous le Premier ministre israélien, les membres de la Knesset, la police israélienne et la police de la douane, ainsi que la presse nationale et internationale.

Aucun de nos invités ne vint, pas même les journalistes. *Qu'importe, pensais-je. Nous profiterons d'une merveilleuse promenade au soleil de Galilée, nous planterons ces précieux arbres à Biram, et nous laisserons jouer les petits.*

En marchant, je bavardais et je chantais avec les enfants. Marcher avec eux dans les montagnes de Galilée ramenait à ma mémoire quantité de souvenirs. Soudain, je redevenais enfant, je courais avec mes amis dans et autour du village, en inventant nos propres jeux.

Au printemps, tandis que le sol était encore humide et meuble, nous appointions de petites baguettes que nous lancions sur une cible. Les gagnants collectaient toutes les baguettes qu'ils faisaient tomber. Parfois, j'avais des centaines de ces baguettes, et je les rapportais à la maison. Maman s'en servait pour allumer le feu pour sa cuisine.

Nous attrapions des oiseaux en mettant de la glue verte sur de grands bâtons que nous placions dans les arbres. Nous arrivions à prendre jusqu'à cent ou deux cents oiseaux en un jour, et chaque enfant en ramenait quelques-uns à la maison pour les manger. Ils étaient délicieux, spécialement en août, pendant la saison des figues. Les oiseaux mangeaient des figues jusqu'à devenir gras à souhait pour le dîner.

Parfois nous descendions dans la vallée et nous allions pêcher dans le ruisseau. Dans l'eau retenue par de gros rochers, qui formaient des mares, nous pouvions attraper le poisson à la main. Nous placions les petits poissons dans de l'eau, et nous les apportions à la maison pour les jeter dans les citernes afin de les faire grossir. Ils mangeaient les insectes et devenaient vite gros. Nous ne tardions pas à faire un délicieux festin de poissons.

J'aimais particulièrement les compétitions de poésie où il s'agissait d'être celui qui savait réciter le plus de poèmes. Parfois, c'était Atallah qui commençait en récitant un poème dont la dernière lettre était un *r*, et après, c'était Daoud qui devait réciter un poème débutant avec un *r*. Son poème finissait par exemple avec un *m*, et c'était alors moi qui devais dire un poème commençant avec un *m*, et ainsi de suite pendant des heures. Nous devions connaître des centaines et même des milliers de poèmes pour trouver celui qui convenait au bon moment.

« Abuna, c'est dans combien de temps que nous retournerons à Biram ? me demandait Leila, en me tirant par la manche.

— Bientôt », lui disais-je. Nous chantions de nouveau, mais cette fois, c'était la glorieuse liturgie de Pâques. La parade des oliviers, qui avait sa propre musique d'accompagnement, s'insinuait au travers des vertes collines.

Enfin, après un virage, je vis une foule de gens qui nous attendaient, la plupart armés de fusils. Des rouleaux de fils de fer barbelés nous fermaient le passage. Je levai la main, arrêtant le défilé. Me tournant vers les enfants étonnés, je leur dis de ne pas bouger d'un pas.

Je m'avançai vers les barbelés et les nombreux soldats israéliens et les policiers qui s'étaient rassemblés de part et d'autre du barrage. Tandis que je m'approchais de l'officier responsable, des journalistes et des gens qui portaient des caméras de télévision, se bousculèrent pour prendre position. *Mon Dieu, pensais-je, j'espère qu'ils vont prendre beaucoup d'images des soldats avec leurs mitraillettes face à la menace des enfants, des plants d'olivier, et d'un dangereux prêtre.*

« Qu'est-ce qui ne va pas, Monsieur ? demandai-je. Je veux aller à Biram avec mon groupe d'enfants.

— Non, c'est impossible. »

L'officier se tenait carrément en travers de ma route.

« Et pourquoi pas ? Nous sommes inoffensifs. Nous portons seulement des plants d'oliviers.

— Nous avons l'ordre de vous interdire l'accès à Biram. Vous devez vous en retourner.

— Non, Monsieur. Nous voulons planter des oliviers, symboles de la paix. »

C'était le face à face entre l'officier et moi, et nous nous tenions pied contre pied, échangeant des paroles, tandis que

146

les autres soldats et les photographes nous entouraient. *Oh mon Dieu, gardez les enfants en arrière. Ils seront en sécurité s'ils restent bien là où je les ai laissés.*

« Vous ne pouvez pas passer, dit le soldat. C'est ainsi. Retournez, et il ne sera fait de mal à personne.

— Mais il ne sera fait de mal à personne si vous nous permettez de planter des plants d'olivier sur les propriétés de nos pères et de nos ancêtres. Certainement, ce n'est pas trop demander, spécialement lors de la cérémonie du Jour de l'Arbre.

— Nous avons reçu des ordres d'en haut. Il vous est interdit de pénétrer dans le village de Biram. »

Je jetai un coup d'œil derrière moi. Les enfants étaient très obéissants, restant bien en place. Ils souriaient, levant leurs plants d'olivier afin que chacun puisse les voir. Je commençai à m'adresser, en hébreu, au groupe d'hommes rassemblés près des barbelés. Tous les Palestiniens arabes en Israël comprennent l'hébreu, mais la plupart des Juifs ne comprennent pas l'arabe.

« Vos ordres d'en haut, viennent de bien bas parce qu'ils n'ont aucune valeur morale. Mes chers amis, nous vous aimons, et nous regrettons que vous teniez ces mitraillettes faites pour menacer, blesser et tuer. Lorsque vous faites face à des plants d'olivier avec des mitraillettes, vous montrez que vous n'avez aucun espoir dans la vie. Vous êtes effrayés et vous effrayez les autres. Regardez ces enfants palestiniens qui portent chacun un plant d'olivier, l'arbre de la paix qui promet de durer pendant des siècles ! Les enfants sont détendus, tandis que vous, vous êtes crispés sur vos mitraillettes. Nous ne renoncerons jamais à notre action, mais jamais nous ne porterons des mitraillettes pour planter des oliviers et obtenir le respect de nos droits humains à retourner chez nous librement. »

Tandis que les caméras continuaient à tourner, je revins vers les jeunes. « Enfants de Biram, nous nous en retournons. Nous planterons plus tard nos oliviers. » Je me mis à chanter notre hymne liturgique oriental, qui nous appelle au pardon et à la réconciliation.

Bientôt, tous les enfants se mirent à chanter également et sans jeter un seul regard derrière nous, nous sommes retournés à Jish, à travers les fleurs sauvages et les amandiers. Ce soir-là, la télévision israélienne retransmit la totalité de mon discours aux soldats. Un bref article parut dans le journal[1].

Le lendemain, nous conduisîmes une centaine d'enfants à Jérusalem avec tous les plants d'olivier. Nous rendant directement au siège du gouvernement, nous demandâmes qu'il nous soit attribué un endroit officiel pour y planter nos plants d'olivier, mais on nous le refusa.

S'attendant à cette réaction, le Comité de Biram avait préparé de petits cartons portant un cachet et une adresse. Nous plaçâmes chaque plant dans un carton et nous nous rendîmes à la poste principale de Jérusalem-Ouest afin d'envoyer les plants d'olivier au Premier ministre, Menahem Begin, aux membres de la Knesset, et d'autres responsables israéliens.

Personne ne parla jamais de nos plants, de notre défilé ou de notre marche sur Jérusalem. C'était comme si nous n'avions rien fait du tout.

★

Le fait d'aider à construire l'école de Jish me donna l'occasion de visiter fréquemment mes parents. Ma mère était âgée de soixante-dix-sept ans, mon père de quatre-vingts, toujours vivant dans la même pièce. Nous avons mangé, prié et causé ensemble.

Peu de temps avant que l'École secondaire Chrysostome ne fut achevée, un incident se produisit, dû apparemment à un sabotage. L'une des plus tristes conséquences des systèmes de pouvoir et d'oppression, c'est qu'ils engendrent des collaborateurs et des traîtres. Malheureusement, certains Palestiniens se laissèrent soudoyer pour collaborer avec des Juifs israéliens et leur donner des renseignements sur leurs camarades palestiniens ou pour commettre certains actes de sabotage sur des projets d'immeubles jugés indésirables. Parfois, spécialement sur la côte Ouest et la Bande de Gaza, ces collaborateurs sont des gens qui ont été en prison et sont passés par un lavage de cerveau, et/ou ont été contraints par la menace à trahir leur propre peuple.

---

1. « Tree Planting Stopped in Bir'im » (« Une plantation d'arbres interdite à Biram »), *Jerusalem Post*, 18 février 1979.

Je travaillais avec huit ouvriers volontaires allemands à enlever un lourd échafaudage de bois et de métal qui entourait une construction de béton.

« Attention, Abuna ! vous êtes en danger ! » me cria un garçon allemand.

Pendant qu'il criait, tout s'écroula autour de moi, et je fus frappé à la tête par l'échafaudage. Je ressentis une intense douleur pendant que des éclairs blancs traversaient mon cerveau. Je tombai sur le sol, presque inconscient, mais en apercevant d'énormes clous dans la poutrelle qui m'était tombée dessus je me dis : *O mon Dieu, aurais-je reçu un clou dans la tête ?*

J'entendis le garçon allemand dire en se penchant sur moi : « Pauvre Abuna ! Pour vous, c'est fini ! »

Même dans mon étourdissement, j'étais contrarié de voir qu'il n'allait pas chercher de l'aide mais se contentait de me déclarer mort. « Je ne suis pas encore mort, grommelais-je, en essayant de bouger. Apporte-moi de la glace. »

D'autres ouvriers m'aidèrent à sortir du bâtiment, tout en m'assurant que je n'avais aucun clou dans la tête. D'une maison voisine, le garçon m'apporta ce qu'il pensait être de la glace, mais en réalité, c'était le fond d'une bouteille brisée. Lorsqu'on le plaça sur ma tête blessée, je ressentis des douleurs intolérables. Le médecin dut me faire plusieurs points de suture pour refermer les deux plaies.

Après enquête, l'équipe de construction découvrit que l'échafaudage avait été volontairement desserré de façon à s'effondrer dès qu'on y toucherait. Les villageois racontèrent comment ils avaient découvert et pourchassé un individu non identifié dans l'école en construction, la veille au soir. L'homme s'était échappé en jeep. Par la suite, nous avons monté la garde autour du chantier, en inspectant soigneusement la construction.

★

Je chantai : « Sagesse. Soyons attentifs. » Mukhless, le lecteur laïc, psalmodiait la lecture sacrée dans la nef centrale, pendant que je me tenais derrière lui dans la porte centrale de l'iconostase. On n'utilise aucun instrument dans les églises byzantines. Nous chantons et psalmodions a cappella. Lorsque Mukhless eut fini, je chantai : « Paix à toi, lecteur. »

Ce dimanche est étrange, pensai-je, en me retournant face à l'autel. *Je suis sûr de sentir une odeur de fumée de cigarette. Mais qui donc fume pendant la liturgie ? Abu Zidan est là avec sa famille, même le pauvre fils handicapé. Tout le monde semble agité, nerveux.*

Le moment était venu de lire un texte de l'Évangile. Prenant le magnifique volume des Évangiles, je chantai la prière préparatoire et m'avançai par l'arche centrale pour sortir du chœur. Les enfants de chœur me précédaient avec des cierges et l'encensoir. Arrivé dans l'allée centrale, je priai une nouvelle fois, face à l'autel, élevant le livre sacré jusqu'à mon front en signe de révérence.

« Sauve-nous, Fils de Dieu, nous qui chantons Alléluiah... »

Il y avait quelque chose qui n'allait pas bien dans l'assemblée derrière moi. J'entendais des murmures et des chuchotements, le bruit des bancs frottant sur le sol. Peut-être quelqu'un était-il malade ? *Je n'interromprai pas la liturgie, pensai-je. Mes paroissiens n'ont qu'à prendre en charge la situation, quelle qu'elle soit.*

« ... afin que nous puissions comprendre l'annonce de votre Bonne Nouvelle... »

Soudain, je perçus une agitation très intense sur ma gauche, suivie d'un cri étouffé et d'un bruit mat, mais je me forçai à concentrer mon attention sur les prières évangéliques.

Plus tard, j'appris que Zeidan avait été jeté hors de l'église par plusieurs hommes après avoir tenté de me frapper avec un couteau de boucher. L'oncle de Zeidan avait saisi sa main alors qu'il brandissait le couteau tout près de mon dos.

15

Le mont de l'Ogre

Tout d'abord je ne considérais l'attaque de Zeidan que comme un accident, de même que l'écroulement de l'écha-faudage ou l'enlèvement. A Jish ou à Beyrouth, je n'avais pas été visé personnellement moi, Elias Chacour. Lorsque Zeidan m'attaquait avec un couteau dans ma propre église d'Ibillin, il tentait de me blesser, *moi*, et personne d'autre. Dans un moment de lucidité, Zeidan tenta d'expliquer son action.

« Abuna, je ne voulais pas vous tuer complètement. Je voulais seulement vous mutiler, vous blesser, vous lacérer partout afin que vous sentiez combien j'ai souffert. Je voulais que vous priiez Dieu et lui disiez que j'avais assez souffert. »

Comme je suis insignifiant et fragile, pensai-je. *Comme je pourrais perdre facilement la vie, emporté comme un chiffon de papier dans le vent, et cela pourrait se produire d'une façon si rapide, si absurde. Dieu sait que je suis prêt à mourir, mais j'aime vivre, j'aime cette magnifique terre et le peuple de Dieu, et je veux en faire partie aussi longtemps que possible. Je veux accomplir les tâches que Dieu m'a confiées. Ne suis-je pas « ambassadeur de Dieu » sur terre ?*

Mes craintes n'avaient rien de déraisonnable. Je recevais de plus en plus de menaces formelles contre mon bien-être et ma vie. Ces menaces augmentaient de façon directement propor-tionnelle à l'efficacité de mon travail en Galilée et à l'étendue de mon audience au sujet de mes déclarations publiques sur la situation palestinienne.

La première menace vint en 1974, sous la forme d'un coup de téléphone étrange et fou. Plusieurs autres appels suivirent, accompagnés de lettres, m'enjoignant de ne pas parler de certains sujets et décrivant les choses terribles qui m'arriveraient si je le faisais. Quoique ces menaces fussent terribles, je prenais en pitié les pauvres gens qui ressentaient le besoin de les écrire. Ma propre force augmentait à mesure que je me sentais contraint de vivre dans l'insécurité.

Lorsque je commençai pour la première fois à voyager à l'étranger et à parler publiquement au début des années 70, je fus terrorisé lorsque je dus rentrer en Israël, car je savais que j'aurais à affronter une inspection et un interrogatoire serrés de la part des Israéliens, comme tous les Palestiniens lorsqu'ils tentent soit de quitter Israël, soit d'y entrer. Me jetterait-on en prison cette fois ? J'avais toujours la terrible impression que ces gens ne me considéraient pas comme un être humain.

Plus tard, lorsque je parlai avec même plus de force et rencontrai tant de gens dans le monde, je dépassai complètement mes craintes. Je commençais à comprendre qu'il n'est pas important de vivre longtemps. Ce qui *est* véritablement important, c'est la qualité de la vie. Que peut-on faire contre moi ? On ne peut que me tuer. Et alors ? Mes assassins deviendront des meurtriers et des criminels, et ils perdront un ami. Je suis prêt à donner ma vie pour ce que je porte en moi.

Je n'ai aucune haine des Juifs. Je les aime tous. Je me prends de pitié pour ceux qui se sont vendus aux armes, à la violence et aux idéologies politiques qui établissent des discriminations, mais quoi que les Juifs puissent me faire ou faire à mon peuple, ce n'est pas une raison pour les haïr. La haine est une corruption. Je ne veux pas me laisser corrompre par la haine. Je ne cesserai de protester contre tout acte mauvais perpétré contre moi-même ou contre mon peuple, mais je n'emploierai pas les mêmes méthodes que les leurs. Et si l'on me haïssait, je me refuserais à rendre haine pour haine.

Imaginez que l'un de vos compagnons transporte sur la tête un seau d'ordures malodorantes. Tantôt devant vous, tantôt derrière, il reste très près de vous. L'odeur est insupportable, et vous êtes fort indisposé par cet homme et ses ordures écœurantes. Finalement, vous ne pouvez plus le supporter, de sorte que vous prenez un autre seau contenant les mêmes ordures malodorantes et que vous le posez sur *votre* tête *à vous*, faisant comme lui. Cela n'aurait pas de sens ! Et cependant, répondre à la haine par la haine, à la violence par la violence, c'est agir de même !

Si vous êtes courageux, vous dites : « Bien, il sent mauvais. J'irai vers lui, je prendrai ce seau sur sa tête et je le jeterai au loin. Je me salirai les mains, mais je nettoierai mon prochain, et je me libérerai moi-même. » Agir ainsi, c'est répondre à la haine et à la violence par l'amour créatif qui recherche la dignité, le respect et l'égalité de tous.

La réponse à la haine et à la violence est une initiative sincère et personnelle, qui n'a rien à voir avec la réaction à la violence. Respecter les droits humains et protéger la vie humaine, ne devrait jamais constituer une réaction à la violence, mais devrait découler de notre amour *pour* les êtres humains, *pour* la vie.

Tel est le message de l'Homme de Galilée. Jésus-Christ nous apprend aujourd'hui, comme il l'a déjà fait il y a deux mille ans dans ce lieu même, que nous ne devons pas aimer les hommes par charité et au nom de Jésus, comme si les autres étaient un instrument, un tunnel pour atteindre le but. C'est plutôt l'autre — le Juif, le Palestinien, l'Américain, le musulman, le chrétien — qui doit être aimé parce qu'il est une personne aimable tel qu'il est. Nous devons aimer comme Dieu aime. L'amour de Dieu *est* inconditionnel et sacrificiel. Dieu est amour.

Tout cela, je l'ai appris de mon père, qui m'a enseigné à m'aimer moi-même et à aimer les autres. Aimer les autres, briser le cercle de la haine et de la violence, ne signifie pas passivité ou inaction. Au contraire, cet amour est créatif, plein de ressources, d'énergie, de dynamisme. Cet amour cherche les moyens de rétablir et préserver la valeur des êtres humains, leur dignité, et leur joie.

★

Vers la fin de l'année 1978, au moment de la fête juive de Sukkot, le Comité de Biram amena 150 jeunes gens et adultes au premier camp de travail de Biram. Les objectifs pratiques de la semaine étaient de bétonner dans le cimetière et de commencer à réparer et à rénover l'église et l'école. C'était simplement le premier pas vers la restauration de ces deux bâtiments en ruines qui représentaient le cœur du village.

J'arrivai à Biram de bonne heure le premier jour du camp de travail. Lentement, je marchais à travers les ruines, reconnaissant la maison de mon oncle, la boutique d'un cousin, et quelques-uns des oliviers de mon père. Ma douleur fut particulièrement grande lorsque je me trouvai devant ma maison. Le toit était tombé, les murs crevés, mais c'était encore ma maison. Je pouvais presque entendre la voix de Maman qui nous invitait à lui apporter du bois pour le feu, ou celle d'Attalah qui me taquinait parce que je mangeais trop de figues. Aujourd'hui cependant, nous n'avions pas besoin d'intérioriser notre peine ou notre regret, ou de les exprimer par des manifestations. Aujourd'hui, nous pouvions réellement *faire* quelque chose pour commencer à reconstruire Biram.

Le Comité m'avait invité à prononcer le discours inaugural de ce premier camp de travail. Je promenai mes regards sur le groupe de travailleurs volontaires rassemblés dans le cimetière poussiéreux. Un petit contingent de soldats israéliens nous encadrait à distance. Ils suivaient apparemment les ordres reçus qui étaient simplement d'écouter et d'observer. Il y avait à peine quelques mois, ils nous auraient interdit d'entrer dans Biram, même simplement pour planter des oliviers.

Après avoir félicité les volontaires pour leur courage et leur consécration, je devins très enthousiaste et demandai à mon auditoire de répéter avec moi certaines promesses : « Je jure au nom de Dieu et devant les ruines de Biram de ne jamais oublier que ceci est notre village. Je jure de relever ces ruines et de les ramener de la mort à la vie. Je jure de ne jamais au grand jamais utiliser des méthodes malsaines de violence et de vengeance pour rétablir nos droits. Je jure de tout faire pour convaincre ceux qui nous ont privés de nos foyers qu'ils ne peuvent jouir de la paix et de la sécurité tant que nous ne serons pas rentrés chez nous. Je jure que si l'on ne nous permet pas de revenir en vie, nous reviendrons morts, mais que *nous reviendrons* à Biram. Je jure que nous demeurerons unis dans la défense de notre cause et que nous n'abandonnerons jamais Biram. » Nous répétâmes les promesses une par une, levant la main en signe de serment.

Comme je terminais mon discours, nous entendîmes le ronflement d'un camion qui entrait dans le village. Le béton prêt à l'emploi commandé par le Comité était arrivé. Nous nous tenions en silence en regardant le camion qui s'approchait du cimetière. C'était un miracle en mouvement. C'était le premier chargement de béton qui entrait dans Biram depuis trente et un ans.

Puis, ce fut une grande explosion de joie et d'enthousiasme. Femmes et hommes pleuraient, criaient, riaient, chantaient : c'était une résurrection ! « Ça y est ! nous reconstruisons ! criaient-ils. Les soldats ont détruit notre village, mais nous le relevons ! » Nos femmes se mirent à ululer et à improviser des chants sur l'action merveilleuse de Dieu dont nous étions témoins.

Très rapidement, le béton fut disposé dans le cimetière, couvrant une zone qui avait été si boueuse et poussiéreuse. Pendant le reste de la semaine, les volontaires travaillèrent dans l'école et l'église, qui nous étaient si précieuses. Je ne pense pas que la synagogue fréquentée par Jésus lorsqu'il était enfant à Nazareth ait pu être guère plus belle que notre église de Biram. Dans cette synagogue, Jésus apprit qu'il avait été oint de Dieu pour prêcher une année de libération des captifs. Et c'était bien ce que nous entendions prêcher à la population de Biram, à tout le peuple palestinien. Sans cette année, cette ère nouvelle de la libération des Palestiniens, je ne vois pas comment nous pouvons nous attendre à une quelconque libération pour les Juifs en Israël. L'une est directement liée à l'autre de façon vitale. Ou bien les Juifs et les Palestiniens formeront deux populations libres, ou bien — Dieu nous en préserve ! — chacun des deux peuples se détruira lui-même avec l'autre.

A la fin du camp de travail, je me réjouis avec les volontaires, inspectant la belle reconstruction qui avait été réalisée. C'était la merveilleuse commémoration du fait que, si nous voulons construire, nous le pouvons, mais que nous devons résister au mal sans user de méthodes mauvaises. Quand les autres détruisent, nous construisons. Quand les autres maudissent, nous bénissons. Quand les autres torturent et que nous avons la possibilité de torturer pour nous venger, nous pardonnons. Cependant, tant que nos oppresseurs placent leurs bottes sur nos lèvres, nous ne pouvons pas même articuler les paroles de pardon. Nous devons nous efforcer de nous redresser et de faire quelque chose afin de sentir que nous existons comme des être humains capables de choix. Je choisis le pardon et l'amour créatif.

★

« Au revoir, Père Chacour ! Merci pour tout ! »

Je me tenais à l'extérieur du presbytère, faisant des signes d'adieu à un groupe d'Allemands qui remontaient dans leur car. De nombreux groupes, petits ou grands, venaient à Ibillin vers la fin des années 1970, à la suite de mes discours et de mes enseignements internationaux.

Un groupe de quarante responsables juifs américains était venu me rendre visite et voir l'église melkite d'Ibillin en 1976. Ils étaient curieux de rencontrer ce prêtre palestinien qui déclare volontiers : « Israël existe », mais qui insiste également sur le fait que les Palestiniens existent eux aussi, et doivent posséder leur propre pays si des droits équivalents ne peuvent être donnés en Israël. A la fin de la messe, ils me présentèrent deux médailles d'argent du centenaire des États-Unis, chacune représentant la Cloche de la Liberté.

« Voyez-vous, mes chers amis juifs, dis-je devant toute ma congrégation et nos invités venus des villages voisins, vous m'avez donné les cloches de l'indépendance et de la liberté. Je vous promets que je ne cesserai jamais de sonner ces cloches et de les faire retentir jusqu'à ce que la justice soit réalisée en Israël. Finalement, je les ferai retentir à Biram, le village détruit de ma famille. Quand nous serons à même de reconstruire Biram et d'y retourner, ces cloches pourront annoncer la paix et le repos. »

Tandis que le car de touristes allemands descendait en cahotant la colline d'Ibillin pour rejoindre la route principale, je retournai au presbytère et retrouvai mon bâton de marche.

J'avais besoin de me trouver seul avec mon Ami, pour prier, penser, réfléchir.

Je me dirigeai vers le flanc sud de la colline d'Ibillin, et, traversant la vallée, je me mis à monter dans le Jabal el Ghoul, c'est-à-dire la montagne de l'Ogre. Cette montagne, abrupte et rocheuse, est généralement évitée par les villageois, en partie à cause du mythe de l'ogre qui était censé vivre ici. Pour moi, elle était silencieuse et paisible. Je montai presque au sommet avant de m'arrêter pour me reposer.

La vue sur Ibillin, la mer Méditerranée, Haïfa et Akko était merveilleuse, et je m'installai sur un rocher pour goûter cette divine beauté galiléenne. Je le savais : le Seigneur, mon Ami, mon Champion était avec moi sur cette colline rocheuse.

Il y avait longtemps, j'avais appris que, parce que j'aime Dieu, le Christ est visible pour moi. Je n'ai qu'à fermer les yeux pour le voir à l'intérieur de moi-même. Je puis voir le Christ dans les événements qui se déroulent autour de moi. Je le vois dans les visages de ceux que je rencontre, de ceux avec qui je parle. Pour moi, le Christ n'est pas une idée, une philosophie, une théologie ou un système de pensée. Le Christ n'est même pas une Église. Jésus-Christ est une personne vivante, le Dieu vivant et aimant. Il est mon compatriote de Galilée. Ce n'est que par l'Église que je puis trouver Jésus-Christ, mais, je le crains, l'institution de l'Église deviendrait parfois un réel obstacle à la foi personnelle en Dieu.

Je me mis à prier le Seigneur avec ferveur. *Seigneur ! J'éprouve une grande souffrance. Il s'agit de l'évêque. Seigneur de bonté, mon Dieu, je fais tout ce que je peux pour lui être agréable, mais rien n'est bien, je n'en fais jamais assez. Il semble déterminé à me haïr, à me mépriser, spécialement devant les autres. Seigneur, comment aimer cet homme et rester cependant fidèle à ce que je crois juste pour notre Église et notre peuple ? Seigneur, j'ai considéré que la création de jardins d'enfants, de centres communautaires, de camps d'été, et d'une école comme bénéfiques pour la population, comme une aide pour que l'évêque puisse accomplir sa mission. Mais pour lui mon travail rivalise avec le sien au lieu de le compléter. Il le perçoit comme un défi jeté à son autorité. Je ne l'ai pas voulu, Seigneur, et je l'ai dit à l'évêque, mais il demeure sourd à mes paroles.*

Combien de fois ai-je invité l'évêque à visiter des camps d'été, ou les chantiers des nouvelles constructions? Lorsqu'il est venu effectivement visiter nos camps d'été, plusieurs milliers de jeunes l'ont reçu royalement, mais il a perçu cela comme une insulte : « S'il me reçoit si bien, c'est pour me montrer qu'il est puissant », fut la réponse de l'évêque.

J'ai fini par comprendre que la seule chose qui puisse le satisfaire, ce serait ma disparition. Serait-ce l'aimer que de disparaître, Seigneur? Ou bien, au contraire, dois-je pour l'aimer rester ici et lutter avec lui?

Aidé de mon bâton de marche, je me mis à explorer la montagne, sondant les fourrés et les rochers. Quelques oiseaux s'envolèrent de leur cachette. *Voilà comment je me sens parfois me cachant, ne faisant rien d'autre que de dispenser les sacrements. Mais aimer les gens implique que je dois agir conformément à ce que je crois, à ce que je ressens comme un devoir, en dépit des luttes ainsi engendrées. Voici, Seigneur, je porte en moi un autre rêve : une école secondaire ici, à Ibillin. Ce projet doit-il rester à l'état de rêve? Je me sens plein du désir de le réaliser et de l'énergie nécessaire pour aller de l'avant, pour impliquer tous les habitants du village dans cette réalisation, et construire ainsi un endroit où nos jeunes pourront recevoir une éducation.*

Les lumières commençaient à s'allumer dans le village tandis que je redescendais du mont de l'Ogre. Le crépuscule s'installait autour de moi. Parvenu environ aux deux tiers de la descente, je m'arrêtai pour regarder autour de moi. C'était ici que l'église melkite possédait environ cinq mille mètres carrés de terrain, donnés il y avait bien longtemps par une famille. En fait, des actes légaux et la tradition du village montraient que ce terrain du Jabal el Ghoul avait été un bien de l'Église depuis trois siècles. Il était abrupt et accidenté comme le reste de la colline. Les chèvres et les moutons escaladaient cet endroit pour venir y chercher de la nourriture. D'anciens oliviers poussaient juste au-dessus du terrain de l'église.

Je me demandais si la famille qui possédait le terrain situé à l'est de cette propriété envisagerait de le vendre à l'église. S'ils acceptaient de nous le vendre, nous aurions plus d'une dizaine de milliers de mètres carrés disponibles sur la montagne, et nous pourrions réaliser quelque chose de magnifique avec ce supplément de terre.

★

Moins de vingt minutes plus tard, je montais vers le sommet de la colline d'Ibillin, et je passais devant le Centre social Miriam Bawardy. Les villageois pensaient que ce terrain particulier avait été réservé pour y construire un bâtiment dédié à la sainte d'Ibillin. Beaucoup de personnes avaient tenté de l'acheter, mais la vente n'avait jamais abouti jusqu'au jour où je l'avais acheté pour l'église. Une histoire populaire du village racontait que le conseil municipal local avait eu besoin de grosses pierres pour faire des routes et avait pensé utiliser les pierres de ce terrain. Le conseil municipal se procura des camions qu'il chargea de ces pierres et de ces rochers. Mais une fois chargés, les camions ne pouvaient se déplacer parce que leurs moteurs ne fonctionnaient plus. Lorsqu'on les déchargea, les moteurs recommencèrent à fonctionner parfaitement. Les villageois pensèrent alors que les pierres ne devaient être déplacées sous aucun prétexte. Ma décision de consacrer le Centre communautaire à Miriam Bawardy avait rendu toutes choses claires pour tous, et personne ne fut surpris de constater que le centre connaissait un grand succès. Lorsque je parlai de la jeune femme d'Ibillin, plusieurs personnes du village se mirent à la considérer comme un être vivant, semblable à eux. Maintenant nous célébrons la mémoire de Miriam Bawardy dans notre communauté comme celle d'une personne qui, à la manière d'une sainte, nous rappelle la présence de Dieu.

Tard dans la soirée, je me tenais à ma fenêtre, regardant le terrain de Jabal el Ghoul, maintenant complètement enveloppé d'ombre. J'avais décidé que l'école secondaire dont j'avais rêvé pour Ibillin serait construite sur le Jabal el Ghoul. Les histoires du village sur l'Ogre rendraient-elles les gens inquiets à l'idée d'acheter quelque chose à cet endroit ? *Peut-être devrons-nous changer le nom de la colline*, pensai-je, en regardant dans le noir.

A partir de demain, décidai-je, je parlerai du besoin d'une école secondaire à Ibillin. Le moment est venu. Je ne puis laisser le manque d'imagination de l'évêque nous empêcher de créer les conditions de l'avenir des jeunes de ce village et de la Galilée en général. De plus, je n'appellerai plus jamais la colline d'en face le Jabal el Ghoul. Ensemble, nous trouverons un nouveau nom pour la colline, un nom qui réjouira nos cœurs et dira à tous le miracle que Dieu est en train d'accomplir à Ibillin.

16

« Souviens-toi des petits, mon fils ! »

« Votre Altesse, voici le Père Elias Chacour. »

Je m'inclinai légèrement et regardai le charmant sourire de la reine Béatrice des Pays-Bas. Une entrevue privée avait été ménagée par l'organisation internationale Pax Christi à la suite du discours que j'avais fait en 1981 pour la conférence de cette organisation, en Hollande.

« Bienvenue aux Pays-Bas et à La Haye, Père Chacour, dit la reine.

— J'espère que votre Altesse n'est pas effrayée de ma présence, dis-je, tandis que nous causions dans un coin de son bureau, dans le palais royal.

— Non, bien sûr. Pourquoi pourrais-je être effrayée ?

— Je suis Palestinien, mais non pas terroriste. Je vous assure que je ne transporte aucune bombe. En souriant, j'ouvris ma veste pour illustrer mes paroles d'un geste. Je suis plutôt une personne terrorisée, mais je ne sais comment vous en convaincre.

— Pourquoi dites-vous cela ? Le visage de la reine exprimait l'intérêt et la préoccupation.

— Je me trouve dans la même situation que celle de mes frères et sœurs juifs, il y a quarante ans. Ils ne pouvaient convaincre personne de leur pureté. Aujourd'hui, tout le monde veut tuer les Palestiniens. Votre Altesse doit savoir que nous sommes des êtres aimants, dévoués, qui désirent la paix et un avenir pour leurs enfants, exactement comme vous.

— Oui, je le sais, Père Chacour, mais la politique est souvent très sale. Oh, votre situation est absolument impossible, insupportable. Venez vivre chez nous, en Hollande. Nous vous donnerons tout ce dont vous avez besoin.

— Votre Altesse, même si vous me donniez tout La Haye, je ne pourrais l'accepter même contre une seule pierre de la maison en ruines de mon père. Cette maison est mon lien avec mes ancêtres, mon Compatriote Jésus-Christ, avec toute l'histoire des souffrances de mon peuple. D'ailleurs, ce n'est pas le confort qui fait que l'on se sent chez soi. C'est seulement dans son pays que l'on peut se sentir à l'aise.

— Je comprends, dit la reine, mais certainement, j'aimerais faire quelque chose pour vous aider, Père Chacour. Que pourrions-nous faire pour vous ? »

J'assurai à la reine Béatrice que la joie de sa seule présence était déjà un don précieux.

Plus tard dans la semaine, le Premier ministre Van Ijyk m'offrit un magnifique bouquet de trente-trois roses rouges à l'occasion d'une cérémonie officielle. Affirmant que les Palestiniens avaient souffert leur propre holocauste, leur propre chemin de croix, pendant trente-trois ans, il m'offrait ces fleurs comme signe d'une espérance dans la fin prochaine de nos malheurs. Le poème « Plus de pleurs dans mes yeux », écrit par Fadwa Toukan, le célèbre écrivain palestinien de Naplouse, fut lu en mon honneur.

Quelques mois plus tard, je rencontrai Fadwa à Jérusalem-Est, et je lui décrivis la lecture de son poème dans les Pays-Bas. Lorsque je lui demandai si je pourrais me procurer son livre en Israël, elle pleura.

« Non, je ne puis publier mon livre en Israël, dit-elle, il est interdit. »

★

Abu Haddad était un chrétien melkite simple, au cœur pur, qui venait rarement à l'église. « Abuna, je prie à la maison, dans la rue, partout, mais je n'ai pas envie de prier à l'église. N'y faites pas attention, Dieu me comprendra. »

La porte de ce vieil homme donnait directement sur une rue animée d'Ibillin. Chaque jour, Abu Haddad s'asseyait sur son petit tapis, posé sur le sol, tout près de sa porte, les pieds posés sur la rue, prenant beaucoup de plaisir à voir les passants. Lorsqu'il était fatigué, il s'étendait sur son tapis et s'endormait.

Un jour, comme je passais, je vis mon paroissien profondément endormi au bord de la rue. Prenant un peu de sable, je le répandis sur Abu Haddad, son visage, son corps, et je lui parlai d'une voix forte et funèbre.

« Abu Haddad, n'oublie jamais que tu es poussière et que tu retourneras en poussière. »

Le vieillard s'éveilla en sursaut.

« Seigneur, qu'est-ce qui m'arrive ?

— Non, ce n'est pas le Seigneur, Abu Haddad. C'est Abuna Elias. Tu ferais mieux de venir à l'église ! »

L'homme épousseta vivement son sable funéraire, et j'éclatai de rire en continuant mon chemin. Quelle satisfaction de ressusciter quelqu'un !

J'espérais réaliser une résurrection des jeunes d'Ibillin. Les neuf mille habitants d'Ibillin reflétaient les données démographiques des autres villages palestiniens de Galilée : 50 % de jeunes de quatorze ans ou moins, 75 % de moins de vingt-huit ans. A quatorze ou quinze ans, les adolescents achevaient la huitième année d'études de l'éducation primaire dispensée dans les écoles publiques d'Ibillin. Ensuite, comme nous n'avions pas d'école secondaire, les élèves devaient partir à Haïfa, Akko ou Nazareth pour continuer leur instruction. Plus de 75 % d'entre eux abandonnaient les études. Lorsque j'arrivai, en 1965, seulement dix jeunes, dans toute ma communauté melkite, avaient suivi un cycle secondaire. Et en 1981, la situation ne s'était pas améliorée.

Les jeunes qui ne passent pas en second cycle deviennent presque illettrés. Les jeunes gens s'intègrent habituellement à la main d'œuvre bon marché de la société israélienne, sans aucun espoir d'avancement. La plupart des jeunes femmes, mariées très tôt, mettaient au monde des enfants qui n'avaient que peu de chances d'accéder à une instruction. Ce manque d'instruction faisait que les jeunes Palestiniens ne pouvaient devenir des partenaires des juifs pour négocier avec eux les conditions de leurs droits mutuels, de leur dignité, de leur sécurité et de leur indépendance. Les étudiants israéliens juifs avaient un accès facile à l'instruction secondaire, et beaucoup continuaient leurs études dans des écoles techniques et des universités. Dans nos villages palestiniens, à peine était-il permis à une infime minorité de rêver à de telles ouvertures.

Les écoles primaires en Israël sont entretenues par le gouvernement. Cependant, les écoles secondaires, de la neuvième à la douzième année, sont toutes privées, et dépendent des municipalités, des synagogues, des rabbins ou des églises. Les soutiens financiers viennent de dons privés et, par un système compliqué de quotas, du ministère israélien de l'Éducation. Les salaires des professeurs peuvent habituellement être financés sur des fonds de l'État, à condition que l'école considérée obtienne un bon quota lié à la qualité de son enseignement. Les bâtiments scolaires, le mobilier, les livres de cours et toutes les autres fournitures doivent être financées sur des fonds privés. La loi prévoit que les élèves n'ont pas à payer de droits d'études dans une école secondaire, mais il peut cependant exister des droits pour certains livres ou instruments.

L'ensemble de la situation politique et sociale des Juifs vis-à-vis des Palestiniens se reflète dans le système scolaire secondaire israélien. Les jeunes Juifs jouissent d'un accès facile aux écoles secondaires qui sont souvent financées par l'aide juive mondiale, une municipalité ou des organisations religieuses. Au contraire, les jeunes Arabes israéliens, spécialement ceux qui habitent dans les villages, n'ont qu'un accès très limité au cycle secondaire parce qu'ils ne peuvent bénéficier que de très peu d'aide extérieure[1].

Certainement, aucune ville juive de neuf mille habitants ne resterait longtemps sans école secondaire, mais aucun appel n'est entendu en Israël lorsque ce sont les villages arabes israéliens qui n'en ont pas. En général, les villages arabes ne reçoivent pas l'aide du gouvernement israélien dont bénéficient les villes et les villages juifs, de sorte que leurs ressources municipales pour soutenir des écoles secondaires sont limitées[2]. Pire encore : une ville juive recevra immédiatement un permis de

1. Lustik, *Arabs in the Jewish State*, p. 168-169.
2. *Ibid.*, p. 189-192.

construire pour une école secondaire ; mais on le refusera à un village arabe.

Plus j'avançais dans mon ministère de prêtre en Galilée, plus je comprenais que je devais aider les Palestiniens à construire non seulement des jardins d'enfants et des centres sociaux, mais aussi des écoles secondaires, sans m'inquiéter de savoir si le gouvernement israélien accorderait les permis de construire. Attendre un permis, c'était gâcher la vie de nos jeunes et affaiblir encore nos infrastructures déjà bien fragiles. Continuer à accepter un système éducatif discriminatoire à deux niveaux, c'était accepter que le peuple palestinien en Israël soit constitué de citoyens de seconde ou troisième zone, incapables de s'occuper de leurs propres besoins et d'assurer la défense de leurs droits humains.

Pendant près de deux ans, j'avais parlé de la possibilité d'une école secondaire à Ibillin. L'intérêt et l'enthousiasme pour ce projet allaient croissant. Maintenant, au début de 1981, je travaillais avec un architecte pour faire des plans en vue d'une école à construire sur le terrain de l'église melkite. Ces plans étaient nécessaires pour demander le permis de construire. Bientôt, il faudrait constituer un comité de construction de l'école pour coordonner les efforts du village vers la réalisation concrète de cette école. J'avais fixé une date-butoir pour l'ouverture de l'école : septembre 1982.

★

« Nous ne pouvons pas obtenir des permis de construire pour nos maisons. Pourquoi les autorités nous donneraient-elles un permis pour une école ? » demanda Abu Daoud. Il était venu au presbytère avec plusieurs autres pour discuter du projet d'école secondaire. « Sans permis, on pourra nous faire démolir le bâtiment n'importe quand [3].

— C'est vrai, Abu Daoud, mais vous avez pris le risque de construire une nouvelle maison pour votre fils, dit Abu Saleh. Si vous ne l'aviez pas fait, votre fils, son épouse et ses six enfants habiteraient encore tous dans *votre* maison ! »

3. *Ibid.*, p. 195.

Tout le monde éclata de rire. La maison d'Abu Daoud était déjà bondée avec sept autres enfants.

« Je sais, je sais, répliqua Abu Daoud. Vous avez raison. Mais réfléchissez un peu à la somme d'argent que cette école nous coûtera. Et si on nous fait démolir *tout ça* ?

— Et, d'abord, où trouverons-nous l'argent ? » demanda Abu Hassan.

— Nous ferons appel à des dons ici et à l'aide des amis d'Europe et des États-Unis, dis-je. Je connais des personnes qui pourraient nous aider.

— ''Qui pourraient, *qui pourraient* !'' s'exclama Abu Saleh, en frappant sur ses genoux. Je vous le demande, Abuna, qui va aider des Palestiniens en Israël ? Chacun pense en Occident que nous essayons de jeter le peuple juif à la mer, alors que ce sont les Palestiniens qui sont rejetés. C'est sans espoir, Abuna.

— C'est précisément *parce que* nous sommes rejetés que nous devons construire cette école, Abu Saleh ! argumenta Karam. Nous ne pouvons pas et nous ne voulons pas abandonner, mais jusqu'ici nous nous sommes contentés de regarder le gouvernement confisquer nos terres et nos villages. Maintenant, nous avons enfin l'occasion de *faire* quelque chose, d'affirmer que nous-mêmes et nos enfants et les enfants de nos enfants, nous resterons ici, et que, grâce à Dieu, nous serons instruits et nous combattrons pour nos droits !

— Très bien ! très bien ! » s'écriaient les autres en frappant des mains.

— Souvenez-vous de ceci, cria Karam, dominant le vacarme, nous sommes des citoyens israéliens avec le droit à l'instruction. Nous devons revendiquer ce droit ici, à Ibillin !

— Absolument ! il a raison ! il a raison ! »

Optimistes, les hommes tombèrent d'accord sur le fait qu'ils ne devaient demander que des dons pour couvrir les frais des matériaux de construction. Le travail et les conseils techniques viendraient des villageois eux-mêmes. A la suite de quoi, neuf personnes furent désignées pour fonctionner dans le comité de construction de l'école.

Lorsque les hommes se retirèrent, ma chambre me parut silencieuse, mais je ressentais encore l'agitation. Je fermai les yeux et m'allongeai sur le lit. Je pouvais me représenter une grande, une belle école avec des centaines de jeunes qui venaient d'Ibillin et montaient dans la colline pour assister aux cours. *Oh mon Dieu! Ça va se faire! Je le sens, ça va se faire!*

★

En avril 1981 je demandai un permis de construire pour l'école secondaire d'Ibillin, apportant les plans de l'école, les dessins, et tous les document nécessaires à l'office du ministère des Affaires intérieures à Akko.

Deux semaines après, on nous refusait le permis. « Vous n'obtiendrez jamais un permis, me dit-on. La construction est trop chère, et le terrain que vous avez choisi d'utiliser est un terrain agricole, qui n'est pas destiné à l'emploi que vous voulez en faire. »

Ces prétextes étaient bien étranges. Quoi! cette montagne abrupte semée de rochers était considérée comme terrain agricole? Incroyable! Impropre à l'usage que nous voulions en faire? Nos papiers établissaient que nous en étions les propriétaires depuis trois siècles. Une construction trop chère? N'était-ce pas notre problème, et non le leur? Vous n'aurez jamais le permis? Mais mon Dieu, pensai-je, *de quoi ai-je le plus besoin? du permis ou d'une école?*

L'étape suivante était constituée par les travaux de terrassement et de nivellement du terrain sur la colline abrupte.

★

Le crépuscule d'été descendait sur Jish tandis que j'approchais, avec trois religieuses, de la maison d'une pièce où mes parents habitaient.

Je frappai à la porte entrouverte; je les entendais parler à l'intérieur. Personne ne répondit. Doucement, nous entrâmes et trouvâmes mon père et ma mère assis côte à côte par terre, le dos tourné à l'entrée, disant leurs prières du soir. Les Petites Sœurs de Jésus de Nazareth s'assirent sur les modestes chaises de mon père, tandis que nous écoutions monter la prière de ces deux personnes âgées.

Un quart d'heure plus tard, mon père commença à improviser en priant avec ferveur pour que le gouvernement israélien dirige les affaires du pays conformément à la volonté de Dieu, et abandonne les persécutions et l'oppression. Mon père pria pour l'église, l'évêque, et le prêtre de sa propre paroisse. Il pria pour ses enfants, y compris Chacour, qui était mort vingt ans plus tôt d'une insolation. Puis il termina par une prière pour son fils prêtre, demandant à Dieu de le protéger afin qu'il ne se laisse pas séduire par l'amour de l'argent, et de le rendre capable de refléter la présence de Jésus parmi le peuple.

Des larmes inondèrent mon visage. Je me souvenais de cette même voix si chère qui priait pour moi lorsque j'étais tout petit, commençant à peine à marcher autour des genoux de mon père. *Seigneur, rendez-moi digne d'être le fils de cet homme et de cette femme qui m'ont appris à vous aimer. Puissé-je vous refléter devant les hommes, comme ils ont été votre reflet pour moi.*

« Je vous ai entendus frapper à la porte, nous dit mon père lorsqu'il eut fini de prier, et je savais que vous étiez assis là. Je ne vous ai pas parlé parce que j'étais en conversation avec quelqu'un de beaucoup plus important. »

Ensemble, nous avons dégusté des sucreries et du café arabe. En dépit de ses quatre-vingts ans, ma mère nous servit avec énergie. Elle voulait nous poser beaucoup de questions sur le projet d'école secondaire d'Ibillin. « N'oublie jamais les petits, mon fils, dit-elle. Souviens-toi des enfants. C'est eux qui sont les plus importants. »

Peu de temps après notre visite, je reçus un coup de téléphone très matinal de mon père : Maman était décédée pendant la nuit. Elle n'était pas tombée malade, me dit mon père en sanglotant, sinon il nous aurait tous appelés, nous les enfants. Non, elle s'était paisiblement endormie dans les bras de son Seigneur.

Après les obsèques à Jish, nous avons inhumé le corps de ma mère dans le cimetière de Biram. Deux semaines plus tard, j'eus l'occasion de passer à Biram et découvris avec horreur que la tombe de ma mère avait été violée et que son corps était à l'air libre. J'appelai vite de l'aide pour l'enterrer à nouveau. Jusqu'à ce jour, je n'ai pu savoir ce qui s'était produit. Était-ce l'œuvre de pilleurs de tombes interessés par toutes les sépultures récentes ? Ou bien était-ce l'œuvre de sionistes qui n'acceptaient pas qu'une Palestinienne, même morte, revienne à Biram ?

Mon père ne pouvait demeurer seul à Jish. A l'âge de quatre-vingt-deux ans, il déménagea à Haïfa pour venir habiter avec ses enfants, quittant la chambre où il avait vécu pendant plus de trente-trois ans en tant que réfugié.

★

« Vous êtes fou ne serait-ce que de penser à bâtir une école dont la construction n'a pas été autorisée par le gouvernement israélien, Abuna Elias, me dit mon évêque. Vous n'êtes pas moins déraisonnable de critiquer ouvertement la politique gouvernementale en rapport avec les villages arabes de Galilée. D'après ce que j'apprends, vous parlez non seulement ici en Israël, mais également partout dans le monde. Ceci doit vraiment cesser. »

Je sentis monter la colère malgré mes efforts pour rester calme. Ma visite avait pour but d'informer l'évêque de notre projet et de demander une aide du diocèse. « Monseigneur, premiè-rement mes affirmations portent sur des faits concernant le système éducatif et les règlements qu'Israël impose aux Pales-tiniens. Deuxièmement, je suis un prêtre palestinien dans un village palestinien, mes paroissiens sont des Palestiniens maltraités et opprimés. Il est de mon devoir de parler en leur nom, spécialement parce qu'ils sont dans l'incapacité de le faire par eux-mêmes. C'est de ne pas protester contre les torts qu'on leur fait qui serait injuste. Et, troisièmement, pourquoi ne parlez-vous pas vous en leur faveur ? Pourquoi n'intercédez-vous pas vous auprès du gouvernement israélien pour nous obtenir le permis de construire dont nous avons besoin ? Je vous respecte comme mon évêque, mais je ne puis vous obéir en cessant de parler. » Je tremblais de rage.

L'évêque était en colère, lui aussi. Il se leva derrière son bureau et continua à m'intimer l'ordre de me taire, insinuant que mon salaire aurait à en souffrir.

« Monseigneur, en dépit de vos ordres, je refuse de cesser de parler en faveur de mon peuple. Désormais, je refuse également de recevoir de vous un quelconque salaire. Je dois être libre de dire la vérité. Il m'est préférable de dépendre de mes paroissiens pour faire face à mes besoins que d'être réduit au silence par égard pour votre argent. Dès à présent, je me déclare libre de tout rapport financier avec vous. De plus, je vous déclare désormais que je retire l'offre que je vous avais faite de prendre part à ce projet enthousiasmant et important. » Ma voix était ferme, mais mes genoux tremblaient. Je prenais des risques incroyables.

L'évêque s'assit à nouveau derrière son bureau, secoua la tête : l'entretien était terminé.

★

Les neuf visages reflétèrent le désappointement et le découragement tandis que j'informais le comité des refus d'aide financière que je venais d'essuyer. Les seuls fonds de notre trésorerie, c'étaient ceux que les habitants d'Ibillin avaient constitués.

Je commençais moi aussi à me décourager. La plupart des réponses nous demandaient de prouver que nous n'étions pas des terroristes. On ne peut pas prouver que l'on n'est pas terroriste lorsqu'on est terrorisé soi-même, vivant sous l'oppression et l'injustice. L'accusation de terrorisme est un moyen de terroriser encore plus. Les gens qui sont en dehors de la situation peuvent difficilement comprendre ce qui se passe.

« Si nous voulons ouvrir une école en septembre, nous ne devons pas tarder à commencer la construction, dit Karam. Qu'allons-nous faire ? Vers qui nous tourner ? »

A qui pouvais-je faire appel que je n'eusse pas encore sollicité ? Qui prendrait à cœur de nous donner notre chance ? Qui serait disposé à croire que nous n'étions pas des terroristes, mais simplement préoccupés par l'éducation de nos enfants ?

« Attendez un moment ! J'ai une idée ! criai-je.

— Vraiment ? De quoi s'agit-il ? » demandèrent en chœur les neuf conseillers.

Je souris largement. « Nous allons écrire à la reine ! »

17

Levez-vous ! En marche !
Faites quelque chose ! Remuez-vous !

« Vous plaisantez ! C'est impossible ! » s'exclama M. Shmueli, le directeur général du ministère israélien de l'Éducation. Nous nous trouvions dans le village et je venais de pointer du doigt le site de l'école sur la colline opposée.

« Non, je ne plaisante pas. Vous pouvez apercevoir l'endroit où nous avons commencé à déblayer la colline et à niveler le sol. Nous avons creusé des coupures qui font en certains endroits jusqu'à une vingtaine de mètres de haut.

— Mais croyez-vous que vous avez l'armée à votre disposition pour transporter jusque-là vos matériaux de construction ? Il n'y a pas de chemin d'accès pour les camions !

— Et pourtant c'est bien là, insistai-je, que nous entendons construire notre école !

— Impossible. Si vous arrivez à construire une route jusque-là en cinq ans, je vous féliciterai.

— Ne me proposez pas cinq ans pour une route. Donnez-moi seulement deux années et nous vous offrirons une école, M. Shmueli. Sur cette colline. »

★

Trois messieurs envoyés par le Comité de coordination inter-Églises des Pays-Bas (ICCO) furent accueillis à Ibillin avec une grande hospitalité. Ils représentaient le groupe chrétien qui avait accepté de nous donner l'argent nécessaire à l'achat des matériaux de construction pour l'école. La reine Béatrice et le Premier ministre de Hollande avaient recommandé notre projet, et maintenant cette délégation était venue nous rencontrer, visiter le site de construction proposé et les plans, et faire une enquête visant à établir le coût réel des matériaux de construction.

Peu de temps après que la délégation fut retournée en Hollande, nous reçûmes une merveilleuse nouvelle : Le Comité de coordination (ICCO) avait approuvé le don de 1 200 000 florins, soit environ 400 000 dollars.

Nous savions, nous, à Ibillin, sans aucun doute possible, que nous avions bénéficié d'un miracle de Dieu. Dieu voulant, les élèves commenceraient leurs cours en septembre dans l'École supérieure du prophète Élie. L'école reçut ce nom, qui est aussi celui de mon saint Patron, parce que le prophète Élie est également vénéré par les juifs, les musulmans et les chrétiens. Il a parlé vigoureusement et sans crainte, contre l'idolâtrie et l'oppression. Par cette école, Ibillin allait proclamer hautement et protéger tangiblement les droits, reconnus par les hommes et par Dieu, dont nos enfants doivent jouir dans cette société.

★

A côté des habitants d'Ibillin qui étaient fermement en faveur de la construction de l'école — et c'étaient les plus nombreux — il y avait également quelques puissants opposants. Beaucoup de villageois se demandaient aussi s'il était sage de construire sans l'approbation du grouvernement israélien. La crainte des sanctions était grande.

Ma propre crédibilité était sans cesse remise en question. D'autres avaient fait des promesses auparavant, que l'on avait oubliées par la suite. Cette fois, c'était Abuna Elias qui promettait une école secondaire et qui travaillait avec eux pour la réaliser, mais cependant on suspectait sourdement mes directives. Je savais que je devais absolument tenir mes promesses. A chaque instant, je priais Dieu qu'il m'aidât à satisfaire les attentes et les espoirs que j'avais osé éveiller.

★

« Abuna ! Voici la police qui arrive ! » cria Hanni de son

poste d'observation sur la charpente d'acier de l'école. Environ trente hommes construisaient le coffrage de bois qui devait recevoir l'armature en treillis métallique où l'on coulerait le béton. On se précipita au-dehors pour aller voir la jeep qui montait la colline.

La construction avait réellement commencé en janvier lorsque les premiers camions livrant les barres de fer, le sable, le ciment, les chevrons et les outils s'avancèrent vers le chantier, entre les oliviers, sur le nouveau chemin de terre. Des centaines de personnes d'Ibillin se consacraient sans relâche au projet. Karam était le contremaître, conduisant son taxi le matin, puis travaillant après à l'école. Hanni, un instituteur, consacrait tout son temps libre au projet. Des jeunes gens vinrent aider, faisant souvent la chaîne pour le sable, l'eau, le béton. Zada les organisait, nous aidant tous.

Aujourd'hui, dans la seconde semaine de mars, l'armature métallique était achevée et le rez-de-chaussée pratiquement terminé. Notre école, qui en fin de compte couvrait une surface de 630 m² sur une hauteur de cinq étages, devenait visible de la colline d'Ibillin. Certains doutes des villageois commençaient à disparaître.

« Qui est le responsable, ici ? demanda l'officier en descendant de sa jeep.

— C'est moi, dis-je en hébreu, en m'avançant.

— Montrez-moi votre permis de construire.

— Je n'en ai pas. »

Le policier regarda la construction puis moi-même.

« Comment pouvez-vous construire sans un permis ?

— Monsieur, je ne construis pas avec des permis. Je construis avec du sable, du ciment, des moellons, de l'acier et du bois, pas avec des permis.

— Mais *vous ne pouvez pas* agir ainsi. Vous ne pouvez pas construire sans un permis dans un pays démocratique et civilisé.

— Si ce pays était civilisé et démocratique, vous m'auriez délivré un permis pour une école depuis longtemps. Je l'ai demandé et vous me l'avez refusé. Nous avons besoin de beaucoup d'autres écoles en Israël afin que vous puissiez apprendre à donner d'autres permis, à l'avenir.

— Ce n'est pas mon problème, dit l'officier. Vous devez

arrêter le travail. Tous vos hommes doivent venir avec nous au commissariat.

— Non, dis-je avec insistance. J'irai avec vous, car je suis le seul responsable. Eux, ce sont des volontaires, qui travaillent sans salaire.

— Ce n'est pas vous que nous voulons. Nous avons ordre de ne pas vous toucher parce que vous êtes capable de nous créer des difficultés au plan de la politique internationale. »

La police israélienne a ceci de commun avec les polices américaine, russe, palestinienne, ou même nazie, c'est que, partout, il y a immanquablement derrière l'uniforme, un être humain. Le problème est d'atteindre l'humain et sa beauté sous l'uniforme. Parfois, l'humain est presque étouffé par l'uniforme, comme dans l'Allemagne nazie. Cependant, nous enseignons à nos enfants que, même quand des soldats juifs israéliens humilient, torturent et tuent des Palestiniens, comme ils l'ont fait dans les régions de la Cisjordanie ou dans la Bande de Gaza, il y a toujours des être humains derrière les visages laids et les uniformes des soldats. Le problème, c'est de chasser les atrocités et les violences pour faire réellement de ces soldats les êtres merveilleux qu'ils peuvent être.

Nous, Palestiniens, en tant que peuple, nous ne croyons pas dans la violence et la terreur. Cependant, le monde nous a habillés en terroristes, et nous devons être débarrassés de ce vêtement afin que les gens s'aperçoivent que nous sommes en fait des êtres humains terrorisés eux-mêmes.

Les trente hommes d'Ibillin furent emmenés au commissariat de police de Shefar-Am. Questionnés, ils déclarèrent qu'ils étaient volontaires, et qu'il n'était pas poli de demander si le prêtre avait ou non le permis de construire. La police se montra humaine et les libéra le jour même.

Deux semaines plus tard, la police fit une nouvelle descente, arrêtant cette fois plus de quarante hommes pour les relâcher. Le petit jeu continua pendant deux mois. En tout, quatre groupes furent emmenés à Shefar-Am, le plus grand comptant soixante-dix hommes, tous d'Ibillin. Aucun d'eux ne fut emprisonné, mais ce harcèlement qui sévissait dans tout le village jeta la crainte et le doute.

« Abuna, nous allons être punis pour tout cela ! Nous perdrons notre terre ! dit l'un des villageois.

— Cessez de nous entraîner dans vos rêves et de faire de nos vies un enfer, cria un autre.

— Vous nous avez promis une école, mais vous ne tiendrez pas votre promesse.

— S'il vous plaît, Abuna, renonçons, pour la paix de notre village. »

Toutes les plaintes inspirées par la crainte, la colère, l'opposition, c'est à moi qu'on les adressait, à moi en tant qu'inspirateur et responsable de ce projet. J'acceptais cette responsabilité, mais je me sentais très isolé. Quelques-uns de mes collègues hochaient ouvertement la tête, en s'exclamant : « Je vous l'avais dit. » Je pouvais tolérer l'opposition de la police et du gouvernement, mais j'étais à la torture en constatant celle de mes paroissiens, de mes concitoyens et de mes compatriotes prêtres.

Pendant de nombreuses nuits, je ne dormis pas, priant, priant, priant sans cesse. *Mon Dieu, je sais que ce projet est juste, mais tout se dérobe autour de moi. Que dois-je faire ? Renoncer au projet ? Attendre des temps meilleurs ? Réclamer encore plus ardemment le permis ? Continuer à construire sans permis ? Faire appel à l'aide internationale ?*

« Ne vous faites pas de souci, Abuna, me disait parfois Karam. Vous accomplissez quelque chose de grand, une œuvre utile à la communauté et à Dieu. S'il le faut, je vendrai ma maison pour terminer l'école. Votre rêve, c'est mon rêve. »

Sœur Gislaine, Sœur Nazarena, et Abuna Awad priaient quotidiennement pour moi et pour l'école. Le sheïk nous encourageait silencieusement.

Ceux que l'on appelait communistes dans le village, les « sales types », se mirent bientôt de mon côté. Ils ne représentaient pas le communisme doctrinal ; ils faisaient plutôt partie de la tendance palestinienne qui proteste contre l'injustice sociale et se retrouve autant en milieu chrétien que musulman.

Malgré les difficultés, nous continuâmes notre construction. De nombreux villageois voulaient affronter les autorités avec moi. Malgré les descentes de police et la terrible crainte qui régnait dans le village, nous coulâmes le béton du premier étage, ce qui constitue une étape importante en tout projet de construction. Benjamin, un charpentier, apporta un agneau afin que nous puissions célébrer ce moment. Bien que nous ayons été le vendredi saint, nous avons égorgé l'agneau sur le ciment neuf, une bénédiction traditionnelle du bâtiment.

« Ce n'est plus vendredi saint, déclarai-je. Nous coulons le ciment, nous construisons cette école en dépit de toutes les oppositions, et nous ressuscitons. Je baptise donc ce vendredi saint, jour de Pâques ! Nous nous réjouirons et nous mangerons ! »

L'agneau rôti constitua un grand repas pour les soixante ou soixante-dix personnes présentes. Comme nous étions pressés par la police, nous travaillâmes dimanches et jours fériés. Le sacrifice de l'agneau fut un moment de joie bienvenu au milieu des difficultés montantes.

Peu après Pâques, le chef de la police de toute la Galilée arriva à Ibillin dans sa voiture officielle et vint directement au presbytère pour demander à me voir. Je le reçus dans le séjour de mon nouvel appartement du deuxième étage.

Le chef était très en colère, et il arpentait la pièce de long en large.

« Père Chacour, je suis venu pour vous demander quand finira cette comédie.

— De quelle comédie parlez-vous ?

— De cette comédie de la construction d'une école sans permis. Vous nous ridiculisez en Israël.

— Monsieur, cette comédie cessera aussitôt que le bâtiment sera prêt.

— Non, je vous ordonne d'arrêter immédiatement.

— Je ne puis arrêter les travaux. Je ne construis pas une usine d'armes ou une prison. Je construis une école afin que nos enfants puissent recevoir une éducation et apprendre à vivre dans la dignité et la paix. C'est à vous qu'incombe la responsabilité, parce que vous ne voulez pas délivrer le permis. »

Je tentais de calmer mon cœur qui s'emballait et mes muscles qui se contractaient nerveusement.

« Je n'en ai rien à faire. Je vous ordonne d'arrêter.

— Je suis navré, mais nous continuerons. Mettez-moi en prison si vous voulez. »

Le chef poussa un soupir d'exaspération et secoua la tête.

« Voulez-vous que j'emprisonne tout le village ?

— Allez-y donc, faites-le. Je ferai venir des volontaires internationaux pour nous aider.

— Ça suffit ! *Arrêtez la construction immédiatement !* tonna le chef.

— Bien, Monsieur. Je vous remercie. J'ai reçu votre ordre. Retournez à votre bureau, et faites ce qui vous semblera bon. »

Le chef de la police tempêta en sortant de mon séjour et en descendant les deux volées d'escaliers jusqu'à sa voiture.

Mes jambes se dérobaient sous moi et je m'affalai sur la chaise de mon bureau. *Qu'allais-je faire ? Partir volontairement en prison et le mettre au défi d'emprisonner tout le village ? O mon Dieu ! Que faire ? Que faire ?*

Une semaine plus tard, je lançai un appel téléphonique anonyme au commissariat. « Venez voir ce prêtre insoumis. Il n'obéit pas à vos ordres. Voilà qu'il a maintenant des volontaires internationaux pour construire l'école ! » En effet, nous avions pu prendre des dispositions pour qu'un groupe de dix-huit jeunes Suisses viennent nous aider à la construction de l'école pendant quelques semaines.

Le lendemain la police vint à Ibillin avec deux camions et monta la côte pour arriver au chantier. L'officier responsable interpella les jeunes gens blonds qui travaillaient au second étage de l'école. « Hé, vous là-bas ! Descendez ici ! Je vous emmène au commissariat ! » Les jeunes se regardèrent interloqués et commencèrent à descendre.

« Allez-vous arrêter des citoyens suisses ? demandai-je, incrédule. Allez-vous les arrêter simplement parce qu'ils font un travail bénévole pour construire une école ? Vous allez avoir des difficultés avec votre chef quand nous allons déclencher une crise internationale à ce propos. »

L'officier de police parut hésiter pendant que les dix-huit jeunes étrangers s'alignaient devant lui.

« Pourquoi ne leur demanderiez-vous pas d'abord qui ils sont ? Vous pourriez ensuite décider ce qu'il convient d'en faire ? » lui suggérai-je.

L'officier se mit à leur poser des questions. Aucun des jeunes volontaires suisses, fille ou garçon, ne donna son nom. Mais à la place, comme ils en avaient reçu l'instruction, il répondirent en donnant des informations sur leurs familles. Leurs pères étaient des hommes de loi et des professeurs, leurs mères des journalistes et des fonctionnaires gouvernementaux.

Le policier réunit ses collègues à part pour une consultation, puis il se rendit à sa voiture pour appeler le commissariat sur sa radio. « Nous avons une difficulté ici. Ces volontaires ? Mais ce sont des gens bien ! Nous ne pouvons pas les arrêter. Ce ne sont pas des Arabes. »

Quelques jours plus tard, je reçus une lettre me convoquant en justice à la fin du mois d'avril. Je dormis bien pendant les deux semaines qui suivirent car l'école ne serait pas démolie avant l'audience où je devais paraître. Après, peut-être, mais pas avant.

★

La connaissance de l'araméen, la langue de Jésus, m'a beaucoup aidé dans la compréhension de ses enseignements. Comme la Bible telle que nous la connaissons est la traduction d'une traduction, nous ne la comprenons pas toujours correctement. Par exemple, nous avons coutume de comprendre les Béatitudes dans un sens passif :

Heureux ceux qui ont faim et soif de justice, car ils seront rassasiés !

Heureux les miséricordieux, car ils obtiendront miséricorde !

Heureux ceux qui ont le cœur pur, car ils verront Dieu !

Heureux ceux qui procurent la paix, car ils seront appelés fils de Dieu !

« Heureux » est la traduction du mot *makarioi*, utilisé dans le Nouveau Testament grec. Cependant, quand j'approfondis le sens de ce mot en me reportant à l'araméen de Jésus, je découvre que le terme original est *ashray*, du verbe *yashar*. *Ashray* n'a pas du tout ce sens passif que nous lui donnons. Il signifie plutôt : « se placer dans la bonne direction en vue d'atteindre le but juste ; changer de direction, se repentir ; devenir droit ou juste ».

Comment dire, par exemple, à un jeune Palestinien persécuté dans un camp de réfugiés : « Heureux les affligés, car ils seront consolés ! » ou encore « Heureux ceux qui sont persécutés pour la justice, car le royaume des cieux est à eux ! » ? Cet homme m'insultera, en disant que ni moi ni mon Dieu nous n'avons compris sa plainte, et il aurait raison.

Mais lorsque je comprends les paroles de Jésus en araméen, je traduis le texte de la façon suivante :

Levez-vous, en marche, faites quelque chose, remuez-vous, vous qui avez faim et soif de justice, car vous obtiendrez satisfaction.

Levez-vous, en marche, faites quelque chose, remuez-vous, vous qui êtes des artisans de paix, car vous serez appelés enfants de Dieu.

Pour moi, cette traduction rend les paroles et les enseignements de Jésus de façon plus fidèle. Je peux l'entendre dire : « Allez-y ! salissez vos mains et construisez une société humaine pour des êtres humains ; autrement, les autres tortureront et assassineront les pauvres, ceux qui n'ont pas d'audience, pas de pouvoir. » Le christianisme n'est pas passif, mais actif, énergique, vivant. Il espère contre toute espérance.

Un jour deux chauves-souris tombèrent dans un pot de lait. L'une, pessimiste, dit : « Que puis-je faire ? Vais-je faire des efforts pour finalement me noyer et mourir dans l'épuisement ? Je ne veux pas mourir épuisée de fatigue. » Et elle coula et se noya immédiatement.

La chauve-souris optimiste dit : « Je vais me battre jusqu'à la fin, et, à la fin, on pourra dire que j'ai tout essayé. » Elle se battit, autant qu'elle put, faisant des effort pour s'envoler, jusqu'à l'évanouissement. Plus tard, elle s'éveilla et se retrouva en sécurité sur une grosse motte de beurre. C'est là se refuser au désespoir, mais espérer contre toute espérance.

« Levez-vous, en marche, faites quelque chose, remuez-vous », disait Jésus à ses disciples.

18

Le mont de la Lumière

« Votre honneur, ce prêtre a violé la loi de façon flagrante en construisant sans permis de construire. Malgré des injonctins répétées d'avoir à interrompre le chantier, lui-même et ses ouvriers ont continué à construire, et le bâtiment en est maintenant au second étage. Nous demandons à votre honneur d'ordonner la destruction immédiate de cette construction illégale. » L'avocat de la police dans le tribunal d'Akko avait présenté son accusation succinctement et clairement.

Le juge israélien siégeait derrière son haut pupitre et regardait le groupe de gens réunis devant lui en ce jour de fin avril 1982. Plusieurs hommes représentant la police et le gouvernement étaient assis à une table sur sa droite. Revêtu de ma tenue de prêtre, j'étais assis à une autre table à gauche.

« De quelle sorte de construction s'agit-il ? demanda le juge en ajustant ses lunettes et en examinant les papiers qu'il avait devant lui.

— Ils disent que c'est une école, votre honneur.

— Vous voulez raser une école ?

— C'est une construction illégale. Aucun permis n'a été délivré.

— Père Chacour, dit finalement le juge, en ôtant ses lunettes, vous construisez sans permis. C'est une affaire très sérieuse. Qu'avez-vous à dire à la cour ? »

Je me levai et concentrai mon attention sur le juge, ignorant la police.

« Votre honneur, effectivement, l'éducation de nos enfants est une affaire très importante. Et, cependant, les autorités refusent de nous accorder le permis de construire une école. Votre honneur, je demande du temps pour trouver un bon avocat. Une crise internationale soulevée par ce problème pourrait créer beaucoup de difficultés. Nous devons veiller à ne pas ternir davantage la réputation d'Israël. Par conséquent, j'ai besoin de temps pour trouver un excellent avocat qui puisse nous aider tous.

— Combien de temps ? Trois mois ? Quatre mois ? »

J'hésitai, incertain de ce que je devais répondre.

« Cinq mois ? demanda le juge. Père Chacour, je vous donne cinq mois pour trouver un avocat et revenir devant cette cour. Puis, j'entends fermer ce dossier une fois pour toutes. »

Le juge se leva, nous fit un signe de tête, et quitta la salle d'audience.

Cinq mois ! Nous avions le temps de terminer l'école avant ce délai ! Les jeunes seraient déjà en cours lorsque je retournerais devant le tribunal à la fin du délai. Mieux encore, la police ne pourrait détruire le bâtiment entre-temps du fait de l'intervention du juge. Dieu soit loué !

★

« Père Chacour, les permis de construire sont également requis en France et parfois difficiles à obtenir, me dit une Française. En quoi votre situation est-elle différente ? Pourquoi vous, prêtre, transgressez-vous volontairement la loi en construisant sans permis ? »

Le groupe d'une centaine de pèlerins français occupait la moitié antérieure de l'église, ce dimanche de juin 1982, et m'écoutait parler en français de la vie des Palestiniens en Israël. Après que j'eus raconté l'histoire de notre école à demi finie, la dame posa ses questions. Elle paraissait sincèrement intéressée, mais son expérience n'avait rien de comparable à la nôtre.

« Madame, en tant que prêtre, je suis appelé à servir Dieu et ma communauté. Marchant dans les pas du Christ, je m'efforce d'apporter la guérison à mes concitoyens, prenant au sérieux les blessures et les souffrances provoquées par des facteurs physiques, sociaux et politiques. Je ne serais pas un serviteur de Dieu si je méprisais ces choses et si j'encourageais mes paroissiens à subir passivement l'oppression.

« Les Palestiniens arabes de l'État d'Israël sont traités en citoyens de seconde ou de troisième classe. Prenez par exemple la question des permis de construire. Comme vous le dites, ces permis de construire sont requis dans de nombreux pays. C'est pour le bien de la population. Cependant, lorsque l'octroi ou le refus d'un permis est fondé sur l'identité de ceux qui en font la demande, on se trouve en face d'une mesure raciste et oppressive.

« En Israël, toute personne qui veut construire ou rénover une construction doit obtenir un permis. Les citoyens juifs dans les villes juives peuvent obtenir ce permis. Les citoyens juifs installés sur un terrain confisqué à des Arabes peuvent obtenir ces permis et construire des maisons préfabriquées. Cependant, lorsque des Palestiniens demandent des permis de construire dans n'importe quelle ville ou dans des villages arabes, on ne le leur accorde jamais sans leur faire subir beaucoup de tracasseries administratives et on le leur refuse souvent[1].

« Comme tous les autres peuples de la terre, nous, Palestiniens israéliens, nous avons besoin de maisons pour y habiter, d'écoles pour l'éducation de nos enfants, de bâtiments publics pour répondre aux besoins de notre communauté. Par exemple, un couple souhaite se marier. Où vivra-t-il ? Avec les parents du jeune homme ? Le nombre de personnes qui peuvent habiter ensemble dans une seule maison est limité. Songez aux problèmes sanitaires, affectifs et familiaux qui peuvent en résulter. Le jeune couple peut décider de rénover la maison des parents ou de lui ajouter une nouvelle construction malgré l'absence de permis. Alors, ils vivent dans la crainte constante des mesures de démolition, des pénalités et de l'emprisonnement. Ne serait-ce qu'ici, à Ibillin, 150 couples au minimum sont mariés chaque année. Imaginez tous ces problèmes multipliés par les milliers d'autres problèmes du même genre qui se posent dans nos villages de Galilée.

« Un permis de construire peut paraître sans importance, mais son refus provoque des problèmes à la fois immédiats

---

1. Lustik, *Arabs in the Jewish State*, p. 194.

et à plus longue échéance. Ceux qui construisent sans permis se condamnent au silence, à la dépendance et à la collaboration afin de protéger leur bien contre les autorités[2]. Si nous ne construisons pas d'écoles, nous resterons ignorants sans aucun espoir d'un meilleur avenir social, économique et politique.

« Puis-je, en tant que prêtre, conseiller à mon peuple de ne jamais construire une maison, une école, un centre social parce qu'ils contreviendraient aux lois israéliennes ? Ou bien ne dois-je pas plutôt dénoncer le mal qui se cache sous l'intention et l'interprétation de ces lois, et protester par tous les moyens non violents possibles ? Ne l'oubliez pas, les lois humaines ne sont pas toujours justes.

« La majorité des terres cultivables palestiniennes de Galilée ont été confisquées par le gouvernement pour l'usage exclusif des juifs. Très souvent, c'est une entreprise juive qui s'installe sur une terre palestinienne confisquée. Ce n'est qu'un aspect d'un projet général connu sous le nom de "judaïsation de la Galilée" dont l'intention est de briser la concentration de la population arabe dans les lieux d'implantation juive[3]. Ces lieux sont gardés par des barbelés, des chiens de police et des hommes armés. L'une de ces colonies n'est qu'à deux kilomètres de cette église.

« Si vous demandez aux autorités israéliennes pour quelle raison elles confisquent les terres arabes et refusent de délivrer des permis de construire à des citoyens israéliens arabes, on vous parlera des nombreuses lois concernant les terrains et les bâtiments qui régissent les diverses branches d'activité. Le fait de posséder l'autorité permet de contourner la justice et de molester ceux qui n'ont pas de pouvoir.

« D'après mon expérience, les raisons qui sont derrière les décisions légales trouvent leurs racines dans ce que nous appelons "le côté sombre du sionisme". Le grand effort pour fournir une patrie protégée et sûre aux juifs, a conduit au désir de "racheter" complètement le pays en poussant dehors progressivement les Arabes palestiniens[4]. En 1948, de nombreux

2. *Ibid.*, p. 195.
3. Jiryis, *Arabs in Israel*, p. 105-106.
4. *Ibid.*, p. 77, 80.

Palestiniens se sont enfuis ou ont été chassés de leurs villages, la plupart d'entre eux quittant même le nouvel État d'Israël. A cette époque, les membres de ma famille devinrent des réfugiés, mais nous avons cherché à rester en Israël, près de notre village et de notre terre. Actuellement, l'expulsion est graduelle et insidieuse, et elle prend bien des formes, telles que la confiscation des terres et le refus des permis de construire.

« Peut-être pouvez-vous voir, dis-je en conclusion, pourquoi nous nous sentons soumis à une telle pression et pourquoi nous cherchons des moyens positifs et non violents de résister aux lois dont nous pensons qu'elles ont été conçues pour nous expulser de nos villages et de nos terres. Être prêtre parmi les Palestiniens habitant en Israël ne signifie pas du tout que je doive respecter aveuglément des lois humaines oppressives, mais plutôt que je dois demander à Dieu la sagesse de rechercher activement ce qui est juste et droit pour tout être humain. Comme je l'ai dit à la police et à diverses autres autorités israéliennes : ''Laissez-moi construire une école maintenant afin de vous épargner d'avoir à construire plus tard une prison.'' »

★

La construction de l'école progressait maintenant de façon presque continue. Des ouvriers bénévoles venaient à cinq heures du matin ; à minuit, les ouvriers gâchaient du béton frais et préparaient des parpaings, du bois et des tuiles pour les travailleurs du petit matin. Nous avons transporté de l'eau par camion sur le chantier et tiré un câble électrique de soixante-quinze mètres tout le long de la colline, à partir de la maison la plus proche.

Pendant la nuit, je pouvais situer l'école depuis la fenêtre de mon appartement par la belle petite lumière qui brillait sur la colline. Elle me parlait du Christ, la Lumière du monde, et de ses paroles au sujet de la lumière placée sur la colline et qu'on ne doit pas cacher. Je fis vœu de garder une lumière toujours allumée au sommet de l'école lorsqu'elle serait finie, comme une proclamation de notre victoire sur l'ignorance et les divisions d'Ibillin.

Les jours de construction furent des jours de joie, mais de plus en plus difficiles pour moi physiquement. Je dormais peu et travaillais sur la construction aussi souvent que je pouvais quitter mes tâches paroissiales. Transporter des charges, les soulever, pousser, pelleter, grimper, me baisser — tout ce qu'il fallait faire, je le faisais. A mesure que l'été passait, je sentais mon corps s'épuiser. A l'âge de quarante-deux ans, mon dos, mes reins, mes hanches protestaient hautement contre les mauvais traitements subis sans cesse.

En tant qu'administrateur, j'avais également à embaucher des professeurs et une équipe cléricale, à commander des livres, acheter des fournitures, et solliciter de l'argent auprès de nos amis d'outre-mer pour payer les factures. Je fis tous mes efforts, car mon but unique était d'ouvrir l'école le 1er septembre. Méprisant les signes de fatigue que mon corps me donnait, je me consacrai entièrement à cette tâche. Vers la fin du mois d'août, j'étais brisé physiquement. Chaque pas m'était pénible et je pouvais à peine me tenir droit du fait des douleurs que je ressentais dans mes hanches et mon dos.

Cependant, je me tenais à ma fenêtre chaque soir, contemplant la petite lumière... La colline d'en face, ce n'était plus le Jabal el Ghoul. C'était le Jabal Ennuur, la montagne de la Lumière.

★

Le 1er septembre 1982, je me tenais sur le grand porche d'entrée de l'école et agitais une petite cloche. Derrière moi, cinq professeurs ; devant moi, le plus beau spectacle qu'il m'ait jamais été donné de voir : quatre-vingt-douze garçons et filles d'Ibillin, musulmans et chrétiens, rassemblés. Leurs visages souriants étaient resplendissants et pleins d'espérance. Je les accueillis, leur présentai leurs professeurs, donnai les instructions relatives à notre emploi du temps quotidien et leur assignai leurs classes.

Puis nous rendîmes grâces à Dieu tous ensemble pour notre belle École du prophète Élie sur le mont de la Lumière. En quelques instants, les élèves envahirent le bâtiment, portant leurs crayons, leurs cahiers et leur repas dans leurs sacs à dos, anxieux d'apprendre. Leurs voix joyeuses remplirent les salles, transformant enfin l'acier et le béton en une authentique école.

O mon Dieu, dis-je intérieurement en suivant les jeunes

dans l'école, *si je mourais maintenant, je ne le regretterais pas. Rien que pour vivre ce moment, ça valait la peine de naître !*

★

Lentement, M. Shmueli sortit de sa voiture, les yeux fixés sur le bâtiment de cinq étages de l'école. Son visage exprimait l'étonnement le plus complet. De bonne heure, dans la journée, j'avais téléphoné au directeur général du ministère de l'Éducation, l'invitant à venir nous rendre visite. Nous avons visité ensemble l'intérieur et l'extérieur du bâtiment, saluant les élèves et l'équipe des enseignants. Finalement, nous nous sommes reposés un moment, appuyés sur sa voiture et regardant l'École du prophète Élie.

« Père Chacour, nous sommes devant un miracle. Si vous me disiez que la résurrection va se produire demain, je vous croirais !

— Non, non, M. Shmueli, je ne vous dis pas que la résurrection va se produire demain, dis-je en riant. Ce dont j'ai maintenant vraiment besoin de votre part, c'est d'une bonne subvention pour payer nos enseignants.

— Combien voulez-vous, Père Chacour ?

— J'ai besoin d'être subventionné à cent pour cent. »

Le ministère israélien de l'Éducation doit payer par élève, à chaque école secondaire, une subvention qui dépend du nombre d'élèves et de la qualité du service qui leur est offert. Je demandais la subvention la plus élevée possible.

Le directeur général était effaré. « Mais c'est impossible ! Aucune école juive en Israël n'obtient le cent pour cent de la subvention ! Comment pouvez-vous seulement le demander ? »

La négociation qui suivit aboutit finalement à 91,4 %, soit plus que la plupart des écoles en Israël.

« Il y a encore une chose dont j'ai besoin, M. Shmueli, un permis de construire.

— Malheureusement, je crains que cela ne dépende pas de moi. Je m'occuperai de vous comme je le ferais pour toute autre école, mais c'est le mieux que je puisse faire.

— Merci pour votre dévouement, et merci d'être venu visiter l'école.

187

— Il fallait que je la voie moi-même, et je ne suis pas sûr d'en croire mes yeux ! »

Le directeur général descendit lentement en voiture la côte abrupte, regardant l'école qui se dressait sur sa gauche.

★

« Où donc est votre avocat, Père Chacour ? » Le juge fronçait les sourcils en ouvrant la séance du tribunal, à Akko, fin septembre 1982.

« J'ai trouvé de nombreux avocats, votre honneur, mais ils sont si chers que j'ai décidé de défendre moi-même cette cause.

— Très bien. La cour entendra d'abord la plaidoierie de l'accusation. »

L'avocat de la police et du gouvernement mit l'accent sur le fait qu'aucun permis de construire n'avait été délivré et que l'école, actuellement complètement terminée et en fonction, était illégale. Il requit la destruction du bâtiment à titre d'exemple à l'égard de ceux qui tenteraient à l'avenir de faire fi du gouvernement. Il requit également une peine contre moi pour le rôle que j'avais joué dans la construction de l'école.

« Père Chacour, quelle est votre défense face à ces accusations ? » demanda le juge.

O mon Dieu, donnez-moi les paroles qui pourront persuader cet homme du fait que nous sommes simplement des êtres humains qui ont besoin d'une école pour leurs enfants, dis-je en priant intérieurement.

« Votre honneur, vous avez le pouvoir de détruire ce bâtiment, mais vous devrez le faire tomber sur la tête d'une centaine de citoyens israéliens qui étudient dans cette école. Si cela se produit, je serai contraint d'aller dans le monde entier pour raconter ce que vous aurez fait, et demander de l'argent afin de construire une nouvelle école. Je sais que je pourrais obtenir des millions de dollars, mais alors la réputation d'Israël sera entachée dans l'avenir, et nous n'avons pas besoin de cela, n'est-ce pas ? Ne vaudrait-il pas mieux détruire une prison et me laisser continuer de travailler dans cette école ?

— Quelle terrible situation ! dit le juge, en nous regardant tous dans la salle d'audience. Que proposez-vous comme solution, Père Chacour ?

— Monsieur, c'est très simple. Vous pouvez ordonner que le gouvernement signe un petit papier qui légalise cette école illégale, et j'irai dans le monde entier proclamant la bonté d'Israël, de ses lois et de sa justice. Alors, nous serons amis. C'est si simple !

— Non, absolument pas ! La construction est illégale et doit être détruite », protesta un représentant du gouvernement.

Le juge soupira profondément.

« Père Chacour, je vous demande de bien vouloir sortir de la salle d'audience. J'ai besoin de discuter d'un certain nombre de choses avec ces messieurs. »

Une fois à l'extérieur, dans le hall, je marchai en long et en large, et je priai, et je marchai, et je priai... *O mon Dieu, transformez les cœurs de pierre en cœurs de chair. Que votre compassion puisse parler à l'homme dans le juge !*

A peine cinq minutes plus tard, on me rappelait dans la salle d'audience.

« Ah, Père Chacour, merci d'avoir bien voulu attendre, dit le juge. Le cas est vraiment délicat et compliqué, mais nous sommes parvenus à un accord. »

Mon cœur battait fort dans ma poitrine et c'est à peine si je pouvais respirer. *Que vais-je dire à mes gens si le juge statue que l'école doit être démolie ?*

« Père Chacour, vous n'obtiendrez jamais de permis pour votre construction, mais l'école ne sera pas détruite. Je sais que vous espériez obtenir le permis, mais c'est impossible. Cependant, je vous souhaite de réussir à faire fonctionner votre école dans le bâtiment que vous avez.

— Merci, votre honneur ! »

Je considérais cette décision comme une grande victoire pour nous. Qu'importait le permis ? L'école ne serait pas démolie !

« Je serais curieux de savoir, Père Chacour... Le juge était maintenant plus détendu, et devenait très familier. Vous avez votre bâtiment, mais sans permis, vous ne pouvez obtenir aucun service. Comment ferez-vous sans eau, par exemple ? »

La police et les représentants du gouvernement écoutaient la conversation.

« Monsieur, j'ai déjà de l'eau par la Municipalité, et vous ne pouvez la couper. C'est seulement la Cour suprême de Jérusalem qui pourrait le faire.

— Très bien, mais comment ferez-vous sans électricité ?

— Votre honneur, nous pourrons utiliser des lampes à pétrole au besoin, mais nous donnons les cours pendant la journée, pas la nuit. Nous pouvons donc y voir très bien. » En réalité, nous utilisions encore l'unique cable électrique que nous avions tiré de la maison la plus proche pendant la construction.

« Mais vous aurez certainement besoin du téléphone ? insista le juge.

— Votre honneur, j'ai un téléphone chez moi. S'il fonctionne trois fois par mois, c'est que j'ai beaucoup de chance. J'aurais peut-être une attaque cardiaque avec un autre téléphone comme celui-là ! Mais je dispose du téléphone arabe, le bouche à oreille : celui-là n'est *jamais* en panne ! »

Le juge se mit à rire bruyamment et vint me serrer la main en me souhaitant beaucoup de bien. Il était très humain, et avait un cœur de chair.

Le juge avait raison, bien sûr. Faire fonctionner l'école sans permis allait réclamer toute notre patience et notre ingéniosité.

C'était le cas à propos de ce fameux câble électrique, par exemple. Combien de fois en une seule journée nos élèves ne traînaient-ils pas ce câble électrique au second étage, puis au quatrième, pour le ramener au premier ? Lorsqu'ils se plaignaient, je leur disais : « Vous n'avez pas d'électricité parce que vous n'avez pas de permis. Et vous n'avez pas de permis parce que vous êtes Palestiniens. Souvenez-vous de ceci : Chaque fois que vous aurez autorité sur quelqu'un ou sur quelque groupe que ce soit, juif ou palestinien, gardez-vous d'utiliser les mêmes méthodes que celles qui sont utilisées contre vous. Elles sont si méchantes, elles ont une influence si corruptrice sur l'oppresseur lui-même. Usez de méthodes humaines et compatissantes pour traiter les autres, au lieu d'éveiller la colère et l'amertume. » Puis, par équipes nous traînions notre câble électrique lourd, exaspérant, encombrant — mais si précieux.

19

A vendre : un permis

Israël envahit le Liban en juin 1982 pendant que nous cons-truisions notre école. En septembre, nous apprenions la terrible nouvelle des massacres des camps de réfugiés de Sabra et de Shatila. Je me souvenais si vivement des heures que j'avais passées au camp de Sabra en 1975. Nous pleurions la mort d'environ trois mille hommes, femmes et enfants assassinés par l'armée des Phalangistes libanais tandis que l'armée israé-lienne encerclait les camps[1].

La nouvelle nous parvint également qu'Amira, ma cousine de dix-neuf ans, avait été tuée dans un bombardement de Beyrouth. L'un des jets israéliens qui zébraient le ciel au nord d'Ibillin chaque jour pendant l'été de 1982 transportait la bombe à aspiration fabriquée par les États-Unis qui avait tué Amira. Le bâtiment où elle se trouvait fut enterré à trois mètres sous le sol. Plus de deux cents Palestiniens furent à jamais ensevelis sous les ruines.

En me souvenant de la belle jeune fille et de son bonheur lorsque j'avais visité le camp de réfugiés de Dbayeh, je pleurai longuement, horrifié, révolté, profondément triste. Finalement, je me relevai en essuyant mes larmes, plus que jamais décidé à contribuer à la création d'un brillant avenir pour les jeunes de Galilée.

1. Cobban, *The Palestinian Liberation Organisation (L'Organisation de Libération Palestinienne)*, p. 128-130.

En Europe, l'holocauste avait été terrible, pendant quatre longues années. Mais l'holocauste palestinien a déjà duré pendant quarante ans. Les survivants souffrent encore davantage que ceux qui sont tués. Il faut mettre un terme à cet état de choses avant que les Juifs d'Israël ne soient moralement complètement dégradés, et avant que la même dégradation n'atteigne les Palestiniens. Que Dieu nous garde tous !

★

« Il faut que j'apporte un cadeau, dit mon père. Il est impossible de visiter le pape sans lui apporter un cadeau. Mais, que vais-je lui apporter ? »

Je sentis remonter en moi tout mon amour pour mon père. Ce pauvre paysan palestinien voulait apporter un cadeau à l'homme qui administre la grande fortune de l'Église catholique et est, pour beaucoup, le représentant de Dieu sur la terre.

« Que veux-tu lui apporter, mon père ?

— Ah, je ne sais pas.

— N'apporte rien, ce n'est pas nécessaire.

— Tu n'as pas à me dire ce que je dois faire. Je ferai ce que je veux. »

Tous, nous éclatâmes de rire dans le séjour d'Atallah. Même à quatre-vingt-trois ans, Papa était certain de faire ce qu'il entendait faire. Après quelques hésitations, il avait décidé de se rendre à Rome pour la béatification de notre sainte d'Ibillin, Sœur Miriam de Jésus Crucifié. A notre insu, le Vatican avait fait des recherches sur sa vie pendant plusieurs années. En mars 1983, le moment de la magnifique béatification était venu et les évêques melkites du monde entier devaient y assister. En tant que prêtre de son pays natal d'Ibillin, j'avais été invité, mais je devais parler devant le Parlement de Suède précisément le même jour. Je pris des dispositions pour que mon père puisse partir avec le reste de la délégation de Galilée. Maintenant, il se préparait donc à son premier voyage en avion et à une rencontre avec le Pape.

Peu de temps avant le départ de mon père pour Rome, il m'appela pour me demander de venir à Haïfa.

Lorsque j'entrai dans le séjour d'Atallah, mon père avait

un sourire jusqu'aux oreilles, sautant de joie dans son enthousiasme à me montrer la boîte qu'il tenait.

« Viens voir, mon fils ! Viens voir le cadeau que je vais apporter au pape ! » Mon père me fit asseoir à côté de lui sur son lit de repos, puis me tendit le précieux cadeau. C'était un beau coffret en bois d'olivier incrusté de nacre.

« C'est vraiment très beau, père ! » dis-je, admiratif, en examinant le coffret sous tous ses angles.

« Ouvre-le, et regarde ce que j'ai mis dedans ! »

Soigneusement, j'ouvris la boîte. Il y avait à l'intérieur une photographie des ruines de notre église de Biram.

« Je veux que le Saint-Père voie Notre-Dame, mon fils, et qu'il connaisse l'histoire de notre village. » Les yeux de mon père étaient brillants.

Après la béatification, l'un de mes cousins me raconta comment mon père avait été choisi par notre entourage de Galilée pour présenter son cadeau au pape.

★

« Vous auriez été si fier de lui, Abuna ! Votre père a remis au pape le coffret en bois d'olivier et lui a dit, à propos de la photographie : ''Votre Sainteté, Saint-Pierre est encore debout, mais Notre-Dame est détruite. Pouvez-vous faire quelque chose pour que nous puissions la reconstruire à Biram ?'' Le Saint-Père discuta avec lui un moment avant de venir serrer la main à chacun de nous, qui venions de Galilée. Pendant tout ce temps, de nombreuses photographies ont été prises. »

Père me donna une copie de sa précieuse photo, le représentant lui-même avec le pape. C'était là la preuve que Mikhail Chacour, un vieux paysan de Galilée qui monterait encore son âne s'il avait vécu à Jish, avait pris l'avion pour Rome afin d'y rencontrer le pape. C'était pour mon père comme voir quelqu'un qui était tout juste un peu moins saint que Dieu. Et il avait parlé avec cette personne de ce qui était son chagrin le plus grand, la perte de son village et de son église.

J'ai encadré cette photographie, et je l'ai accrochée au mur de mon bureau. Lorsque quelqu'un me demande ce que cela représente, je dis que c'est une image du saint père avec le pape.

Mon père avait fait sa part en parlant au pape de Biram. Pour ma part, pendant ce temps, je m'étais occupé de parler au Parlement suédois du besoin vital de négociations entre Juifs et Palestiniens. Je les entretins de notre lutte en Galilée et des souffrances de nos frères et sœurs qui sont contraints de vivre sous l'occupation militaire israélienne en Cisjordanie et dans la Bande de Gaza, ainsi que d'autres qui sont disséminés au Liban, en Syrie et en Jordanie. Puis j'expliquai que si nous ne pouvions pas cohabiter dans l'égalité en tant que Juifs et Palestiniens au sein d'un même État, alors il fallait que nous ayons deux États côte à côte, Israël d'une part, la Palestine de l'autre.

Lorsque je revins en Israël, je reçus un coup de téléphone tardif de nuit. « Tout ce que vous avez dit à Stockholm, nous le savions avant que vous ne débarquiez à l'aéroport Ben Gourion. »

J'identifiai immédiatement la voix rude et coléreuse d'un policier que je connaissais.

« Si vous continuez à parler, votre vie sera très courte, curaillon ! Votre fichier de police secret est déjà très chargé avec les choses que vous avez dites, et tout ce que vous faites contre Israël. »

Mes plus grands sujets de chagrin, cependant, ne résultaient pas des menaces du gouvernement, mais des collaborateurs arabes qui étaient envoyés à mon propre évêque.

Une nuit, en 1983, un homme d'Ibillin, bien connu pour ses activités de collaboration avec les autorités juives, se manifesta au presbytère vers neuf heures, à moitié ivre et très agressif. Ce même individu m'avait souvent appelé au téléphone pour me maudire.

« Vous n'obéissez pas à l'évêque, criait-il. Vous êtes probablement soutenu par les personnalités internationales, Abuna, mais l'évêque, lui, est soutenu par toutes les autorités locales. L'évêque désire que vous cessiez de parler publiquement pour les Palestiniens, et vous feriez mieux de lui obéir. » Finalement il me quitta, me laissant animé de sentiments de colère, de tristesse et de peur.

Depuis l'invasion israélienne du Liban en 1982, nous, prêtres melkites palestiniens, nous n'avons plus ressenti que la résidence de l'évêque à Haïfa fût pour nous un refuge et un lieu où nous nous sentirions chez nous. Au contraire, elle nous est apparue comme une forteresse de l'armée des phalangistes du Liban, cette armée qui avait assassiné les Palestiniens de Sabra et de Shatila. J'avais parlé avec une particulière franchise des mauvais traitements que nous avions subis.

L'évêque utilisait divers moyens pour tenter de me réduire au silence. Il avait ordonné mon transfert dans une petite paroisse éloignée dans le nord de la Galilée, mais je refusai de quitter Ibillin. Peu de temps après, je reçus des ordres écrits pour aller me présenter au commissariat de police de Shefar-Am, pour enquête spéciale.

« Je vous parle en présence d'un ambassadeur étranger en Israël, dis-je au cours d'un appel téléphonique. Pourquoi m'ordonnez-vous de me rendre chez vous ? S'agit-il de quelque chose qui ait un rapport avec la sécurité ? ou le sabotage ? ou quelque crime peut-être ?

— Vous avez simplement à obéir aux ordres, me dit l'officier de police.

— Si je décide de venir au commissariat de police, ce sera accompagné d'avocats et de plusieurs ambassadeurs. Est-ce donc ce que vous désirez ?

— Non, non, dit-il après avoir consulté rapidement un autre fonctionnaire de police. En fait, nous n'avons pas besoin de vous, Abuna. Ne venez pas, non, ne venez pas ! Allez seulement voir votre évêque et demandez-lui des explications. »

★

A l'âge de onze ans, je voyageai avec mon père de Jish à Haïfa, accomplissant ainsi mon premier voyage en autobus, début de mon long voyage vers la prêtrise. Mon père devait me laisser à l'école de l'évêché. J'étais assis à côté de mon père, suffoquant, aussi incapable de pleurer que de parler. S'éloignant de plus en plus de ma famille et des collines que j'aimais, l'autobus suivait une route très sinueuse. *Comment trouverai-je le chemin de retour vers Jish ?* criais-je intérieurement. *Peut-on trouver la voie ?* Je ne le pensais pas. Je regardai mon père. Il était si heureux et si fier de moi. A ses yeux, j'étais déjà « petit Abuna ».

Dieu m'appelait à la prêtrise, je le savais, et j'aimais l'Église. C'était le seul endroit où je me trouvais vraiment en sécurité. En un sens, pour reprendre l'expression de Jésus, je retournais vers la maison de mon père, à laquelle j'appartenais. Mais j'étais un enfant, un enfant réfugié. J'avais fait l'expérience de l'exil déjà en quittant notre maison de Biram quatre années plus tôt, emportant seulement une couverture. Bien que demeurant avec ma famille à Jish, je languissais d'une maison. L'Église pourrait peut-être devenir cette maison pour moi ? Cette situation était à la fois inquiétante, passionnante, risquée et troublante.

Aujourd'hui, j'aime encore mon Église melkite de Galilée. Elle m'est plus chère que n'importe quelle bien-aimée pour son amoureux. Elle est merveilleuse, ma vie de prêtre avec ma paroisse et tous les chrétiens d'Ibillin et des autres villages de Galilée ! Cependant, ma vie cléricale dans notre Église institutionnelle a été une histoire tragique de désappointements, de chocs psychologiques et de scandales successifs.

Lorsque j'étais enfant, je croyais que les prêtres devaient se montrer si courageux, si compatissants, si bons, si doux, et si véridiques avec les autres que ceux-ci puissent voir le Christ comme présent en eux. Aujourd'hui, je sais que c'est là un rêve idéaliste, mais je ne puis accepter les manifestations d'égoïsme, de corruption et de haine dont j'ai été le témoin en tant que prêtre dans notre Église institutionnelle. *O mon Dieu, notre Église survivra-t-elle à cette agonie ? Que désirez-vous que je fasse ? Je me sens sans aucune puissance, et cependant je désire tellement aider mon peuple et notre Église !*

Dans les moments les plus sombres, je me souviens de l'histoire biblique du fils prodigue et de son frère que ma mère me racontait. Encore enfant, je me représentais clairement ces deux garçons, l'un allant courir au-dehors avec une partie de la fortune de son père et l'autre gémissant et se plaignant au foyer familial. Je pleurai lorsque ma mère me raconta cette histoire, non sur les deux fils, mais sur le pauvre père. Il était si bon... trop bon pour être leur père.

Lorsque revint le fils prodigue, le père courut à sa rencontre, chose qu'un homme de notre culture, même aujourd'hui, ne fait qu'en cas de grave urgence ou d'affaire vraiment très importante. L'enfant ne méritait pas l'attention de son père, mais le père ne se préoccupait nullement d'exercer la justice à l'égard de son fils. Il allait au-delà de la justice, afin d'exprimer son amour compatissant pour son fils perdu. Il désirait rétablir la dignité de son fils et sa ressemblance avec lui. Lorsqu'il vit venir son fils, si souillé intérieurement autant qu'extérieurement, le père oublia tous ses horribles péchés et se préoccupa non pas de ce qu'il avait fait, mais de son fils lui-même.

C'est l'image de l'amour de Dieu pour tout être humain, si incroyable qu'il paraisse. Nos vies ne sont pas évaluées d'après nos actes, mais plutôt d'après la profondeur de l'amour de Dieu pour nous et de notre amour pour lui. Rien n'est hors d'atteinte de l'amour et de la grâce de Dieu. Rien. Pas même ma pauvre Église.

★

Le téléphone sonna. Lorsque je répondis, un homme parla en hébreu.

« Vous n'avez aucun permis pour votre école, n'est-ce pas ? »

Je sursautai. Nous étions en octobre 1983, et plus personne n'avait fait mention du permis depuis fort longtemps.

« C'est exact, nous n'avons pas de permis.

— Voulez-vous un permis ?

— Oui, bien sûr, j'en voudrais un.

— Connaissez-vous la loi du « donner et recevoir » ?

— Certainement. Je l'ai apprise lorsque j'ai étudié le Talmud. *J'ai aussi appris quelque chose d'autre*, pensai-je intérieurement. *Respecte et suspecte.* Que voulez-vous ?

— Je peux vous obtenir un permis si vous me permettez de me mettre un millier de dollars US dans la poche. »

Mon esprit allait bon train. Un permis ? Un véritable, authentique permis de construire émanant du gouvernement israélien ? *Respecte et suspecte.*

« D'abord, je veux voir le permis. S'il est authentique, vous aurez l'argent.

— D'accord, dit l'inconnu, avec une nuance d'excitation dans la voix. Je vous rencontrerai dans quelques jours. Ayez l'argent prêt. »

Je raccrochai, étonné. Était-ce possible ? *Seigneur, vos voies sont mystérieuses, mais est-ce là le moyen par lequel nous obtiendrons notre permis ? Et où trouverai-je mille dollars rapidement ?*

Tout en élaborant un plan, je montai rapidement en voiture à l'École du prophète Élie. La seule façon de collecter cette somme, c'était de faire appel à l'aide de tous les élèves, et de faire de cette collecte une nouvelle expérience pédagogique.

Quoique je fusse assuré que les élèves trouveraient l'argent, j'étais moins sûr de la capacité de mon correspondant à me fournir un permis valide. Les deux jours suivants, je ne cessai presque pas de parler à Dieu. J'examinais attentivement chaque voiture et chaque conducteur qui passait devant le presbytère ou montait la côte du mont de la Lumière.

Tard dans l'après-midi du troisième jour, l'homme arriva à l'école. Il m'était totalement inconnu. Sans descendre de sa voiture, il me donna une grande enveloppe. J'en sortis un permis tout à fait valide qui portait le nom de l'École du prophète Élie, les cachets officiels et les signatures authentiques bien en place. Il était parfaitement légal et tout à fait magnifique. Je tendis alors à l'homme un gros paquet, qu'il ouvrit pour compter rapidement l'argent. Immédiatement, il démarra : je ne l'ai plus jamais revu.

J'étais reconnaissant à Dieu d'avoir obtenu le permis, mais j'étais triste aussi. Je ne regrettais pas les mille dollars. Après tout, ce n'était que de l'argent. Non, ce que j'éprouvais, c'était l'horrible sensation d'avoir été exploité dans une situation où je me trouvais sans ressource, sans espoir. Nous avions été contraints à verser de l'argent dans une tractation douteuse parce que le gouvernement avait bloqué toute issue légale. Combien il aurait été préférable pour nos élèves d'apprendre le fonctionnement d'un système démocratique, légal, plutôt que d'avoir à collecter de l'argent pour répondre à une manœuvre de chantage.

Nous avons notre permis, et c'est maintenant la chose importante, mais, me dis-je, où que j'aille dans le monde pour raconter l'histoire de notre école, je raconterai aussi l'histoire du permis à mille dollars.

★

Un après-midi, vers la fin de 1983 les religieuses m'appelèrent pour me dire qu'une patrouille militaire était devant le presbytère. Puis j'entendis les pas lourds de quelqu'un qui courait sur les escaliers extérieurs conduisant à mon appartement, puis des coups brefs sur ma porte.

« Oui, que puis-je pour vous ? demandai-je au soldat armé israélien que j'avais devant moi.

— Abuna Chacour, je dois vous parler rapidement au cas où les autres soldats monteraient. » Le jeune homme aux cheveux noirs et bouclés, aux yeux marrons et vifs, entra et ferma la porte. « Vous ne vous souvenez pas de moi, n'est-ce pas ? »

« Non, j'avoue... » Comment pouvais-je connaître ce jeune homme juif ? Pourquoi m'appelait-il Abuna ?

« Non, bien sûr ! dit-il en secouant la tête. Je pensais que peut-être... eh bien ! lorsque j'étais petit, vous avez joué avec moi. Vous étiez le camarade de classe de mon père à l'Université hébraïque. »

Bien sûr ! ce soldat de belle mine était le petit enfant que j'avais tant aimé à Jérusalem. Maintenant, il faisait son service, armé d'une mitraillette. « Oh, mon cher enfant, ton nom est Gidéon, n'est-ce pas ? »

« Mais oui ! C'est Gidéon, Abuna ! » Nous nous embrassâmes, et je crus que j'allais pleurer. C'était donc là ce gentil garçon devenu pleinement adulte, et il se souvenait de moi !

« Abuna, mon officier supérieur et les autres soldats sont en bas et veulent vous parler. Je me suis porté volontaire pour venir vous chercher. Nous faisons une patrouille de routine et bientôt nous partirons au Liban. J'étais très heureux lorsque j'appris que nous venions à Ibillin. Je me souvenais d'avoir écouté vos histoires sur le village. Soudain, j'eus une grande envie de vous voir, Abuna, et de vous dire mes sentiments. Je sais, par mon père et parce que je vous connais, que les Palestiniens sont de braves gens, et non pas ces animaux que tant de mes amis pensent qu'ils sont. Je suis obligé de faire mon service militaire, Abuna, mais je tiens à ce que vous sachiez que je n'ai aucune haine ni pour vous, ni pour aucun Palestinien. Me croyez-vous ? Ses yeux bruns suppliants étaient remplis de larmes. Voulez-vous me croire ?

199

— Oui, bien sûr, Gidéon. Bien sûr que je te crois. Que Dieu t'accompagne et te protège ! »

Le jeune homme m'embrassa à nouveau, et son arme vint me frapper à la hanche. Puis il me lâcha brusquement, essuya ses yeux et ouvrit la porte.

« S'il vous plaît, Abuna, vous devez descendre avec moi. Il vaudrait mieux faire comme si nous ne nous connaissions pas.

— Oui, bien sûr. »

Je sortis au devant de lui et descendis les escaliers. Plusieurs autres soldats nous attendaient. « Bonjour, messieurs ! Que puis-je faire pour vous aujourd'hui ? » Après un instant d'entrevue, je constatai qu'effectivement il s'agissait d'une patrouille de routine comme Gidéon me l'avait dit.

20

Trahi

« Qu'en pensez-vous, Abuna ? Est-ce que ça ressemble à un poisson ? »

Khalid était agenouillé contre le mur, en train de cimenter de petits morceaux de marbre gris, jaunes et noirs, sur les lignes que d'autres élèves avaient tracées. Je pris un recul de quelques mètres pour juger de l'effet de la mosaïque, à distance.

« Quand tu auras fini la queue, Khalid, ce sera décidément un poisson ! »

J'escortais un petit groupe d'invités venus d'Angleterre pour leur faire visiter la propriété de l'école. Nous observions Khalid et d'autres élèves qui réalisaient des mosaïques représentant des pains et des poissons. Nous venions de les dessiner et de les créer sur les murs de soutènement en ciment qui entouraient le parking situé derrière l'école. Maintenant, au cours de l'été 1985, nous avions achevé le Centre de la Paix qui épousait gracieusement la forme de la colline. Le rez-de-chaussée était un parking ouvert avec des banquettes construites contre le mur de soutènement décoré. Au-dessus du parking s'élevaient deux étages de pièces, déjà très précieuses pour notre école. Zada habitait dans un petit appartement à l'étage supérieur, au même niveau que l'hôtellerie des invités qu'elle supervisait en plus de son travail de surveillance de l'entretien de l'école. Les invités avaient commencé à venir à l'hôtellerie, on tenait des réunions et des rencontres de discussions, la bibliothèque était en cours de transfert depuis le centre social, et un grand nombre d'activités s'accomplissaient sur le mont de la Lumière.

« Le thème dominant qui inspire les mosaïques est la lumière, dis-je à nos invités anglais. Vous voyez ici les paroles : ''Vous êtes la lumière du monde'', et là des enfants qui marchent vers le soleil. Là-bas, un homme porte une torche, un symbole de notre école. Une mosaïque représente l'école elle-même. Et ici, vous voyez une représentation du puissant prophète Élie. Voyez comment il est assis, faible et humble, regardant le corbeau, le don de Dieu, qui lui apporte la nourriture. Lorsqu'un prophète ne dépend plus de Dieu mais compte sur sa propre force, il n'est plus un prophète.

« Nous sommes tous faibles et pauvres. Seul Dieu peut nous donner le pouvoir de surmonter la haine et l'amertume. Seul Dieu peut nous donner de la compassion en face de notre ennemi, et ménager toutes choses afin de convertir notre ennemi en ami, et un ami en frère ou en sœur. Sans l'amour et la compassion de Dieu en nous, nous prendrons l'épée pour tuer notre ennemi.

« Dieu ne tue pas, mes amis. Ce n'est pas Dieu qui tue les prêtres de Ba'al sur le mont Carmel ou les habitants de l'ancienne ville de Jéricho. Ce n'est pas Dieu qui tue dans les camps de concentration des nazis ou dans les camps de réfugiés palestiniens ou sur quelque champ de bataille que ce soit. Partout où l'on tue, partout où l'on opprime, c'est nous, hommes, qui le faisons au nom de Dieu. Dieu est le premier persécuté, la première victime de nos actes mauvais. Dieu ne tue pas. Au contraire, Dieu donne la vie, Dieu pardonne et va au-delà de la justice pour offrir un amour compatissant. C'est ce que j'ai appris de mon compatriote Jésus-Christ. Il était prêt à la crucifixion et à la mort pour racheter de pauvres pécheurs. »

Après avoir abandonné les visiteurs aux soins de Zada, je descendis l'escalier extérieur du Centre de la Paix pour entrer dans une pièce du second étage. C'est là que se trouvait mon plaisir et ma joie : la grotte que nous avions creusée dans le mont de la Lumière.

Tandis que nous construisions le Centre de la Paix, je demandai à l'entrepreneur de découper une ouverture dans le mur intérieur de cette pièce. Lorsque la construction fut achevée, j'ai commencé à creuser avec quelques élèves directement dans la roche vive avec des marteaux, des pics et nos mains nues. Au bout de quelques mois nous avions ainsi dégagé une magnifique grotte aussi grande qu'une pièce. Tout le long des parois arrondies, nous avons sculpté des banquettes sur lesquelles il était possible de venir s'asseoir pour prier et méditer. La porte de la pièce du Centre de la Paix permettait maintenant d'accéder directement à la grotte, profondément enfoncée dans le mont de la Lumière.

La grotte était meublée avec un petit autel, des cierges, des icônes et des fleurs. La porte extérieure n'était jamais fermée. Les professeurs et les élèves découvrirent vite que c'était un endroit merveilleux pour trouver le silence et prier.

Après avoir allumé les cierges, je m'assis sur la banquette de rocher dans la grotte, poussai un profond soupir et fermai les yeux, me mettant au repos. C'est ici, au coeur de la montagne que je me sentais parfaitement calme et silencieux. J'étais seul avec mon Ami, mon Compatriote.

En manière de protestation, j'avais décidé de ne pas assister à la retraite annuelle des prêtres de Nazareth, en 1985. A la place, j'avais, après de longues heures de prière, décidé de sonner le tocsin au sujet de la situation dangereuse et explosive de notre diocèse. Certaines Églises et assemblées survivaient uniquement parce qu'elles se refusaient à mourir. Nous ne formions aucun projet de développement, nous n'avions aucune politique pastorale, rien. En privé, les paroissiens comme leurs prêtres posaient des questions critiques sur les affiliations politiques de l'évêque et sur son administration financière et pastorale de l'Église melkite de Galilée. En sa présence, cependant, tout le monde flattait l'évêque. Une nouvelle fois, j'étais sur le point de devenir un nouveau Jérémie, prêt à jeter un défi à mon évêque actuel comme je l'avais fait vingt ans plus tôt à l'égard de l'évêque Hakim.

Dans une lettre adressée à l'évêque et aux dix-huit prêtres en fonction dans le diocèse, je commençai par faire l'éloge des efforts locaux constructifs qui avaient été accomplis en Galilée. Puis j'en vins à suggérer une nouvelle évaluation de nos objectifs. « Quelle est la mission que nous accomplissons à l'égard de cette nation crucifiée, les Palestiniens ? » J'écrivais : notre seule mission est-elle seulement de baptiser, de célébrer les mariages et les enterrements, parce que nos concitoyens ne peuvent bénéficier de ces rituels sans passer par nous ?... La vérité, c'est que le pouvoir et la force sont les facteurs déterminants parmi nous et prennent le pas sur la vérité et la justice. Nous nous jalousons les uns les autres au lieu de nous compléter les uns par les autres. Nous essayons de réduire à néant ceux qui font quelque chose pour le peuple. N'avons-nous pas de la haine pour celui qui ne dit pas toujours oui ? Et les trésors spirituels et matériels de ce diocèse, ne sont-ils pas dirigés vers l'extérieur du diocèse plutôt que vers ses enfants ? »

J'en vins à décrire la mésentente dont j'avais souffert continuellement de la part de l'évêque et de la détérioration des conditions de collaboration que j'avais observée dans le diocèse. Je concluais en invitant le clergé à prendre en compte ces problèmes, et en demandant ensuite : « Allez-vous m'exiler comme vous avez déjà exilé d'autres prêtres ? »

La lettre était datée du 30 juin 1985. Après avoir fait des copies de cette lettre, je les plaçai dans des enveloppes séparées adressées à l'évêque et aux prêtres en retraite à Nazareth. Je priai pour que mes paroles soient un baume guérisseur et non une bombe mortelle.

« *Axios, axios, axios.* Il est digne, il est digne, il est digne. » Les paroles psalmodiées lors de mon service d'ordination me hantaient tandis que j'attendais la réponse à ma lettre. Suis-je digne d'être prêtre ? Les vieilles interrogations revenaient pour me torturer. Je n'étais rien d'autre qu'Elias Chacour, un homme brisé et pécheur de l'espèce commune, un quelconque paysan de Galilée. Et maintenant que j'avais provoqué l'évêque et les prêtres avec des paroles si fortes, je me trouvais précipité la tête la première dans un doute douloureux. Je n'ai jamais douté de Dieu, de Dieu le Père compatissant. Je douterais plutôt de mon propre jugement et de la sagesse et des actions de l'évêque et des autres prêtres.

En même temps je me réjouissais en expérimentant la réalité du Christ au milieu de la souffrance. Jésus-Christ n'est pas une idée mais une personne. Il est si vivant, si présent.

La souffrance et la joie, la présence du Christ et l'isolement par rapport à mes collègues prêtres, tout se mêlait tandis que s'écoulaient les premiers jours de juillet. Je pouvais voir en imagination l'évêque et les prêtres réunis à Nazareth. Je me disais : « Maintenant ils prient, maintenant ils mangent, maintenant ils discutent de telle et telle chose. Ont-ils reçu ma lettre ? Que disent-ils ? Vais-je seulement recevoir une réponse ? Va-t-on m'expédier dans les limbes pour toujours ? »

La souffrance hantait mes rêves. Soudain, je me retrouvais en 1984, revivant une attaque physique effrayante. Ziad, un homme d'Ibillin, avait fait irruption à cette époque dans mon appartement à minuit. Il était en colère et ivre, et ses mains étaient couvertes de sang. Serrant un grand éclat de verre, il se mit à me lacérer.

J'esquivai le verre et téléphonai à la famille de Ziad. L'homme continuait à me maudire, décrivant les horreurs qui m'atteindraient si je n'obéissais pas à l'évêque. Finalement, épuisé, il s'écroula sur un canapé. J'apportai une serviette humide pour nettoyer ses mains ensanglantées, mais il la rejeta loin de lui.

Bientôt, la famille de Ziad vint le persuader de retourner à la maison. Ma porte d'entrée était brisée, et il y avait des taches de sang un peu partout. *Grâce à Dieu, ce n'est pas mon sang, dis-je avec ferveur, mais les pauvres mains de Ziad doivent être bien douloureuses.*

J'étais sûr que l'attaque avait été précipitée par les protestations que nous, prêtres, nous avions élevées contre la conduite de l'évêque à propos de deux cérémonies d'obsèques.

Une grande tragédie était survenue en 1984, à Deir Hanna, un village proche d'Ibillin. Une famille de six catholiques melkites fut tuée dans un accident de voiture. L'habitude de l'Église, la tradition de l'endroit, comme une sensibilité humaine toute naturelle exigeaient que l'évêque du diocèse soit présent à ces grandes funérailles exceptionnelles de Deir Hanna. Notre évêque, cependant, méprisa les besoins de ses propres ouailles et préféra se rendre aux funérailles du major Sa'ad Haddad, le commandant fantoche de l'armée des phalangistes chrétiens libanais, soutenue par les Israéliens dans le sud du Liban, qui était mort le même jour[1]. Notre évêque se

---

1. Jimmy Carter, *The Blood of Abraham : Insights into the Middle East*

joignit aux représentants officiels du gouvernement israélien tels que Yitzhak Shamir, Ariel Sharon et Moshe Arens, ainsi que beaucoup d'autres, à l'occasion des funérailles du major Haddad au Liban[2].

L'action de l'évêque était un affront non seulement pour la pauvre famille endeuillée à Deir Hanna et pour tous les melkites de Galilée, mais aussi pour tous les Palestiniens. Le major Haddad était considéré par tous les Palestiniens comme l'ennemi par excellence. Et cependant, notre évêque abandonna son propre peuple dans le deuil en Galilée pour se rendre aux funérailles du major Haddad.

En cette circonstance, les prêtres se montrèrent unis dans leur protestation, manifestant ouvertement leur colère et leur mécontentement contre l'évêque. Par la suite, plusieurs prêtres furent menacés. L'acte de Ziad qui m'attaqua avec son morceau de verre fut la réponse à mon outrage.

Le 6 juillet, je reçus une fine enveloppe dans le courrier venant du bureau de l'évêque. Je ne voulus pas l'ouvrir tout de suite. Au lieu de cela, je la portai dans l'église et la posai sur l'autel. Me revêtant de mes vêtements sacerdotaux, je célébrai seul la messe (la divine liturgie), prononçant chaque prière, accomplissant tout le rituel.

Lorsque la messe fut célébrée, je me tins devant l'autel, face à Dieu. *Seigneur, soyez juge de mes pensées tandis que je lirai cette lettre. Si je me trompe en cette affaire, changez mes idées et mes attitudes. Si ce sont les autres qui se trompent, puissions-nous tous changer et nous convertir. Mon Dieu, il ne s'agit certes pas de prestige personnel, mais plutôt du respect du message chrétien.*

Finalement, j'ouvris la lettre et en lus les quelques lignes. Chaque proposition que j'avais faite était rejetée ; chacune de mes affirmations était déclarée fausse.

(Le sang d'Abraham : Aperçu sur le Moyen-Orient), Boston, Houghton Mifflin, 1985, p. 96.

2. « Shamir Leads Israelis at Haddad's Funerals » (« M. Shamir préside la délégation israélienne aux obsèques du général Haddad »), *Jerusalem Post*, 17 janvier 1984.

J'examinai les signatures. Chacun de mes collègues dans le ministère avait apposé son nom au bas de cette brève lettre de rejet. Aucun d'eux ne s'était abstenu. Pas un seul d'entre eux n'avait parlé en ma faveur. Pas un seul. Même Abuna Faraj, mon ami d'enfance, maintenant presque complètement paralysé, avait signé son nom d'une écriture tremblante. Abuna Ibrahim, le jeune prêtre marié que j'aimais tant... même son nom se trouvait là ! Et il y avait également les noms de deux prêtres qui ne savaient même pas lire l'arabe, un Américain et un Hollandais, qui se tenaient ordinairement en dehors des controverses de ce genre. C'était pire encore que ce que j'avais imaginé. Une douloureuse sensation d'abandon m'étreignit. Un grand cri de détresse s'éleva de mon cœur. Saisissant la lettre, je me hâtai vers la grotte, où je donnai libre cours à mes sentiments. Pleurant sans retenue, je suppliai Dieu de leur pardonner et de m'aider à faire de même. J'intercédai devant Dieu pour le salut de notre Église, priant pour les enfants, les familles et les vieillards.

Plusieurs heures plus tard, je réclamai de Dieu la paix et la force nécessaires pour aller de l'avant tout seul. Désormais, je n'avais plus personne vers qui me tourner, à l'exception de mon Ami et mon Champion. « C'en est trop », dis-je à haute voix, en éteignant les cierges.

★

Je me plongeai à corps perdu dans mes tâches paroissiales à Ibillin et dans un énorme camp d'été, mais, pendant la nuit il m'arrivait de pleurer comme l'un des enfants dont je m'étais occupé pendant la journée. Je faisais la seule chose que j'avais appris à faire : travailler et prier. Lorsque je rencontrais mon père et mes frères et sœurs, je parlais comme si tout était normal.

Non seulement j'étais occupé par le camp d'été, mais aussi par les mariages. Juillet et août constituent la saison des mariages dans les villages palestiniens, car c'est une période de l'année où les plantations et les semailles sont terminées et où les récoltes ne sont pas encore prêtes.

Les processions de mariage dans les rues du village sont toujours délicieuses. Les mariés, musulmans ou chrétiens, sont escortés depuis leurs domiciles respectifs jusqu'au lieu de la cérémonie par un grand groupe de villageois qui chantent et dansent. Après la cérémonie, ils sont raccompagnés à la maison des parents du fiancé. L'un dans l'autre, la cérémonie prend une bonne partie de la journée. Il arrive que l'on célèbre parfois quatre ou cinq mariages en une semaine.

Le soir, je me souvenais de la belle mariée et de l'heureux fiancé, remerciant Dieu pour leur nouvelle vie commune et pour les enfants qui devraient bientôt naître. Puis les pensées sombres s'installaient à nouveau dans ma tête.

Par mon ordination, j'avais été marié à l'Église. J'aimais l'Église et je désirais lui appartenir et qu'elle m'appartienne. Mais maintenant, dans mon isolement et mon abandon prolongés, je me sentais comme un homme qui a épousé la plus belle des femmes, a conçu avec elle des enfants magnifiques, a travaillé pour donner à sa famille l'existence la meilleure qu'il pouvait lui assurer, prêt même à donner sa propre vie pour eux tous, et, après vingt ans de mariage, fait l'abominable découverte que sa femme est une prostituée. Une nouvelle fois, je me mis à pleurer, en me sentant affreusement trahi.

★

Ilonka m'offrit une nouvelle tasse de café et du *Kannaafi*, un dessert sucré préparé avec du sucre et du fromage. Elle se tourna vers Faraj qui était assis dans son fauteuil roulant, et lui tint la tasse près des lèvres afin qu'il pût aspirer le liquide très chaud. Puis elle prit une petite portion du dessert sur une fourchette et le lui offrit. Il le mangea avec un large sourire.

Quelle bénédiction que cette Australienne pour Faraj, me dis-je pour la centième fois. Sans elle pour l'assister de toutes les façons, il ne pourrait continuer son travail. Dans cette situation, Faraj et Ilonka, assistés d'une petite équipe, faisaient fonctionner une école, un centre d'activités, et une pension de famille à Nazareth. Au début des années 1980, Faraj m'avait parlé de son rêve, et, ensemble, nous avions trouvé des fonds pour construire le bâtiment de trois étages sur une colline. Maintenant, de nombreux programmes se déroulaient dans ce bâtiment, ce qui donnait à Faraj une activité de prêtre.

En nettoyant les plats, Ilonka promit de rester à proximité

pour le cas où Faraj aurait besoin d'elle, puis elle nous laissa seuls.

« Comment te sens-tu, Elias ? Je veux que tu me dises la vérité. C'est Faraj qui te parle.

— Je suis occupé. Il y a beaucoup à faire dans l'école et le Centre de la Paix, bien sûr. J'ai voyagé beaucoup pour faire des discours en Europe.

— Ce n'est pas ce que je te demande, persista Faraj, le souffle court. Tu es toujours occupé. Bien. Mais comment *es-tu, toi* ? »

Je poussai un grand soupir, comprenant que je ne pouvais rien lui cacher.

« Je crains en fait... que je ne sois pas très bien.

— Mais encore ? » Le regard affectueux de Faraj me réconforta intérieurement.

Je ne pouvais réprimer mes propres larmes.

« Oh, Faraj, votre lettre signée de vous tous à la retraite a été si douloureuse pour moi ! Je savais que l'évêque réagirait ainsi, mais je ne pensais pas que tous les collègues feraient de même. Et particulièrement toi, mon ami. Cela me fait tellement mal !

— Est-ce la raison pour laquelle tu n'as pas répondu à mes appels téléphoniques et à mes lettres ? »

Je hochai de la tête, incapable de répondre.

« Elias, laisse-moi te raconter ce qui s'est produit à la retraite. Tes lettres sont arrivées au milieu de la semaine, mais l'évêque et ses assesseurs les ont retenues sans nous les donner jusqu'au matin de notre départ. Au déjeuner, l'un des amis de l'évêque s'est levé pour nous parler de ta lettre et pour nous distribuer nos exemplaires. Puis il nous a lu ta lettre à haute voix pendant que nous mangions. Aussitôt qu'il eut fini, il dit : ''Nous rejetons les affirmations contenues dans cette lettre, et nous avons une lettre de réponse déjà préparée pour Abuna Elias. Nous voulons que vous la signiez immédiatement, tandis que vous êtes encore à table.''Ils distribuèrent donc la lettre à tout le monde, nous observant tandis que nous signions. »

Faraj s'interrompit pour reprendre son souffle. Lorsqu'il reprit, il y avait des larmes également dans ses yeux.

« Elias, je t'en supplie, pardonne-moi d'avoir signé. Sincèrement, je n'étais pas au clair sur ce que je signais, car tout s'est déroulé si vite. Mais j'aurais dû prêter plus d'attention à ce que je faisais. J'aurais dû lire ta lettre par moi-même et l'étudier, puis lire la lettre de l'évêque. Je t'en supplie, mon ami, je t'en supplie, pardonne-moi !

— C'est toi qui dois me pardonner, Faraj. Je n'aurais jamais dû douter de toi, et j'aurais dû venir dès que tu as appelé.

— Elias, beaucoup de visiteurs viennent ici, et beaucoup de prêtres relisent ta lettre et se mettent, eux aussi, à faire leur propre rapport et à adresser leurs plaintes à l'évêque. Beaucoup d'entre eux sont très inquiets à l'idée que tu puisses quitter le diocèse, et cela aussi, ils le disent à l'évêque.

— Très souvent, j'ai été tenté de m'en aller bien loin et de trouver un nouveau travail, Faraj, répondis-je, mais chaque fois que j'avais décidé de partir, je me disais à moi-même : ''Non ! tu ne vas pas déserter ! Le Seigneur compte sur toi ici pour combattre, réformer, et donner de l'espérance à ton peuple.'' Si ce que tu dis est vrai, peut-être que nous, en tant que prêtres, nous pouvons nous battre pour amener cette réforme et donner une espérance à nos paroissiens. »

Faraj semblait très fatigué, mais son visage était rayonnant. « Nous le ferons, Elias, et nous le ferons tous ensemble. Tu verras ! »

21

Pierres vivantes

Au début d'octobre 1985 l'évêque téléphona, disant qu'il avait reçu des lettres des prêtres et demandait maintenant des éclaircissements sur ma lettre du 30 juin. Les prêtres commençaient à reconnaître la validité de mes assertions et ils se demandaient pourquoi ils avaient signé la lettre de rejet.

Je me mis rapidement au travail. La nouvelle lettre du 10 octobre 1985 appelait à la réforme du diocèse melkite — spécialement à des changements qui engageaient davantage les paroissiens dans la vie administrative et spirituelle de l'Église ; qui établissaient un comité de consultation dans l'entourage de l'évêque pour l'aider dans les problèmes délicats et dangereux auxquels l'Église melkite était confrontée en Israël ; et qui aideraient les prêtres dans tous leurs problèmes d'action pastorale, de communications et de relations. Invitant l'évêque à prendre une attitude de courage, je demandais la coopération de mes collègues pour mettre en œuvre ces réformes.

Des copies de la lettre d'octobre furent envoyées à tous les prêtres. Cette fois près des deux tiers d'entre eux répondirent favorablement. La lettre fut envoyée au patriarche et également lue dans le conseil de l'évêque.

Les prêtres demandèrent à me rencontrer régulièrement afin que nous puissions nous faire part de nos problèmes et des possibilités de réforme. Ces rencontres avaient généralement lieu au Centre de la Paix d'Ibillin. Les prêtres tentaient d'opérer des réformes au niveau des paroisses, mais aucune réforme n'était accomplie par l'évêque. Il commençait à devenir évident que seule une réforme générale dans le diocèse tout entier résoudrait nos énormes problèmes.

En janvier 1986, douze prêtres écrivirent une lettre assez dure à l'évêque, disant qu'ils en avaient assez de se duper eux-mêmes quant aux problèmes qu'ils devaient résoudre. « Nous nous mettons la tête dans le sable tandis que nos dos sont nus, et les gens se moquent de nous. Nous ne pouvons continuer ainsi. » Ils demandaient une rencontre officielle avec l'évêque et elle leur fut accordée.

Abuna Faraj était déterminé à assister à cette rencontre. Il pouvait à peine tenir la tête droite et parler, mais il voulait démontrer à moi-même et à tous les prêtres son approbation pleine et entière de notre appel à la réforme. Nous l'avons conduit à Haïfa, puis transporté dans sa chaise roulante dans la résidence de l'évêque. Il était épuisé à notre arrivée.

Abuna Ibrahim était lui aussi parmi les membres de cette assemblée. Ma relation d'amitié avec ce prêtre raffiné du village de Makar avait grandi vers la fin de 1985.

Pendant plus de deux heures, nous avons parlé, plaidé et argumenté avec l'évêque au sujet du besoin de réformes dans le diocèse. Finalement, nous commencions à penser que la situation était sans espoir.

Faraj ne pouvait appeler personne, abandonné pendant quarante minutes, mais il nous fit comprendre qu'il voulait parler. Faisant taire tout le monde, nous avons alors encouragé cet homme pratiquement paralysé à exprimer ce qu'il pensait.

« Monseigneur, pendant deux heures nous avons discuté avec vous des réformes, vous suppliant de prendre une nouvelle orientation, dit Faraj, d'une voix étouffée, s'exprimant en phrases courtes dans son essoufflement. Vous êtes un cas désespéré. Rien de positif ne vient de vous. Vous êtes comme une eau sans consistance, sans couleur, insipide. »

Abuna Faraj haleta un moment, reprenant son souffle. On n'entendait aucun autre bruit dans la pièce que son halètement rapide. L'évêque regardait fixement son accusateur à bout de forces.

« J'aimerais vous dire, Monseigneur, que je ne reviendrai plus jamais ici, car vous ne représentez pas le Christ pour moi. »

J'étais bouleversé par les paroles de Faraj. Cet homme doux et aimable, qui rayonnait d'amour et de compassion avait dit la vérité telle qu'il la voyait, et c'était une condamnation accablante.

La rencontre était terminée et j'éprouvais une étrange sensation. Lorsque je regardai mon évêque, je vis soudain combien il était seul, sans un ami dans la pièce.

« Quittons-nous en amis, au moins », dit-il en souriant et en ouvrant les bras à l'un des prêtres mécontents.

La réponse du prêtre fut très abrupte. « Non, ne nous embrassez pas comme Judas a embrassé le Christ. Nous n'avons plus confiance en vous, et nous ne voyons pas le Christ sur votre visage. Vous feriez mieux de vider les lieux avec vos bagages. Vous ne représentez plus le Christ pour nous. »

L'évêque se tourna vers les autres prêtres, mais pour recevoir la même réponse. « Non, ne m'embrassez pas. Vous ne le méritez pas. Vous n'êtes pas réellement l'évêque ou le représentant du Christ. »

Je comprenais le sentiment d'abandon que l'évêque devait ressentir. J'avais éprouvé un tel sentiment en voyant les signatures de tous les prêtres, mais cet homme se sentait rejeté en présence des personnes elles-mêmes. *Seigneur, si j'étais à sa place, je m'évanouirais et je mourrais.*

Puis l'évêque s'approcha de moi pour m'embrasser. Le prenant par les épaules, je lui dis : « Souvenez-vous bien de ceci. Vous êtes l'évêque de toute la Galilée. Si votre tête n'est pas forte sur vos épaules, vous êtes perdu, et vous nous perdrez tous avec vous. » Je ne voulais pas non plus me laisser embrasser par lui. Je craignais que, s'il me donnait maintenant l'accolade, il aille vers les autres dire que tous les problèmes avaient été résolus entre nous, alors qu'en vérité, rien n'avait été fait, rien n'avait été même promis.

Je ne dormis point cette nuit. *Oh, mon Dieu, dis-je en prière, après tout ce que cet évêque m'a fait, il me fait tellement pitié! Donnez-lui votre grâce et votre pardon. Soulagez sa peine. Mais Seigneur, libérez-le de son aveuglement, afin qu'il puisse voir que la réforme est nécessaire pour le bien et la survie de l'Église melkite de Galilée.*

« Bienvenue à Rome, Père Chacour, me dit l'aide qui m'avait été envoyé du Vatican en portant mes bagages à l'hôtel. Je reviendrai vers une heure pour vous conduire à la réunion. » J'avais été invité à saisir les supérieurs généraux de l'Église catholique romaine chargés des divers ordres et des communautés religieuses du monde entier.

Rome était une étape de mon voyage par avion des États-Unis à Tel Aviv. Le voyage avait été long et fatigant, mais j'étais heureux de retourner chez moi. De mars à juin 1986 j'avais été invité à donner un cours de théologie au Séminaire théologique McCormick de Chicago, et j'avais également voyagé aux États-Unis pour parler dans diverses villes du conflit israélo-palestinien.

Fidèle à sa promesse, l'aide revint dans l'après-midi et me conduisit dans une très grande salle de réunion dans laquelle se trouvaient environ 450 supérieurs généraux et leurs adjoints.

« Nombre d'entre vous ont entendu parler de la honte de la Terre Sainte, du soin apporté aux sanctuaires et aux bâtiments de l'Église, dis-je. Notre Église catholique romaine consacre beaucoup de temps et d'argent à l'entretien des pierres dans ces lieux, et nombre de prêtres, de responsables de l'Église, et de touristes les visitent, concentrant leur attention sur les bâtiments.

« Je suis un prêtre, un Palestinien de Galilée, et je me préoccupe de la vraie Custode de Terre Sainte, des pierres *vivantes* de ce pays, des âmes. Nous devons nous soucier davantage des pierres vivantes qui crient que des antiquités sans vie. Ces pierres vivantes sont les enfants de Dieu, faites à l'image de Dieu et à sa ressemblance. Plus encore, les bâtiments d'église et les saints sanctuaires n'ont aucune valeur s'il n'y a pas de témoins chrétiens vivants dans ce pays pour dire ce qui s'est passé lorsque Jésus-Christ a paru et ce qui se passe encore aujourd'hui.

« Nous chrétiens, nous pierres vivantes de la Terre Sainte, nous sentons que bien souvent nous n'existons pas à vos propres yeux à vous qui portez toute votre attention sur le sable et les pierres sans vie des sanctuaires. Quel scandale ! Notre

Seigneur Jésus-Christ, né en Galilée, ne nous a-t-il pas montré à maintes reprises à quel point Dieu aime les êtres humains, même jusqu'à donner sa vie pour leur salut ! Ne sommes-nous pas préoccupés d'un réel dialogue avec nos frères et sœurs juifs, en vue d'établir plus de justice au plan socio-politique ? »

Puis je me mis à parler de la corruption des Églises dans le christianisme réformé, re-réformé et non-encore-réformé de la Terre Sainte. « L'un de nos plus grands problèmes, ce que je déplore si grandement, c'est qu'il y ait en Terre Sainte si peu de membres de la hiérarchie chrétienne qui ne soient des étrangers. Ceci concerne toutes les Églises chrétiennes. Un évêque libanais, syrien, italien, allemand, américain ou grec peut être très bon, mais il ne peut vibrer avec ou sentir comme les paroissiens et les prêtres des villages palestiniens. Il ne peut partager nos souffrances, nos espoirs, nos rêves. Nous avons besoin d'évêques palestiniens. » J'invitai les supérieurs généraux à prendre sérieusement à cœur les paroles de Jésus dans le sermon sur la Montagne, commençant par les Béatitudes.

Ma passion et mon enthousiasme allaient croissant et un certain cardinal fut fâché ou contrarié par mon message. Il se leva, magnifique dans sa robe rouge, et parla d'une voix puissante et impérieuse. « Père Chacour, je veux vous interrompre et demander si vous êtes, oui ou non, en communion avec Rome. »

Tout le groupe des supérieurs généraux resta figé sur place. Qu'est-ce qu'un prêtre palestinien de rite catholique grec allait répondre au cardinal catholique romain ?

« Votre Éminence, répondis-je, en énonçant ma réponse soigneusement en anglais, vous êtes un prince de la sainte Église de Dieu et vous ne savez encore pas que je *ne suis pas* en communion avec Rome ? Non, c'est plutôt Rome qui serait en communion avec moi ! Rien n'a commencé à Rome. Tout a commencé en Galilée. Je veux que vous sachiez, Éminence, que le pape siège ici dans ce grand édifice, à cause de moi. Je ne suis pas ici à cause du pape. Nous, Galiléens, nous avons cru à ce qui est survenu dans nos rues et nos villages, et nous sommes venus à Rome pour vous parler de Jésus-Christ, pour vous donner le message, pour vous donner le Christ lui-même.

« Puisque nous vous avons confié l'Homme et son message,

Éminence, ne suis-je pas autorisé à vous demander : ''Qu'avez-vous fait de notre Jésus-Christ dans la grande, la sainte Église de Dieu, l'Église catholique romaine ? L'avez-vous réuit à un système théologique ? L'avez-vous dépouillé jusqu'à n'être plus qu'un ensemble de concepts chrétiens, un dogme, une théologie, une civilisation ? Qu'est-il advenu à Rome de mon compatriote?'' Vous êtes en communion avec moi, Éminence, et c'est pourquoi je puis dire, oui, je suis en communion avec vous ! »

Les supérieurs généraux se mirent à applaudir mes paroles si fort que le cardinal fut obligé de s'asseoir. Je ne voulais pas le mettre dans l'embarras ou le blesser, mais je devais dire la vérité. Mes paroles furent publiées dans le journal du Vatican du lendemain.

★

L'avion atterrit à Tel Aviv et roula un long moment avant de s'immobiliser. Comme d'habitude, les passagers débarquèrent directement sur l'aire de stationnement et se rendirent dans le bus qui les transporta directement au terminal de l'arrivée. Et, comme d'ordinaire, la Sécurité nous attendait pour séparer les Palestiniens du reste des voyageurs.

Un officier me vit descendre de la passerelle et me fit monter dans le camion de la Sécurité. La police confisqua mon passeport et me transporta dans le camion jusqu'au terminal de l'arrivée, me donnant l'ordre de ramasser mes bagages et de me rendre dans le « local spécial » réservé à la fouille.

J'ai l'habitude de ce local spécial, ayant eu à le visiter chaque fois que je suis revenu en Israël, comme tout Palestinien qui revient au pays. La pièce est triste et sombre, éclairée par une faible ampoule suspendue au plafond. Une table et six ou huit chaises en constituent tout le mobilier.

« Venez avec moi », ordonna un jeune policier.

Je le suivis hors de la pièce dans une petite cellule voisine. Il me fouilla complètement, puis donna un autre ordre.

« Retirez vos chaussures.

— Non, je ne veux pas retirer mes chaussures, dis-je, décidant de préserver ma dignité en traçant quelque part une limite, ne fusse que celle de mes pieds et de mes chaussures.

« — Alors, vous devez retourner dans la pièce et attendre.

— Bien. »

Je m'assis pour lire mon livre. Cette fois, j'avais choisi d'apporter *Le Journal d'Anne Frank*.

Un quart d'heure après, le policier revint.

« Êtes-vous prêt ?

— Oui. Prêt à quoi ?

— A enlever vos chaussures ?

— Non. »

Le policier parut exaspéré et regarda mon livre.

« Que lisez-vous ? me demanda-t-il.

— Je lis ma propre histoire. »

Je continuai ma lecture, tournant une page.

« Que voulez-vous dire ?

— L'histoire de toutes les petites filles palestiniennes est semblable à celle d'Anne Frank, mais Anne Frank pouvait écrire. Nos petites filles ne sont pas encore capables de coucher ces choses par écrit. Mais c'est le même traitement que vous nous imposez.

— Mais tout ce que je veux faire, c'est simplement prendre vos chaussures et les examiner.

— Vous les aurez à une condition, dis-je. Vous me donnerez d'abord du papier et un crayon. Je veux déposer une plainte.

— Contre qui ?

— Contre vous. Je veux la remettre à votre chef.

— Eh bien ! vous allez pouvoir attendre longtemps !

— Bien. Je suis très occupé par la lecture de mon livre. »

Je me moquais bien de savoir combien de temps la plaisanterie allait durer.

Au bout d'un moment, le policier revint.

« Êtes-vous prêt ?

— Non, je veux voir votre chef. Je ne bougerai pas d'ici sans votre chef. »

Les opprimés trouvent souvent le moyen de se libérer et de se consoler par de petites choses apparemment sans signification. En affirmant mon droit de choisir à qui je voulais parler et à quelle condition j'accepterais de quitter la pièce, je ne me sentais plus prisonnier. C'était le problème du policier.

217

« J'ai tout mon temps, dis-je. Je veux finir la lecture de ce livre. »

Finalement l'officier de police vint avec son supérieur, un homme plus âgé, un peu chauve.

« Que voulez-vous ? demanda l'officier supérieur.

— Cet homme veut mes chaussures, mais je veux une feuille de papier et un crayon pour porter plainte contre vous. Quand je l'aurai fait, vous aurez mes chaussures.

— Apportez le papier et le crayon », ordonna le supérieur.

Je mis alors mon livre de côté et écrivis ces mots : « Je suis si triste que les autorités israéliennes aient peur de mes chaussures. J'éprouve encore plus de tristesse de constater qu'Israël emploie cinq policiers pour chaque Palestinien qui transite par l'aéroport. Vous finirez par ne plus trouver assez de policiers pour surveiller les Palestiniens. Si vous voulez vraiment la paix et la sécurité, vous feriez mieux d'ordonner à tout officier de police de l'aéroport de gagner l'amitié de cinq Palestiniens, et vous serez en sécurité, aimés et respectés. » Je signai sur la feuille et la tendis à l'officier de police.

Il la lut, me regarda pendant quelques instants, puis il claqua mon passeport sur la table.

« Nous n'avons pas besoin de vos chaussures. Fichez le camp d'ici.

— Merci, monsieur. »

Je glissai mon livre et mon passeport dans ma valise, réunis mes bagages et quittai les lieux.

★

En décembre 1986, je fis un voyage à Houston, au Texas, pour recevoir une distinction pour mon action en faveur de la paix, ainsi que deux avocats palestiniens de mes amis, Rajah Shehdeh et Jonathan Kuttab, tous deux originaires de la Cisjordanie. On leur attribuait une distinction pour avoir créé l'organisation *La Loi au service de l'Homme (Law in the Service of Man)* à Ramallah et pour avoir aidé des individus à obtenir justice sous l'occupation militaire israélienne. Je devais ma propre distinction aux écoles et aux bibliothèques que j'avais construites en Galilée, aux camps d'enfants réalisés en été, et à divers séminaires sur la paix auxquels avaient assisté des étudiants juifs et palestiniens grâce à l'École secondaire du prophète Élie. Je reçus une récompense de Mme Dominique de Menil, à la chapelle de Rothko. Le maire de Houston, Kathryn Whitmire, déclara le 11 décembre 1986 jour de solidarité avec les Palestiniens et de reconnaissance envers nous trois qui avions fait des efforts pour rechercher des alternatives de coopération non violente en vue de résoudre le conflit israélo-palestinien.

C'est à cette occasion que j'eus le privilège de manger à la table de l'ancien président des États-Unis Jimmy Carter et de l'archevêque Desmond Tutu, prêtre anglican et prix Nobel venu d'Afrique du Sud, qui devait donner une conférence le lendemain.

« Père Chacour, me dit l'archevêque pendant le repas, d'après ce que vous m'avez dit, votre situation, sous certains aspects, est encore pire que la nôtre en Afrique du Sud.

— Pourquoi ? Qu'est-ce qui vous fait dire cela ?

— En Afrique du Sud, les Noirs sont privés de privilèges. Les Blancs se réservent les privilèges par une politique délibérée et nous, les Noirs, nous avons le statut de citoyens de seconde classe. Mais les Blancs ont besoin de notre travail. Dans votre situation, il semble que les Israéliens juifs vous considèrent comme non indispensables et veuillent vous chasser du pays, où que vous deviez aller. »

Jimmy Carter se montra également préoccupé par la situation des Palestiniens.

« Père Chacour, que puis-je faire pour vous ? demanda-t-il.

— Président Carter, avez-vous un accès facile à la Maison-Blanche ?

— Oui, relativement facile.

— Bien, pourquoi alors ne rencontreriez-vous pas le président Reagan afin de lui dire de cesser ses expéditions d'armes et de dollars au Moyen-Orient ? S'il éprouve un besoin maladif d'expédier quelque chose, veuillez lui demander d'envoyer en Israël des milliers d'exemplaires de votre Constitution afin que nous puissions apprendre à vivre dans une société démocratique, pluraliste et humaine. »

Plus tard, dans le courant de la conversation, je posai à l'ancien président une question qui m'avait troublé.

« Président Carter, vous parlez maintenant très clairement au sujet des Palestiniens. Pourquoi n'aviez vous pas autant de franc-parler lorsque l'autorité présidentielle reposait entre vos mains ?

— J'ai parlé en faveur d'une patrie palestinienne pendant mon second mois à la Maison-Blanche. Les accords de Camp David ont également fourni un cadre de transition. Aujourd'hui, je suis plus libre lorsque je vais au Moyen-Orient pour rencontrer les Palestiniens et mieux connaître leur cause.

— J'espère que vous garderez le courage d'en parler publiquement », dis-je.

22

Le crucifié de Gaza

Je fus réveillé par des bruits de craquements et d'écrasements dans le jardin derrière le Centre de la Paix. Il était cinq heures par un matin de l'été 1987, et les chèvres noires étaient revenues.

Passant mes vêtements et mes chaussures, je me précipitai vers mon jardin bien-aimé. Nous avions dégagé une zone plate dans la pente de la colline, et nous avions bêché le sol riche et noir, créant ainsi un terrain fertile où nous pouvions faire venir des arbres fruitiers, de la vigne, des légumes et des fleurs. Matin et soir, je visitais mes citronniers et mes oliviers, les arrosant, les examinant et leur parlant. Parfois, je tirais même un peu dessus pour les encourager à pousser. Les arbres étaient comme mes enfants.

Les chèvres noires sont capables d'aller n'importe où pour trouver de la nourriture, et elles tenteront même de grimper dans les arbres. Notre voisin, près du Centre de la Paix, possédait des chèvres noires, et mon jardin avait été fréquemment victime de leur maraudage matinal. Peu de temps après avoir planté de tendres jeunes arbres, je découvrais qu'ils avaient été dévorés.

Doucement, je m'approchai d'une petite chèvre qui était occupée à brouter sur un arbre. La saisissant par les cornes, je criai : « Sors de là ! Sors de là ! » Les autres chèvres se mirent à courir, mais je tenais fermement ma prisonnière. La chèvre bêla fortement et résista à mes efforts tandis que je la tirais

221

dans la pièce arrière du Centre de la Paix et dans la volée d'escaliers extérieurs vers le parking en contrebas.

Margie et Tony Sullivan, des invités venus du Michigan, apparurent en tenue de bain sur le balcon. Ils s'amusèrent en m'observant tandis que j'emprisonnais la chèvre dans un cagibi sous les escaliers, où je l'enfermai avec des parpaings. Je lui apportai de l'eau et du pain, mais la chèvre continuait à bêler sans arrêt.

« Abuna, mais que se passe-t-il donc ? cria Margie Sullivan.

— Cette chèvre et ses copines ont mangé mes arbres à plusieurs reprises. Maintenant, je prends cette chèvre en otage, dis-je en les rejoignant sur le balcon.

— En otage ? Vous avez pris *une chèvre* en otage ! s'exclama Tony, incrédule.

— Je comprends que vous soyez contrarié, mais pourquoi punir cette chèvre en particulier ? Est-elle coupable ? » Margie se demandait s'il fallait prendre la chose au sérieux ou en plaisanter.

« Pas plus qu'un chien policier qui mord sur l'ordre d'un officier de police, répondis-je, mais que dire à mon sujet ? Suis-je coupable de vouloir protéger mes arbres ? Les chèvres ne connaissent rien de mieux, mais leur propriétaire, elle, doit comprendre. Elle laisse ses chèvres courir librement, de sorte que j'en ai mis une en prison jusqu'à ce qu'elle vienne vers moi. »

Une heure après, Abuna Awad, le notable du village, le directeur de toutes les écoles, ainsi que des amis et des parents avaient reçu des appels téléphoniques matinaux de la propriétaire de la chèvre. « Venez voir, criait la femme. Abuna Elias a pris ma chèvre en otage, et il veut donner cette chèvre à la police. Ma chèvre mourra, car la police n'a aucun moyen d'en prendre soin. S'il vous plaît, intervenez pour libérer ma chèvre ! »

A huit heures, Abuna Awad et un autre homme vinrent pour négocier la libération de la chèvre. L'animal n'avait pas cessé de bêler sous les escaliers.

« Abuna Elias, que se passe-t-il ? Pourquoi avez-vous pris cette chèvre en otage ? » Abuna Awad ne pouvait s'arrêter de rire.

222

Et moi, avec beaucoup de sérieux, je lui racontai comment les chèvres avaient si souvent dévoré mes arbres. « Allez voir la propriétaire de la chèvre, et rapportez-moi l'argent que j'ai dû payer pour mes arbres, ou rapportez-moi de nouveaux arbres. Alors je libérerai la chèvre. »

Toujours en riant, Abuna Awad partit.

« La propriétaire de la chèvre appelle tous ceux qu'elle connaît pour m'injurier et porter contre moi toutes sortes d'accusations, dis-je aux Sullivan et à ceux qui s'étaient maintenant assemblés. C'est moi qui ai perdu des arbres et de l'argent, et cependant, c'est moi qu'on accuse. Ils veulent que je libère la chèvre, mais en vérité, c'est moi qui serai délivré d'un souci quand cette affaire sera terminée.

— Que va-t-il se produire maintenant, Abuna ? demanda Margie.

— Maintenant, ils vont probablement tenter de libérer la chèvre par une ruse ou un coup de force, dis-je en manière de prédiction. »

Comme prévu, nous n'avons pas tardé à repérer le fils de douze ans de la propriétaire, qui descendait la colline en rampant sur les mains et les genoux. Lorsqu'il atteignit la chèvre, il enleva soigneusement les parpaings.

« Que fais-tu là ? » criai-je, et le garçon se sauva en courant. La chèvre-otage était libre, et avait cessé de crier, mais elle ne sortait pas.

« Elle souffre peut-être du syndrome de l'otage, dis-je en riant. Peut-être se sent-elle maintenant plus heureuse ici que chez elle. »

Plus tard dans la matinée, la propriétaire de la chèvre vint négocier et nous tombâmes d'accord sur un plan. Elle garderait désormais ses chèvres hors de mon jardin, et elle me paierait mes arbres lorsqu'elle serait en fonds. Bien que sachant que je ne verrais jamais la couleur de son argent, je lâchai mon otage. La chèvre continuait à bêler sans cesse tandis que sa propriétaire la reconduisait chez elle.

Au repas de midi, les Sullivan et quelques autres invités discutaient avec moi des événements de la matinée.

« Cette histoire constitue un parfait exemple de ce que le monde appelle le terrorisme, ce mélange de tant de choses mauvaises entassées les unes sur les autres, dis-je. Réfléchissez-y. Quel était ici le véritable terroriste ? Était-ce moi ? les chèvres ? leur propriétaire ?

— La propriétaire des chèvres, convinrent plusieurs de mes interlocuteurs.

— Exactement. Elle ne se souciait absolument pas de moi ou de mon jardin, mais faisait simplement ce qu'elle avait envie de faire, et permettait à ses chèvres d'errer et de manger sans aucun contrôle.

« C'est à la fois le jardin et la chèvre capturée qui ont été les victimes. Le jardin a été presque détruit, et la pauvre chèvre a été l'otage rempli de frayeur. J'étais moi-même terrorisé, craignant chaque jour pour mon jardin. Puis ma réputation fut ternie par le vrai terroriste. Tout le monde m'a perçu *moi* comme un terroriste, bien que je fusse demeuré pendant long-temps une victime du terrorisme.

« Il n'est donc pas juste en réalité d'accuser ceux qui prennent des otages d'être des terroristes. Bien sûr, je ne cherche pas à justifier la prise d'otages, mais trop souvent, nous qui observons les événements, nous ne pensons qu'à la politique et au problème immédiat. Nous ignorons ou négligeons l'histoire et la réalité de la situation, qui, toujours, implique l'oppression de quelque groupe de personnes. En bien des cas, nous enfermons l'opprimé dans une situation de désespoir, nous ne lui laissons aucune espérance, nous l'obligeons à répondre avec nos propres méthodes de rejet. Comme vous l'avez observé aujourd'hui, il se peut très bien que le prétendu terroriste, ce soit justement celui qui est victime du terrorisme. Veuillez maintenant appliquer ces observations aux Palesti-niens. »

★

En septembre 1987, rabbi Meir Kahane et ses amis se déchaî-nèrent sur Biram, jetant la terreur dans les cœurs des anciens habitants du village et de leurs enfants. Rabbi Kahane et le parti israélien du Kach, qu'il dirige, sont bien connus pour leurs conceptions extrémistes et racistes et leurs actions contre les Palestiniens arabes en Israël et en Palestine occupée. Rabbi Kahane et le parti Kach considèrent que l'expulsion des Arabes palestiniens d'Israël, de la Cisjordanie et de la Bande de Gaza est la solution au « problème arabe, » réservant aux juifs le Eretz Ysraël, le Grand Israël[1]. C'est sur la base de cet objectif que rabbi Kahane gagna les élections à la Knesset en 1984. Et c'est pourquoi, en 1987, il fut protégé contre toute poursuite en justice du fait de ses actes.

Pendant leur pillage, rabbi Kahane et sa bande écrivirent sur les murs de l'église de Biram : « Nous vous enseignerons, habitants de Biram, que vous n'avez aucunement le droit de revenir ici. » Ils détruisirent toutes les croix gravées sur les portes d'entrée des maisons encore partiellement debout. Les croix sur l'église avaient déjà été martelées. Sous la protection de la police, rabbi Kahane et ses partisans amenèrent un bull-dozer pour détruire le travail que les habitants du village de Biram avaient accompli pendant leurs camps de travail, y compris l'école partiellement reconstruite. Dans le lot des destructions se trouvait également le chemin de terre bordé d'arbres qui conduisait à l'église. En 1987, les enfants du camp d'été de Biram avaient, avec beaucoup de peine, balayé le chemin et l'avaient bordé avec de petits cailloux.

L'attaque de rabbi Kahane détruisit l'espoir et la confiance fragiles que le peuple de Biram commençait à entretenir. C'est précisément l'objectif que visait l'attaque. Écrire des slogans, défigurer les constructions, raser l'école partiellement recons-truite sont des actes de méchanceté, inutiles par eux-mêmes et superflus. Ils visent un message plus vaste et entendent proclamer en fait qui est le maître et qui est l'esclave indésiré.

Nous continuerons à reconstruire notre village. Plus encore, nous n'abandonnerons jamais, même si les extrémistes tentent de nous tuer. Et s'ils nous tuent, nous resterons là à jamais, ensevelis dans notre terre bien-aimée.

D'ailleurs, nous ne réclamons pas l'expulsion des juifs, pas même de ceux qui sont venus récemment d'Europe, d'Union Soviétique et des États-Unis. Nous voulons qu'ils restent avec

1. Meron Benvenisti, *The West Bank Handbook : A Political Lexicon (Le Manuel de la Côte Ouest : un lexique politique)*, Jérusalem, *Jerusalem Post*, 1986, p. 137.

nous dans notre patrie, profitant de la beauté de la Palestine. Comment pourrions-nous être égoïstes lorsque nous aimons la Palestine ? Nous pouvons seulement partager notre amour afin que notre amour perdure.

★

« Khader prit sa bicyclette et sortit pour aller chercher des fruits et du pain pour la famille, Abuna. Lorsqu'il trouva les magasins fermés, il vint pour visiter quelques amis dans la vieille ville de Gaza où nous avions habité. On lui dit que les magasins ouvriraient peut-être dans l'après-midi. »

La mère de Khader était entourée par des parents et des amis auxquels elle racontait son histoire dans son salon. Mon cœur était triste, car je connaissais la fin de cette histoire. Khader Elias Tarazi, âgé de dix-neuf ans, avait été tué le 8 février, déclaré mort le 9 et enterré le 10 février 1988[2]. Il était le premier martyr chrétien de la Bande de Gaza pendant l'*Intifada*.

Sur la Cisjordanie et dans la Bande de Gaza, régions de la Palestine originale qui se trouvaient sous le contrôle militaire d'Israël depuis 1967, la lutte pour la libération connue sous le nom d'*Intifada* avait commencé en décembre 1987.

Intifada est un mot arabe qui signifie littéralement « secouer », « se débarrasser de quelque chose d'indésirable ». Dans les Évangiles, Jésus dit à ses disciples de « secouer » la poussière de leurs chaussures si une famille ou un village les refuse ou refuse leur enseignement. Dans les médias, le mot *Intifada* est souvent employé dans le sens de « soulèvement » ou « rébellion ». La véritable signification du mot, « le fait de se débarrasser de » convient beaucoup mieux aux événements qui se sont produits en Cisjordanie et dans la Bande de Gaza. Après plus de vingt ans d'occupation militaire israélienne, les Palestiniens vivant dans ces territoires, au nombre d'un million et demi, disent à Israël : « C'est assez ! Nous n'acceptons plus d'être occupés. Nous avons perdu non seulement notre terre, nos maisons, notre travail et nos familles,

---

2. « 15 Dead in Only One Week of Uprising » (« Quinze morts en une seule semaine de soulèvement »), Le journal *Al Fajr*, Jérusalem Est, 14 février 1988. La date de naissance de Khader était le 8 août 1968, selon sa famille.

mais aussi notre dignité et notre avenir. Nous allons "secouer" cette occupation, affirmant devant vous et devant le monde que nous voulons notre liberté. »

Des enfants nés et élevés pendant l'occupation prennent la tête du mouvement. Utilisant leur propre terre pour exprimer leur indignation et leur refus du statu quo, les jeunes gens jettent des pierres aux soldats israéliens indésirables et équipés d'armes sophistiquées. Affirmant que leurs vies sont menacées, les soldats tirent sur les jeunes gens et les battent. Des centaines de Palestiniens ont été tués, des milliers d'entre eux ont été blessés, et des dizaines de milliers emprisonnés.

Khader Tarazi avait terminé ses études secondaires et il tentait de choisir ce qu'il allait faire par la suite. Il pouvait rester chez lui et travailler dans le commerce de bijoux de son père, apprenant le commerce, ou il pouvait aller à l'université. Quelque voie qu'il choisisse, la situation économique était sans issue. Comme celui de tous les autres jeunes Palestiniens vivant sous l'occupation, tout son avenir était sans issue.

En mars 1988, trois mois après le début de l'*Intifada*, je fus invité à me rendre dans la Bande de Gaza avec un petit groupe d'observateurs de la Mission pontificale à Jérusalem. Notre intention était d'aller visiter ceux que l'on appelait les Familles des Martyrs, et de leur apporter des secours, d'entendre leur histoire, et surtout de leur donner notre présence humaine, notre attention, notre consolation.

La Bande de Gaza mesure environ quarante-cinq kilomètres de long et huit de large. Cette région a été créée artificiellement en 1948, et se trouvait sous le contrôle égyptien jusqu'en 1967. Les régions de la Bande de Gaza et de la Cisjordanie passèrent alors sous le contrôle militaire israélien, mais furent seulement occupées, jamais annexées. Les habitants de ces régions sont privés de droits civils, mais cependant, ils doivent payer des impôts. Jusqu'à l'*Intifada*, les Palestiniens des Territoires Occupés ont littéralement payé le coût de leur propre occupation[3]. Maintenant, les impôts sont retenus et divers autres moyens de protestation non violente sont utilisés.

3. Benvenisti, *West Bank Handbook (Manuel de la côte Ouest)*, p. 91-92.

La Bande de Gaza est l'une des zones du globe les plus peuplées, avec plus de 600 000 Palestiniens entassés dans un étroit espace[4]. Environ 70 % des habitants sont des réfugiés, dont la majorité vivent dans les huit camps de réfugiés. Comme en Galilée, environ 50 % des habitants ont quatorze ans ou moins, ce qui signifie qu'ils n'ont rien connu d'autre que l'occupation militaire israélienne détestée[5].

★

Nous entrâmes dans la ville de Gaza par la route à grande circulation. Ce n'était pas un jour de couvre-feu ou de grève, de sorte que les gens en profitaient pour faire leurs achats. Partout des soldats, des jeeps, des mitraillettes, des tanks, des fusils à gaz lacrymogène. Tout ce déploiement militaire me donnait le frisson.

Notre journée se passa à visiter six familles chez elles. Chacune d'elles avait un martyr, un enfant ou un adolescent qui avait été tué. Toutes avaient à cœur de raconter leur histoire. Ce fut l'un des jours les plus terribles de ma vie parce que j'écoutais, je voyais des âmes plongées dans une telle angoisse et j'entrais en contact avec elles. Je participais à leur douleur, je pleurais avec elles dans leur terrible détresse. En dépit de la douleur, ou peut-être à cause de la douleur, chaque famille était décidée à mettre fin à l'occupation et l'*Intifada* lui apparaissait comme le moyen de réaliser cet objectif.

Au début de l'après-midi, nous rendîmes visite à la famille Tarazi. La maison se trouvait dans la ville de Gaza, et non dans un camp de réfugiés, car la famille Tarazi était originaire de Gaza. Ils sont chrétiens catholiques romains, et l'une des rares familles chrétiennes qui soit restée à Gaza. Le père et la mère nous accueillirent chez eux et nous servirent du café et des fruits.

4. *Statistical Abstract of Israël 1998 (Aperçu Statistique d'Israël 1988)*, Jérusalem : Bureau Central des Statistiques, 1988, p. 705. La population de Gaza pour l'année 1987 était de 564 100 habitants. En prenant en compte la prévision annuelle d'augmentation de 3,4 retenue, les chiffres de population peuvent être estimés comme suit : 1988 : 583 300 ; 1989 : 603 100 ; 1990 : 623 600.

5. Sara Roy, « The Gaza Strip Survey » (« Le contrôle de la Bande de Gaza »), *Jerusalem Post*, 1986, p. 1.

La mère de Khader, diplômée de l'université, nous raconta l'histoire de son fils, en nous montrant son portrait.

Khader, tandis qu'il passait dans son quartier où il avait toujours habité, se trouva pris soudainement dans une rixe opposant des soldats israéliens à de jeunes Palestiniens. Des témoins dirent plus tard aux parents de Khader que leur fils n'avait pas lancé des pierres, mais avait couru pour s'éloigner de l'émeute. Il courut à la maison d'Um Issam, une amie de la famille, et elle le cacha sous son lit. Quatre soldats enfoncèrent la porte, fouillèrent la maison et trouvèrent Khader sous le lit. Ils le rossèrent à coups de matraques et de crosses. Um Issam, une femme d'environ soixante-cinq ans, se mit à crier et porta secours au jeune homme, mais on la battit également et elle fut gravement blessée.

L'un des soldats, emporté par la rage, éleva Khader au-desssus de sa tête et le précipita sur le sol de ciment. Selon le témoignage d'Um Issam, Khader resta étendu sur le sol sans bouger, le sang lui sortant par la bouche et les yeux, tandis qu'un autre soldat lui donnait des coups de pied dans les parties génitales.

Khader fut ensuite traîné hors de la maison et jeté, la face vers le sol, sur le capot de la jeep, la tête pendante à l'avant et les pieds directement devant le volant. Ses bras étaient écartés et liés comme ceux d'un crucifié. Les soldats se mirent à le battre à nouveau, sous les yeux de plusieurs personnes qui s'étaient maintenant assemblées. Le sang lui sortait par la bouche et le nez, coulant sur l'avant de la jeep. A ce moment-là, il était probablement mort. Les soldats s'éloignèrent ensuite avec le jeune homme encore attaché à l'avant de la jeep.

Apparemment les soldats roulèrent avec Khader sur leur jeep pendant un long moment, en le battant périodiquement. Les parents, informés par des amis et des membres de leur famille, pour tenter de retrouver leur fils, entrèrent en relation avec la Croix-Rouge et des représentants des Nations Unies de Gaza, et se rendirent dans des centres de détention et des commissariats de police. La seule information qu'ils purent obtenir, c'est que Khader était « détenu ».

Le mardi matin 9 février, un parent de Tarazi apprit par un officier militaire israélien que Khader était mort, mais il ne put obtenir d'autre indication. La famille proche n'avait pas été officiellement informée. Les parents se rendirent au quartier général pour demander où se trouvait le corps de Khader. Après une très longue attente, un officier déclara que Khader était mort « d'une attaque cardiaque », et que son corps se trouvait dans un hôpital gouvernemental de Beersheba, à environ cinquante kilomètres plus loin à l'intérieur d'Israël. Tout ce que voulait la famille, c'était simplement célébrer une cérémonie chrétienne et enterrer décemment son fils.

Le mercredi après-midi du 10 février, on commença à se réunir à l'église catholique latine pour la cérémonie des obsèques, mais l'armée retarda la levée du corps. Lorsque le corps arriva finalement, un parent de la famille Tarazi qui est médecin dans un hopital de Gaza, l'examina. Khader avait la colonne vertébrale brisée, une fracture de la partie antérieure droite de la boîte crânienne, des os des deux bras ainsi que de la main, et le corps était couvert de multiples lacérations. Les blessures internes ne purent être appréciées. Une autopsie avait été déjà pratiquée de toute évidence. De plus, il portait de curieuses incisions sur la partie antérieure des jambes, qui avaient été grossièrement recousues. Le médecin prit une photographie du corps mutilé.

En dépit des retards, plus de six cents personnes étaient encore réunies à l'église. Bien que l'armée ait promis à la famille qu'elle se tiendrait à l'écart afin de permettre à la cérémonie de se dérouler, un déploiement massif de soldats donna lieu à des confrontations violentes entre l'assistance endeuillée et les soldats. Pendant que les prières et les chants se déroulaient à l'intérieur de l'église, des bombes lacrymogènes furent lancées dans le parvis, où attendaient plusieurs personnes.

Le cortège funèbre fut autorisé à se rendre de l'église au cimetière, le cercueil drapé dans le drapeau palestinien. On disposa des portraits de Khader et d'autres petits drapeaux. Au cimetière, pendant les prières d'inhumation, éclatèrent dans la foule d'environ 350 personnes de nouvelles bombes lacrymogènes, qui obligèrent l'assemblée à se disperser. Le prêtre confia finalement le corps de Khader à son dernier repos[6].

6. D'après le texte *Le crucifié de Gaza*, du Révérend Don Wagner, préparé

Pendant cet après-midi, je pleurai et je priai avec la famille Tarazi, me tenant très près d'eux. A l'extérieur, dans les rues de Gaza, les activités ordinaires suivaient leur cours. C'était un jour relativement bon et, malgré l'*Intifada* et l'occupation, chacun vaquait aux affaires ordinaires de la vie.

★

Lorsque je revins à Ibillin, je me sentis divisé : une partie de moi-même voulait raconter à tous les atrocités de Gaza, mais une autre partie disait : « Sois prudent ! Tu pourrais attiser les flammes de la haine. » Je priai longtemps dans la grotte pour demander à Dieu la sagesse.

Je me souvenais de l'expérience que j'avais vécue avec le rabbin Sugarman et sa communauté d'Atlanta, en Géorgie. Il m'avait invité à parler à la synagogue, et environ huit cents auditeurs juifs m'écoutèrent pendant deux heures. Je leur dis qu'aux yeux des Palestiniens des camps de réfugiés et des villages des territoires occupés, les juifs ne sont pas un peuple correct, civilisé et évolué. Ce ne sont que des soldats, des occupants, des terroristes. « Telle est l'image que nos enfants ont de vous, dis-je à mon auditoire d'Atlanta. Notre tâche, c'est d'humaniser l'image que nous nous faisons les uns des autres. »

Vers la fin de mon discours je dis à mon auditoire juif que je n'entendais pas résoudre ces problèmes en me contentant de beaux rêves, mais que nous, peuple de Galilée, nous avons des visions et que nous croyons que nos visions deviendront une réalité.

« J'ai la vision de deux enfants, leur dis-je, dont l'un est Juif et l'autre Palestinien. Ils sont amis. Un jour, ces enfants célèbrent leur amitié. L'enfant palestinien apporte un drapeau israélien pour son frère, et l'enfant juif apporte à son frère palestinien un drapeau palestinien confectionné à la main. Ils s'embrassent et disent : ''Nous étions bien ignorants, bien

à titre confidentiel pour la Campagne en faveur des Droits de l'Homme de Chicago. L'article détaillé a été écrit après une entrevue approfondie avec le père de Khader à Gaza le 19 février 1988, onze jours après la mort de son fils. Le récit que l'on lit dans le présent ouvrage est une compilation des informations recueillies par Abuna Chacour auprès de la mère de Khader en mars 1988 et de l'entrevue de Wagner avec le père de Khader.

aveugles, pour croire que ceux qui nous ont donné de l'argent et des armes étaient nos amis. Ils étaient, eux, nos ennemis. Ils se sont servis de nous et nous ont abusés.'' »

Le rabbin Sugarman vint devant sa congrégation avec des larmes dans les yeux. Pour la première fois, il m'appela Abuna.

« Abuna, voudriez-vous me donner votre bénédiction devant ma communauté ? » Il se tourna vers sa congrégation et dit : « Si quelqu'un est mécontent, la porte est ouverte, il peut nous quitter. »

Je plaçai la main sur sa tête et le bénis en hébreu.

« Je n'ai pas à devenir votre frère, me dit le rabbin Sugaman après la bénédiction. J'ai découvert que *j'étais déjà* votre frère, et que nous ne nous connaissions pas. »

La violence engendre la violence. Ce cycle doit être rompu. Je ne puis réagir à la violence par une autre violence plus grande ou plus petite, et je ne dois pas non plus encourager les autres à agir ainsi. Confrontés à la violence, nous devons essayer d'être sincères, créatifs, désarmants. Ceci est très difficile. Peut-être serons-nous tués, mais alors nous comprendrons que nous avons choisi entre une vie longue mais vaine et une vie courte mais pleine. Il est de beaucoup préférable de se salir les mains à construire une société humaine que de se laver les mains dans une complaisance de mauvais aloi.

★

Un doux roucoulement et des chants me réveillent parfois tôt le matin. Au lieu des chèvres noires, ce sont trente ou quarante couples de faisans qui viennent danser, chanter et manger près de la fenêtre de ma chambre, au Centre de la Paix. Cette scène est si merveilleuse. Mes arbres grandissent et le jardin est tout luxuriant de plantes potagères, de fleurs et de treilles. Les cris des victimes du terrorisme ont été entendus, des dispositions ont été prises, et maintenant chacun vit dans la paix et la tranquillité.

23

Que plus personne ne soit sali !

« Je n'ai pas de dossier, Père Chacour, parce que vous n'avez pas sollicité de permis de construire. »

Le contrôleur du ministère des Affaires intérieures me parlait avec fermeté ainsi qu'à l'ami juif qui m'accompagnait. Nous étions venus à Akko en mai 1988 pour demander un permis pour la construction d'un nouveau gymnase, d'une bibliothèque et d'un laboratoire de technologie, et la construction était actuellement en cours.

« Mais bien sûr que j'ai demandé ce permis ! Il y a plus d'un an que je l'ai fait et, depuis, j'ai téléphoné périodiquement pour suivre le dossier. Mais on me répondait toujours : ''Nous étudions votre demande'', cependant personne ne fait rien.

— Il n'y a pas de dossier, répéta le fonctionnaire. Ce qui signifie que vous n'avez pas présenté de demande.

— Mais je peux prouver que j'ai fait une demande. »

Ouvrant ma serviette, j'en sortis un reçu qui datait d'un an et attestait ma demande.

Le contrôleur devint rouge en examinant mon reçu. Puis il cria à son assistant : « Je n'ai jamais vu ce dossier ! Où donc peut-il bien être ? Trouvez-le ! »

Le dossier demeura introuvable, de sorte qu'on nous demanda de revenir le lendemain.

Lorsque j'arrivai avec mon ami le matin suivant, le contrôleur avait le bon dossier sur son bureau. « Il avait été relégué au fond d'un tiroir au secrétariat, dit-il. Nous avions reçu des ordres pour mettre le dossier de côté et ne pas nous en occuper. »

J'étais furieux d'avoir été laissé de côté pendant toute une année.

« Nous présenterons l'affaire en justice et mon ami ici présent nous aidera !

— Écoutez, Père Chacour, ne vous emballez pas. Si vous poursuivez, vous vous heurterez à votre propre évêque, car c'est lui qui nous a donné instruction par l'intermédiaire du fonctionnaire gouvernemental, de ne pas prendre en considération votre projet. »

Je regardai le contrôleur avec étonnement, puis mon ami, en secouant la tête. *J'aurais dû m'en douter, pensai-je, j'aurais dû m'en douter.*

Nous avions demandé le nouveau permis en avril 1987 et nous avions commencé la construction en été. Jim et Linda Ryan nous encouragèrent du Maryland par leurs généreux dons financiers et leur soutien affectueux. Situées juste sous la route qui montait à l'école secondaire, les classes du rez-de-chaussée étaient presque terminées, et le gymnase, au second étage prenait forme. La police n'était pas intervenue pendant la constuction qui avait été confiée à des entrepreneurs locaux. Tout allait bien. Jusqu'à maintenant.

★

« Mon frère, peux-tu venir tout de suite à la maison ? » Atallah me téléphona aux États-Unis où je faisais une tournée de conférences en Ohio, en octobre 1988. « Père ne nous reconnaît pas et se conduit étrangement. Je me demande s'il ne va pas mourir. »

Deux jours plus tard, j'étais à Haïfa, et je retrouvais ma famille inquiète. Mon père, qui avait joui d'une bonne santé et conservé une bonne mémoire jusqu'à l'âge de quatre-vingt-dix ans, s'était soudainement effondré mentalement.

« Bonjour, père, dis-je, en m'approchant de lui tandis qu'il s'asseyait sur son lit de repos, dans le séjour d'Atallah. Je suis venu te voir. » Je crus d'abord que mon père allait me reconnaître, mais je compris bientôt qu'il ne voyait en moi qu'un prêtre en soutane.

« Vous êtes un prêtre, un représentant de Dieu. Emmenez-moi hors de cette prison, je vous en supplie. Ces soldats que nous avons si bien reçus — ils tueront nos enfants qui sont notre richesse, notre trésor. Dieu nous a confié nos enfants. Je vous en supplie, je vous en supplie, il faut m'aider », implorait mon père. Le visage si aimable et si doux que je connaissais si bien était crispé par la peur et une intense souffrance. Sa douleur était si ardente, si réelle que je participais à son agonie.

Je le pris dans mes bras, afin de tenter de le réconforter.

« Père, tu n'es pas en prison. Tu es chez Atallah, dans ton lit. Je suis ton fils prêtre, et je t'aime. Je t'en prie ne sois pas effrayé. Nous sommes tous en sécurité. »

Mais mon père ne pouvait m'entendre. La peur avait dominé son esprit, sa mémoire, ses sens, et sa frêle constitution physique.

En octobre et novembre 1948, mon père avait été refoulé de son village et chargé comme du bétail dans un camion avec ses trois fils aînés, puis jeté en dehors de son pays tandis que les autres membres de sa famille devaient se débrouiller par eux-mêmes. Exactement quarante ans plus tard, quelque chose déclencha les souvenirs douloureux, et Père se trouva transporté en 1948. Il revécut par la pensée chaque détail de son expulsion, commençant par la rencontre des anciens du village où il avait été décidé d'accueillir les soldats juifs sionistes. Dans le séjour d'Atallah, Père parlait aux anciens imaginaires. « Nous recevrons bien les soldats, parce qu'ils sont nos compagnons de persécution, nos frères et nos sœurs. Nous devons leur montrer par nos actes qu'un peuple persécuté peut accueillir un autre peuple persécuté. » Père se référait aux terribles persécutions que les Palestiniens avaient souffertes pendant cinq siècles d'occupation turque, et qui ne s'étaient achevées qu'en 1917. « C'est donc décidé ! Nous tuerons les agneaux lorsque nos hôtes arriveront, et nous célébrerons leur libération par une grande fête ! »

Soudain, l'humeur de Père changea radicalement. Il se leva et s'adressa à Rudah, dont il semblait croire qu'il était l'officier commandant la troupe. « Je ne comprends pas. Pourquoi devons-nous quitter nos maisons ? Vos soldats sont confortablement installés chez nous. Nous dormons sur les toits et nous leur préparons la cuisine. Nous serons heureux de le faire jusqu'au moment de votre départ. »

Rudah tenta de le calmer, mais Père n'entendit rien. « Vous pensez que ce village est en danger d'être attaqué ? Mais par qui ? » Nous demeurions silencieux, respirant à peine. Père était complètement absorbé par le rôle qu'il jouait en revivant son histoire.

« Peut-être que vous avez raison. Nos familles seront plus en sécurité hors du village s'il se produit une attaque. Oui, nous confierons nos biens à votre garde avec les clés de nos maisons. Puisque vous nous avez donné une attestation nous promettant que nous pourrons revenir dans deux semaines, nous allons partir immédiatement. »

Je me souvenais avec mes frères et sœur des jours passés sous les oliviers et dans les grottes. Aujourd'hui, Père décrivait l'expérience du point de vue d'un parent.

« Katuub, nous devons veiller à ce que les enfants n'aient pas froid. Prends Elias et Atallah près de toi, et aussi Wardi. Nous autres, nous vous entourerons de très près. Encore quelques jours et nous pourrons retourner dans notre maison bien chaude, mes enfants. »

C'est alors que nous avons appris ses luttes pour trouver de la nourriture, les craintes de nos parents pour la vie de leurs enfants, combien les personnes âgées avaient souffert, et les discussions des anciens tandis que les jours passaient longuement.

A un certain moment, Père décrivit les efforts des hommes pour s'infiltrer secrètement dans le village afin d'y trouver des habits chauds et de la nourriture pour leurs enfants. Les soldats les avaient pourchassés et ils leur avaient difficilement échappé. Après quoi les anciens avaient fini par comprendre quelque chose de terriblement mauvais : ils avaient présenté aux soldats le papier signé qui leur permettait de retourner à Biram, mais il ne devait pas y avoir de retour. Le papier et la promesse étaient vains.

« *Vous*, criait Père en pointant le pauvre Rudah du doigt, *Vous*, vous étiez l'officier qui nous avait fait la promesse ! *Vous nous avez menti !* Et vous vous êtes moqués de nous lorsque nous avons vu comment vous avez saccagé nos maisons et ruiné tous nos biens. »

Puis, soudain, Père se sentit de nouveau en prison. Il s'adressa à moi, le prêtre. « Mon cher prêtre, implorait-il, je vous en supplie, sortez-moi de cette prison. Cet officier nous a trompés, et il va nous tuer tous maintenant comme je les ai vus tuer tant de jeunes garçons innocents de Jish. Je vous en supplie, je veux seulement que ma famille soit en sécurité. Je ne me soucie pas de la terre et des maisons. »

Père, accablé par la crainte, pleura dans mes bras. Toute la famille pleura, tandis que nous étions assis dans la maison de Haïfa. Nous étions revenus en 1948, et notre famille souffrait à nouveau, expulsée de Biram.

★

En novembre, Père commença à parler de sa déportation. Lorsque les villageois avaient découvert la terrible déception, les soldats avaient déjà pris des mesures pour empêcher leur retour. Le fusil dans le dos, Père, Rudah, Chacour, Mousa et les autres hommes de Biram avaient été chargés dans des camions militaires. Tandis que nous étions abandonnés errants à l'extérieur du village, les hommes avaient été conduits à la frontière et contraints à la traverser pour pénétrer en Cisjordanie. Les soldats les avaient menacés de mort s'ils retournaient chez eux, en tirant au-dessus de leurs têtes pour les faire courir plus vite. A quatre-vingt-dix ans, Père dut échapper aux balles, s'efforçant de protéger ses fils et de les garder ensemble. Il tremblait de terreur.

Pendant plusieurs semaines, nous avons surveillé Père tandis qu'il revivait les souffrances et les malheurs d'un réfugié indésirable en Jordanie, en Syrie, au Liban. Il n'avait cessé d'errer avec ses fils, dans l'espoir de trouver le moyen de revenir un jour à Biram, vers leur famille. Il raconta leurs misères avec des détails poignants. Père languissait de son épouse et de ses enfants, de ses figuiers et de ses oliviers. « Je suis en colère après vous, mon Dieu bien-aimé, gémissait-il. Pourquoi devons-nous subir tout cela ? Faites quelque chose ! » ne cessait de supplier mon père.

« Pourquoi nos frères et nos sœurs arabes ne nous aident-ils pas ? criait-il quelques instants plus tard. Ils agissent comme si nous étions des couards, une population méprisable ou même à pourchasser. Ne savent-ils pas que nous avons été contraints à quitter nos foyers ? Ne peuvent-ils concevoir que nous avons faim ? Ne voient-ils pas nos habits tomber en loques et nos chaussures déchirées ? »

Père tournait sans cesse dans la chambre, comme s'il faisait le voyage tout à nouveau. Il se fatiguait et, quoi que nous lui disions, il nous ignorait.

Les réfugiés constituent une population négligée, sans protection, sans voix. Du fait qu'ils sont sans argent, on les regarde en général comme négligeables. Ils sont méprisés et facilement catalogués comme « d'affreux terroristes ». Mon père et ses fils avaient lutté pour survivre comme réfugiés errants pendant près de trois mois. Ils avaient fini par trouver quelque répit au Liban, semblait-il, où de nombreux réfugiés palestiniens s'étaient enfuis.

Un jour, au début du mois de décembre, je me trouvais assis le soir avec mon père. Soudain, il murmura : « Venez mes fils ! Le moment est venu de traverser la frontière. » Père commença alors à raconter comment, avec ses fils, terrifié et terrorisé, il s'était débrouillé pour traverser la frontière qui sépare le Liban d'Israël à la faveur de la nuit. Ils se dirigeaient vers Biram, le but de leur long et douloureux voyage.

Atallah téléphona le lendemain.

« Tu ferais mieux de venir, mon frère. Père se croit près de Biram. Il est si faible, mais très excité. Je ne sais comment il réagira lorsqu'il découvrira que le village est vide.

— J'accours », répondis-je.

Atallah avait raison. Père atteignait l'objectif suprême de son voyage, et lorsqu'il serait tout à fait au bout, il passerait sans doute par un terrible moment. Peut-être en mourrait-il. Ou bien il pouvait vivre et recommencer sans cesse. Quoi qu'il en soit, je voulais rester près de lui.

Atallah m'accueillit à la porte. « Il est entré dans Biram. Ils marchent dans le village, examinant toutes choses. »

Lorsque j'entrai dans le séjour, Père tournait en rond, désignant les objets de son bâton de marche. « Vois-tu cela,

Chacour ? Toute la récolte de grains, toutes les figues, toute la farine, tout est trempé et répandu de toutes parts. On ne peut plus le manger. Et l'huile d'olive… regarde ! quel terrible gaspillage ! on en a versé partout. Toute cette huile précieuse, la production d'une année entière ! »

Père interrompit sa marche. Il regarda au loin et annonça : « J'ai appris qu'ils doivent être à Jish. Nous irons là-bas. »

Assis une nouvelle fois sur le lit de repos, Père parla avec un berger de Jish qui était arrivé tôt le matin, avec son troupeau. Oui, avait dit le berger, les habitants de Biram sont à Jish, du moins ceux qui n'étaient pas partis au Liban.

Après être entré à Jish en imagination, Père demanda dans un soupir : « Où est la famille de Mikhail Chacour ? Où est Um Rudah, l'épouse de Mikhail ? »

J'étais assis plus près de mon père sur le lit de repos. Nous arrivions au moment le plus angoissant de son histoire. Père était complètement absorbé dans ses souvenirs.

Il frappa le sol de son bâton de marche. « Je frappe à la porte. ''Qui est là ?'' demande Katuub. Et je réponds : ''Je suis Mikhail.'' Mais elle ne me croit pas. Elle ne peut pas me croire. Elle est convaincue que je suis mort. Maintenant la porte s'ouvre. » Père sanglotait. « Je vois ma femme. Elle me voit. »

Je serrai mon père tout contre moi et sanglotai avec lui. Mes frères et mes sœurs s'assemblèrent autour de nous, nous embrassant tous deux.

Pendant deux heures, Père pleura dans mes bras. Toute la douleur, toute la souffrance, tout le malheur du monde s'exprimaient en lui. Lorsqu'il se tut et se calma, je l'aidai à s'allonger. Ses yeux étaient fermés, et il paraissait endormi. Juste comme je me préparais à le quitter, Père ouvrit les yeux. Ils étaient clairs. Il me regarda franchement.

« Bonjour, mon fils », dit-il.

C'était un drame de trois mois qui s'achevait. Bientôt, Père agit et parla normalement, mais il avait perdu presque toute sa force physique.

★

En surveillant mon père tandis qu'il revivait cette horrible expérience, je me demandais ce qui pouvait bien se passer dans le cœur et dans l'esprit des habitants de la Palestine occupée qui sont systématiquement harcelés, blessés, torturés et mutilés par les soldats juifs israéliens. Si mon père, à l'âge de quatre-vingt-dix ans pouvait être si profondément affecté par une tragédie qui s'était déroulée quarante ans plus tôt, que pouvaient ressentir et penser des enfants palestiniens et des jeunes gens d'aujourd'hui il y a vingt, trente, ou quarante ans ? Quelle conduite enseigneraient-ils à leurs enfants ? Seront-ils tous comme mon père qui disait sans cesse à ses enfants : « Ne faites pas ce que les soldats juifs vous font. C'est mal. Jamais Dieu ne persécute ni ne torture, Dieu ne hait pas le pauvre, et Dieu ne tue pas. Dieu nous aime. Dieu est avec les opprimés, il souffre avec eux et il se tient à leurs côtés en vue de leur délivrance. »

Et que se passe-t-il dans le cœur et l'esprit des soldats juifs qui commettent de telles atrocités ? Dans l'avenir, se sentiront-ils responsables des morts et des souffrances ? Blâmeront-ils leurs supérieurs ? Se réclameront-ils de « raisons d'État » jugées supérieures ? Tout cela est terrible et triste. Le cœur et l'âme d'un peuple sont détruits de l'intérieur par une dangereuse combinaison de crainte et d'arrogance.

Comment pourrait-on réparer l'injustice dont le peuple palestinien est victime ? De toute façon, comment pourrait-on réparer les injustices dont ont été victimes les Amérindiens d'Amérique du Nord, les Aborigènes d'Australie, les Arméniens, ou les juifs de la Seconde Guerre mondiale ? Avec de l'argent ? Par la vengeance ? Par des efforts visant à remplacer ou reproduire la situation qui précédait l'injustice ? La vérité, c'est que les horreurs qui ont été commises sont irréparables. Nous devons nous souvenir de ces horreurs et nous sentir suffisamment outragés pour déclarer : « Plus jamais d'assassinats ! Plus jamais de génocides ! Plus jamais de camps de concentration ! Plus jamais nous ne salirons les Indiens, les Aborigènes, les Arméniens ou les Juifs, plus jamais nous ne salirons *qui que ce soit* ! »

L'injustice palestinienne, comme d'autres dans le monde, se déroule actuellement. Aurons-nous le courage de reconnaître que les Palestiniens souffrent en tant que victimes des enfants des martyrs des camps de concentration ? Si nous n'osons l'affirmer directement, disons au moins qu'ils sont les victimes de la mentalité post-holocauste du monde juif et du monde chrétien occidental. Quelles réparations, quels ajustements peut-on faire pour mettre un terme à l'injustice et permettre un nouveau commencement ?

Certains ont cherché un remède en exigeant des Juifs israéliens de quitter le pays afin qu'il redevienne la Palestine. Cette idée est fausse et n'est nullement réalisable. Israël existe en tant qu'État, et continuera d'exister comme tel. L'injustice envers les Palestiniens ne peut être réparée en créant une injustice encore plus grande. Cependant, on peut remettre en question la qualité de l'existence d'Israël. La reconnaissance du droit d'Israël à l'existence n'implique ni ne justifie son développement continuel au détriment des Palestiniens.

Imaginez que vous ayez détruit ma maison. La destruction de votre maison et de votre famille serait-elle une réplique valable à cette injustice ? Ne serait-ce pas une meilleure réparation que d'exiger de vous que vous contribuiez à la reconstruction d'une autre maison pour ma famille et pour moi-même ? Nombreux sont les Juifs, les Palestiniens, ainsi que d'autres personnes concernées par ce problème, qui pensent que la seule solution réalisable et concevable consisterait à créer sur une partie de la Palestine originelle, un état palestinien qui existerait côte à côte avec Israël. En d'autres termes, la maison palestinienne détruite doit être reconstruite sans pour autant détruire celle des Israéliens. En tout problème, la bonne solution, c'est toujours celle où les deux parties font des concessions, et parfois des concessions importantes, en disant : « Nous n'avons pas obtenu tout ce que nous voulions, mais nous avons obtenu une partie de ce que nous voulions. » Une solution par laquelle l'une des parties est satisfaite tandis que l'autre est frustrée ne fait que préparer une explosion future encore plus grande.

Nous, Palestiniens et Juifs, vivons dans ce que le monde appelle la Terre Sainte, mais qu'est-ce qui fait que cette terre est sainte ? Est-ce que ce sont les pierres ou les arbres ? Les églises ? Les sanctuaires ? Les sentiers sur lesquels les patriarches et notre Seigneur Jésus ont marché ? Ou bien la terre ne serait-elle pas plutôt sanctifiée par ce que *nous faisons* pour y rendre Dieu présent ?

★

« Père est mourant, me dit Atallah au téléphone. Le médecin dit qu'il ne vivra plus longtemps. » Une nouvelle fois, je me hâtai de quitter les États-Unis où j'avais tenu des conférences en avril 1989, pour rejoindre la maison.

Père vit encore, mais cependant pas dans sa Galilée bien-aimée. Il se trouve avec Dieu qui avait fait de la Galilée sa propre résidence sur cette terre et nous a assuré : « Quand j'aurai été élevé, je vous élèverai auprès de moi. »

Il me fut donné de passer une semaine au chevet de mon père avant que ce corps frêle ne se soit complètement épuisé. Les obsèques furent célébrées dans l'église melkite de Haïfa, où de nombreux prêtres, membres de la famille et amis s'étaient réunis pour louer Dieu au sujet de la vie de Mikhail Chacour. Puis l'assemblée se rendit en autobus à Biram afin de nous accompagner tandis que nous emportions le corps de Père pour qu'il soit inhumé auprès de Katuub, ma mère. Père était enfin retourné à Biram...

24

Les ossements desséchés revivront

J'en étais venu à haïr la vue du nouveau bâtiment scolaire. Il se dressait sur la pente de la montagne, squelette partiellement dénudé, abandonné par ses architectes et ses constructeurs. C'était le souvenir constant de l'œuvre inachevée, du besoin dramatique des élèves palestiniens de Galilée, et de mon propre sentiment de frustration et d'échec.

Un ordre de la cour avait stoppé la construction en septembre 1988. A cette époque, nous avions terminé le rez-de-chaussée composé de plusieurs grandes classes, ainsi que les trois quarts du gymnase du deuxième étage. Du fait que nous n'avions pas de permis de construire, indiquait l'ordonnance du tribunal, tout travail devait être abandonné, et toute personne trouvée au travail sur le chantier serait passible d'emprisonnement. L'entrepreneur, l'architecte et les ouvriers furent personnellement contactés et menacés. Il ne restait rien d'autre à faire qu'à interrompre la construction.

Je fus convoqué au tribunal pour une audience de février 1989. Je devais me défendre devant la cour contre l'État d'Israël, qui réclamait le paiement d'une forte amende et la destruction immédiate de la construction. Je devais également être requis de payer le coût de la démolition. Déjà, un demi-million de dollars US avaient été investis dans l'agrandissement de l'école, et cet argent provenait de Jim et Linda Ryan, de World Vision International, de la Mission pontificale, de Sue Wolfe et de

243

divers autres généreux donateurs. Les élèves avaient déjà commencé à travailler dans les salles de classe du rez-de-chaussée.

Aussitôt que le décret de la cour eut interrompu la construction, je me mis à tempêter dans tous les offices de la bureaucratie gouvernementale israélienne, afin de décrocher ce permis de construction. A peine celui-ci était-il enfin en vue, aussitôt un rond-de-cuir le rejetait avec une objection ou une exigence stupide. Une fois, on me disait que le bâtiment avait été situé à dix mètres de l'endroit convenable. Une autre fois, on me faisait savoir que je devais faire redessiner tous mes plans, parce que les autres étaient trop anciens. Les nouveaux plans coûtaient près d'un millier de dollars U.S.

Juste avant la date de mon jugement et les élections municipales d'Israël, un fonctionnaire juif orthodoxe du ministère des Affaires intérieures me téléphona, me fixant une rencontre le samedi, pendant le sabbat juif. Un ami juif m'accompagna et il nous fut « proposé » de nous donner le permis de construire en échange d'une promesse de vote. Se ralliant au programme du Likoud, cet homme défendait l'idée de la relégation des Arabes d'Akko, de sorte que la ville soit strictement juive. Aucun Palestinien habitant à Akko n'était disposé à voter pour lui.

Le terme « proposé » n'a qu'une valeur de métaphore, car, une fois chez lui, le fonctionnaire refusa de parler à voix haute. Tout ce qu'il voulait bien me dire, il l'écrivait sur de petits bouts de papier, qu'il détruisait après me les avoir fait lire. Apparemment, il craignait que mon ami ou moi-même nous ne portions un enregistreur sur nous.

L'homme me montra des bulletins officiels préparés pour l'élection, puis il écrivit : « Vous devrez prendre les bulletins de vote, que j'ai marqués à ma façon. Puis vous me donnez les noms de vos amis, et je contrôlerai que vous les leur aurez distribués. Je reconnaîtrai les bulletins lorsqu'on les utilisera. »

Je les examinai de près, puis les lui rendis. « Monsieur, je vous respecte en tant qu'être humain, mais je vous dis ceci : Même si vous détruisez cent fois l'école, je ne distribuerai pas un seul de ces bulletins. Cependant, si vous me donnez demain le permis, j'irai rendre visite à mes amis à Akko, et je leur dirai : ''Réjouissez-vous avec moi car j'ai le permis.'' Je leur dirai que je l'ai obtenu parce que vous êtes gentil, et je mentionnerai votre nom. Vous n'obtiendrez de moi rien de plus. »

Inutile de dire qu'aucun permis de construire ne nous fut
accordé.

J'étais certain que c'était l'évêque qui était à l'origine de
mes difficultés : permis de construire toujours reporté, ordres
du gouvernement d'Israël d'interrompre la construction, convocation au tribunal. Pour des raisons qui lui appartenaient, il
ne voulait pas que soit réalisé l'agrandissement de l'école. J'étais
déterminé à surmonter ces objections et ces obstacles pour les
centaines d'élèves dont l'éducation et l'avenir dépendaient de
nous.

★

« Faraj me manque vraiment », dis-je à Abuna Ibrahim.

Nous faisions nos allées et venues sur le terrain de jeux poussiéreux situé juste au-dessus du bâtiment inachevé, pendant
la pause de midi. « Je languis d'aller à Nazareth et de parler
avec lui. Je languis de retrouver son beau sourire.

— Que vous dit-il ? Aime-t-il l'Australie ?

— Il ne m'a donné aucune nouvelle. Tout ce que je sais,
c'est que Ilonka l'a hébergé dans sa maison pour une année.
Elle pensait qu'elle pourrait mieux prendre soin de lui là-bas,
et il était impatient d'y aller. »

Les élèves profitaient de leur récréation dans le tiède soleil
de juin, mangeant, riant, flânant. Des bruits de charpente
s'élevaient vers nous du bâtiment inachevé. Danny et Phil,
deux bénévoles de la communauté Huterite des États-Unis,
avaient travaillé dur pour nettoyer le sol de ciment et les sièges
du gymnase en enlevant tout le bois, les pièces métalliques
et les parpaings. Maintenant, ils construisaient une estrade,
préparant le gymnase ouvert au grand air pour la cérémonie
de distribution des diplômes clôturant l'année scolaire 1989
à l'École secondaire du prophète Élias.

« Ce sera passionnant de faire notre cérémonie dans le
gymnase, dit Abuna Ibrahim tandis que nous considérions la
construction en contrebas. Ils peuvent nous empêcher de construire, mais ils ne peuvent nous empêcher d'utiliser ce que
nous avons déjà.

— A moins qu'ils ne le démolissent, répondis-je, en guise de rappel.

— C'est peu vraisemblable. La crainte de la contre-publicité internationale est probablement suffisante pour éloigner les bulldozers, et, ne l'oubliez pas, les élèves et les professeurs ont dit que si les bulldozers arrivaient, ils occuperaient le bâtiment et refuseraient de bouger.

— Exact, tout à fait exact, dis-je. Et ce serait un instant mémorable ! »

La pause du déjeuner étant terminée, nous retournâmes vers l'école.

« Pense, Ibrahim, que je suis resté dans ce village pendant près de vingt-cinq ans. Parfois, je me dis que je vais partir, mais c'est impossible. J'appartiens à la Galilée comme la Galilée m'appartient. Ibillin est devenu mon pays. Ce peuple est mon peuple. Nous avons accompli ensemble des choses merveilleuses.

— Et Dieu voulant, il y en aura encore d'autres... comme un collège[1], par exemple ? Ne serait-ce pas votre prochain rêve ?

— Certes, mais la volonté de Dieu s'adapte à notre propre volonté de travailler et de lutter pour ce dont nous avons besoin au cœur de la situation concrète qui est la nôtre. »

★

L'espérance, les rires et l'enthousiasme étaient de mise en cette soirée du 17 juin 1989. Quatre-vingt-six élèves allaient recevoir leur diplôme de fin d'études de l'École secondaire du prophète Élie. C'était la sixième promotion de notre histoire, mais la première à recevoir son diplôme dans notre nouveau gymnase.

Le squelette inachevé du bâtiment, toujours ouvert à la brise fraîche du soir, offrait aux yeux un contraste frappant. Les parpaings gris qui attendaient, entassés le long des murs, de servir à l'achèvement du gymnase, étaient les témoins silen-

---

1. Le mot « collège » est ici utilisé dans le sens anglo-saxon désignant un établissement dont le niveau d'enseignement est intermédiaire entre celui de notre école secondaire et celui de l'université (NDT).

cieux de nos rêves déçus, de notre frustration et de notre peine énormes. Nous en avions utilisé pour construire un pilier de trois ou quatre mètres de haut sur le côté droit de la plate-forme, monumentale déclaration de notre ferme désir de continuer l'œuvre commencée en vue de promouvoir une espérance et un avenir pour les jeunes Palestiniens de Galilée. Des drapeaux de l'école, qui pendaient sur les murs bruts, s'enflaient dans le vent avec leurs couleurs vives. Des chaises de plastique jaunes, rouges, bleues et blanches étaient disposées par rangées. Une caméra vidéo attendait, tout prête à enregistrer le reportage de cette circonstance historique.

Profondément ému, j'observais la foule qui montait vers le mont de la Lumière et s'avançait vers le gymnase à travers le chantier de construction. Vingt hauts fonctionnaires du gouvernement israélien arrivaient, certains d'entre eux venant du Cabinet du Premier ministre pour les Affaires arabes. Ils étaient assis comme invités de marque dans la première rangée de sièges, qui leur avait été réservée. Plusieurs chefs des conseils locaux étaient présents, représentant les villages d'origine de nos élèves dont les parents et la famille, au nombre d'au moins huit cents, affluaient dans le gymnase. Presque tous les élèves de l'école étaient venus pour assister à la remise des diplômes, rêvant au jour où, eux aussi, ils pourraient achever leurs études. Lorsque le programme débuta, mille cinq cents personnes remplissaient complètement le gymnase, et mon cœur débordait de joie. L'espace triste et vide avait été transfiguré par la présence et l'esprit des pierres vivantes.

La nouvelle promotion entra en un défilé fier et heureux, et remplit les sièges qui lui étaient réservés devant l'estrade, de chaque côté. Les jeunes filles portaient toutes des robes roses de styles variés, et les jeunes gens étaient magnifiques dans leur complet noir et leur chemise rose. Cette tenue n'avait plus rien à voir avec l'uniforme scolaire constitué de chemises de coton bleu et de blue jeans.

« Bienvenue à l'École secondaire du prophète Élie et à la cérémonie de remise des diplômes de la promotion 1989 ! » annonça le directeur de l'école, avant d'appeler un prêtre invité à bénir la foule en prononçant une prière d'ouverture. Un groupe de chant de l'école se produisit, suivi par une équipe d'acrobates, qui étendit plusieurs matelas sur le sol de béton dur et se livra à quelques démonstrations de culbutes et de sauts périlleux. Ils terminèrent leur prestation de gymnastes par une pyramide humaine, au sommet de laquelle flotta le drapeau de l'école, et ils lâchèrent un nuage de ballons colorés dans le ciel de Galilée qui s'obscurcissait rapidement. L'assistance applaudit avec des cris d'admiration, et quelques femmes ululaient.

Je m'assis parmi l'assistance, savourant la joie et l'enthousiasme général, oubliant un instant la peine et la fatigue qui m'étaient habituelles. Pour la première fois, je sentais le bienfondé de ma décision tout à fait justifiée de bâtir sans le permis de construire. Nous avions créé un état de fait, l'enfant était né sans qu'on se doute de sa venue. Les autorités israéliennes *devaient* maintenant s'en accommoder, et j'avais le sentiment qu'en fait on nous donnerait sûrement le permis. Si nous avions attendu de recevoir le permis pour bâtir, nous n'aurions jamais eu cette construction.

Mon discours aux diplômés et à l'auditoire vint après une série de salutations prononcées par des dignitaires palestiniens israéliens.

Quel spectacle je découvrais depuis l'estrade ! Quinze cents de mes collègues, élèves et connaissances me souriaient et m'applaudissaient. Je pouvais voir le corps enseignant et les élèves, les petits enfants et les diplômés émus, les parents fiers et aussi les officiels israéliens légèrement mal à l'aise. Je pouvais également voir les bénévoles du monde entier : John et Sandra Lapp, des mennonites venus des États-Unis, des travailleurs volontaires de longue date qui nous avaient servis comme enseignants et responsables de la bibliothèque ; Marie Nyunt, la secrétaire bilingue anglais-français que World Vision avait recrutée pour moi au Burma ; Hildegard Voss, venue du Danemark, qui s'occupait si bien des bénévoles ; Phil et Danny, des Huterites venus des États-Unis. Parmi eux, j'apercevais également Zada Nauwar, Sœur Nazarena et Sœur Gislaine. Je me sentais environné de leur amour et de leur soutien.

Je voulais, dans mon discours, invoquer la bénédiction divine sur les diplômés et sur notre école, injecter aux élèves et aux parents comme un sang nouveau de courage, et envoyer un

248

message clair aux autorités israéliennes dont quelques représentants étaient assis devant moi. Après beaucoup de prières et de réflexions, j'avais décidé de m'appuyer sur le texte d'Ézéchiel 37, dans lequel les ossements desséchés reviennent à la vie par le pouvoir de Dieu.

« Nous ne sommes pas environnés par des ossements desséchés. Ce sont des parpaings disséminés qui attendent d'être assemblés pour devenir utiles. Mes amis, très bientôt, ces parpaings poussiéreux s'assembleront et commenceront à prendre forme. La chair et les nerfs du placoplâtre, du bois, des fenêtres et des tuiles vont recouvrir le squelette. Le souffle de la vie l'animera lorsque les élèves utiliseront pleinement cet immeuble.

« Ce rassemblement public de ce soir est une anticipation du rôle que ce gymnase inachevé est appelé à jouer. Nous tous, qui sommes les pierres vivantes, nous formons un seul corps. Nous préfigurons l'avenir. Qui pourra empêcher les parpaings disséminés de devenir une construction, une construction forte et utile ?

« Nous devons dire aux autorités israéliennes que Dieu l'accomplira à main forte et à bras étendu. Elles ne devraient pas, elles ne doivent pas devenir des obstacles, mais plutôt se souvenir de l'histoire des ossements desséchés. Ézéchiel crie que lorsque sort la Parole de Dieu, elle ne retourne jamais à lui sans avoir accompli sa mission. C'est aussi notre cri de ce soir ! Ces ossements desséchés, ces parpaings, s'édifieront et s'animeront afin de répondre à leur raison d'être ! Notre avenir sera ce que nous voudrons qu'il soit ! »

Pendant la pause, comme le programme de la remise des diplômes le prévoyait, les chanteurs de l'école se produisirent tandis que les élèves distribuaient des limonades et des gâteaux dans l'assemblée. Le vent était frais sur le mont de la Lumière. Les gens burent leur limonade en se rapprochant les uns des autres pour se tenir au chaud.

Finalement, les diplômes furent remis aux quatre vingt-six sortants. Un par un, ils défilèrent sur l'estrade, reçurent le précieux papier, serrèrent la main de divers responsables de l'école et de divers dignitaires publics, et retournèrent s'asseoir sur leur siège, diplômés comme il se doit de l'École du prophète Élie.

En tant que président de l'école, je donnai une poignée de main à chacun des ces précieux jeunes gens. L'an prochain, pensais-je, nous aurons cent vingt diplômés. *O mon Dieu ! les pierres vivantes de la Galilée, ces jeunes gens rayonnants, resplendissants et vibrants, commencent à édifier leur propre espoir et leur propre avenir.*

★

La convocation de février devant la cour avait été retardée jusqu'en juin. Celle de juin fut encore retardée. Des amis m'avaient aidé à obtenir ces renvois, car, si je devais comparaître, on m'imposerait de fortes pénalités d'argent et je courrais le risque de recevoir l'ordre de démolir le bâtiment inachevé.

Tandis que j'écris ces lignes, je n'ai toujours pas comparu devant la cour. En attendant, j'ai rencontré littéralement des centaines de fonctionnaires israéliens, y compris des représentants du cabinet de M. Shamir, le Premier ministre. Le combat pour obtenir le permis de construire continue encore actuellement, pendant l'été de 1990. Je connais chaque jour conversations, rencontres, espérances et déceptions.

L'École secondaire du prophète Élie est bondée avec un effectif de 850 élèves, venant de vingt et un villages différents. Les élèves — des chrétiens, des Arabes et des druzes — qui sont formés par une équipe de cinquante professeurs dont deux sont juifs, remplissent le moindre recoin de la première construction et les classes achevées de l'annexe. D'autres familles, d'autres villages de Galilée nous appellent pour nous demander si leurs enfants pourraient être inscrits à notre école. Le ministre de l'Éducation nous a accordé un nouveau quota de participation financière qui s'élève à 95,5 % c'est l'un des plus élevés en Israël, et il est fondé sur les excellents résultats de nos élèves et la variété des enseignements technologiques que nous offrons. Nous avons également reçu l'accord pour développer un collège de hautes études sur notre campus, le premier de tous les villages palestiniens et le premier de toute la Galilée. Ces accolades et approbations, cependant, ne nous donnent pas le permis

250

de construire vital qui n'est délivré que par le ministère des Affaires intérieures.

Le permis viendra, j'en suis sûr. L'avenir sera ce que nous voulons qu'il soit, si nous ne nous décourageons pas, si nous nous montrons fermes devant les pressions que la société juive israélienne exerce sur nous et même devant quelques mauvais collaborateurs de notre société palestinienne. Nous savons que ce que nous nous efforçons de faire est juste.

Certes, nous entendons bien améliorer le statut social, éducatif et économique des Palestiniens de Galilée, mais, plus encore, nous travaillons à créer une mentalité de responsabilité personnelle parmi nos compatriotes, une mentalité de lutte non violente pour les droits de l'homme. Nous voulons créer en Galilée une nouvelle réalité : celle qui changera la situation d'injustice et d'inégalité entre Palestiniens et Juifs que nous connaissons aujourd'hui en un véritable partenariat d'égaux. Jamais les rôles ne pourront être simplement inversés, les Palestiniens devenant à leur tour les seigneurs et les conquérants des juifs. Il s'agit de construire des ponts afin de permettre aux membres d'une même famille de communiquer. La tentation de la violence et du pouvoir est toujours là, mais celui qui construit des ponts est capable de dire : « Mon ami a aussi raison, et, moi aussi, je me trompe. »

C'est là devenir semblable à Dieu. Dieu prend soin des opprimés et il éprouve leur tourment et leur souffrance. Dans ces luttes, Dieu prend toujours le parti de la libération et non pas celui d'un peuple ou d'une nation qu'il favoriserait particulièrement. Dieu appelle également l'oppresseur à se libérer de la crainte, de la colère et de l'ambition du pouvoir.

Cette terre, cette Palestine, cet Israël n'appartiennent ni aux juifs ni aux Palestiniens. Nous sommes plutôt compatriotes, nous appartenons à la terre et sommes solidaires les uns des autres. Si nous ne pouvons pas vivre ensemble, nous serons certainement enterrés ensemble ici. Nous devons choisir la vie.

★

Abuna Chacour continue son ministère de prêtre melkite dans la paroisse d'Ibillin. Son adresse est la suivante : B.P. 102, Ibillin, Galilée, 30012, Israël.

Glossaire

Abréviations : *A = arabe ; H = hébreu ; G = grec.*

Abu (A) : Père ; ce terme s'emploie comme un titre affectueux et familier avec le nom du fils aîné de la personne — par exemple, Abu Rudah, qui signifie littéralement : « père de Rudah ».

Abuna (A) : Littéralement : « Notre père » ; titre affectueux et familier donné à un prêtre chrétien.

Ahlan Wassahlan (A) : « Bienvenue ! »

Allahu Akbar (A) : « Dieu est grand » ; expression utilisée par les musulmans lors de l'appel de la prière.

Bande de Gaza : Étroite bande de terre, d'une longueur de 45 km sur 8 km de large, en bordure de la mer Méditerranée, bordée par l'Égypte au sud et Israël à l'est et au nord. Elle fut administrée par l'Égypte de 1948 à 1967 ; elle est occupée par Israël depuis 1967.

Côte Ouest : Une région en forme de haricot qui s'étend à l'ouest du Jourdain, d'une superficie d'environ 5 700 km², représentant 22 % de la Palestine originelle, rattachée à la Jordanie après la guerre de 1948 et occupée par Israël depuis la guerre de 1967.

Dunum (A) : Une unité d'arpentage ; quatre *dunums* équivalent à peu près à un acre dans le système anglo-saxon, soit environ 40,4672 ares.

Eretz Ysrael (H) : Mot à mot : « La terre d'Israël », nom donné à l'État d'Israël. Certains nationalistes étendent ce nom à la côte Ouest et à la Bande de Gaza.

Icône (G) : Une image ou un tableau représentant Jésus, Marie, ou un saint, ordinairement peints sur bois, parfois ornés d'argent ou d'or.

Iconostase (G) : Une cloison ou un écran décorés d'icônes, séparant la zone de l'autel du reste de l'église.

Intifada (A) : La lutte palestinienne pour la liberté sur la côte Ouest et la Bande de Gaza.

Jabal el Ghoul (A) : La montagne de l'Ogre, ou du Monstre, située en Galilée.

Jabal Ennur (A) : La montange de la Lumière, le nouveau nom de la Montagne de Jabal el Ghoul, ci-dessus.

Keffiyeh (A) : Une pièce de tissu portée par les hommes arabes sur la tête pour se protéger de la poussière et de la chaleur. C'est un grand carré de tissu de coton, drapé et plié, maintenu en place par une corde roulée autour de la tête.

Kibbutz (H) : Ferme collective juive.

Knesset (H) : Parlement israélien à chambre unique, qui compte 120 députés.

Melkite (A) : Église byzantine en communion avec l'Église catholique romaine.

Muezzin (A) : Le chanteur qui appelle à la prière dans la mosquée.

Palestine occupée : Les régions de la côte Ouest et de la Bande de Gaza déclarées comme constituant la Palestine moderne le 15 novembre 1988. La Palestine est occupée militairement par Israël.

Salaam Alekhum (A) : « Que la paix soit avec vous tous. »

Sheikh (A) : Responsable religieux musulman.

Ululer : Action d'émettre un cri continu très aigu d'une tonalité ondulante, produit en touchant rapidement le palais avec la langue. Les ululements sont généralement émis par les femmes dans les occasions de grandes joies ou de grandes douleurs.

Um (A) : Mère. Titre affectueux et familier accompagné du nom du fils aîné d'une femme — par exemple, Um Rudah, littéralement « mère de Rudah ».

Table des matières

3ᵉ édition — 7ᵉ mille

Achevé d'imprimer le 24 février 1993
dans les ateliers de Normandie Roto Impression s.a.
à Lonrai (Orne)
pour le compte des éditions Desclée de Brouwer
Nᵒ d'impression : I3-0356
Dépôt légal : février 1993

Imprimé en France